Kompetent unterrichten

Ein Praxishandbuch für das Referendariat

Michael Kostka
Peter Köster

Ernst Klett Schulbuchverlag Leipzig GmbH
Leipzig Stuttgart Düsseldorf

Michael Kostka
Sonderschullehrer an einer Körperbehindertenschule; Fachleiter für Geographie am Studienseminar Köln (Sonderpädagogik); Lehrbeauftragter an der Erziehungswissenschaftlichen Fakultät der Universität Köln

Peter Köster
Studienrat; Lehrbeauftragter am Geographischen Institut der Universität Köln

1. Auflage 1 5 4 3 2 | 2009 2008 2007

Internetadresse: http://www.klett.de

Redaktion: Katrina Moschner, Leipzig
Umschlaggestaltung, Pictogramme, DTP: Frank Jabin Grafikdesign, Leipzig
Illustrationen: Harro Schneider, Leipzig
Herstellung: Krystyna Müller
Repro: Meyle & Müller, Pforzheim
Druck: Ludwig Auer GmbH, Donauwörth
ISBN 3-12-924436-0

9 783129 244364

Inhalt

„Also, ich bin echt gespannt und freu' mich total. Auf die Schüler, die Schule, die Kollegen, das Unterrichten. Endlich geht's richtig los. Nicht immer nur Theorie, endlich mal Praxis. Aber ist schon komisch, jetzt geh' ich wieder in die Schule, stehe auf der anderen Seite und hab' trotzdem wieder das Gefühl, ich kann nicht so viel und muss noch alles lernen. Na ja, und von allen Seiten hört man immer, wie anstrengend das Referendariat sein soll. Aber keiner sagt einem mal, was man von vornherein anders und besser machen kann, damit es nicht so wird. Das macht mich schon etwas nervös."

(Offene und mutige Worte einer Referendarin am ersten Tag in ihrer Ausbildungsschule im Februar 2004)

Einleitung

Mit Ihrem Referendariat beginnt für Sie eine spannende, erfahrungs- und erkenntnisreiche Zeit. Freuen Sie sich darauf! Natürlich wird es auch aufregende und anstrengende Phasen in Ihrer Ausbildung geben. Das vorliegende Buch soll Sie in dieser Zeit begleiten, Anregungen und Hilfestellungen geben, damit aus Ihrer Lust kein Frust wird. Sie werden feststellen, dass Sie für Ihre Ausbildung weitgehend selbst verantwortlich sein werden. Nutzen Sie diese Zeit und probieren Sie viel aus!

Dieses Buch begleitet Sie in zwei wichtigen Bereichen Ihrer Ausbildung:

1. Bei der Bewältigung der einzelnen Ausbildungsphasen während des Referendariats: während der ersten Tage in der Schule, bei den ersten Lehrerfahrungen, Unterrichtsbesuchen und im Examen.
2. Beim Unterrichten lernen. Hierfür ist der Aufbau von Unterrichtskompetenzen notwendig. Diese helfen Ihnen Ihr Referendariat zu bewältigen und erfolgreich abzuschließen, um danach kompetent als Lehrer arbeiten zu können.

Damit dies gelingen kann, sollten Sie sich während Ihres Referendariats klar darüber werden, welche Kompetenzen für das Unterrichten allgemein und für Sie selbst notwendig sind, welche Sie bereits beherrschen und wo Sie noch Entwicklungsbedarf sehen. Wenn Sie beispielsweise Ihr Sprechen vor der Klasse mit einer der Checklisten aus diesem Buch kontrollieren und dabei bemerken, dass Sie zwar ausdrucksstark und betont sprechen, Ihre Sprechgeschwindigkeit aber zu hoch ist, können Sie sich für einige Zeit auf den Kompetenzbereich „Sprechen vor der Klasse“ konzentrieren. Einen Überblick über diese verschiedenen Bereiche und eine Aufgliederung in Einzelkompetenzen liefert Ihnen eine Tabelle am Ende des Buches. Diese Tabelle können Sie als ein wichtiges Hilfsmittel nutzen, mit dem Sie Ihre Lernfortschritte im Referendariat planen und organisieren, kontrollieren und reflektieren.
Das Lesen dieses Buches kann Anstöße und Hilfestellungen liefern. Aber erst das Ausprobieren und Anwenden, das Reflektieren und Festigen, das Anpassen und Ändern der Ideen, Tipps und Hinweise wird Sie Fortschritte machen lassen. Um Sie dabei zu unterstützen, liegt eine CD-Rom bei, auf der Sie Arbeitspakete mit Beobachtungsbögen, Fragebögen, Checklisten, Dokumentvorlagen und Arbeitsblättern finden.

Wie wird Ihr Referendariat ablaufen?

Grundlage der Gestaltung dieses Buches war die Frage, wie Ihr Referendariat in der tagtäglichen Praxis ablaufen wird. Wir gehen davon aus, dass Sie sich zu Beginn erst einmal in Ihrer Schule zurechtfinden müssen: Die Kollegen kennen lernen, das Gebäude erkunden und sich z. B. mit den vorhandenen Medien vertraut machen, also auf „Entdeckungstour" gehen. Hierbei hilft Ihnen **Kapitel 1**.
Danach beginnt die Zeit, in der Sie hospitieren. Hierbei kann schnell die Situation entstehen, dass Sie in der letzten Reihe sitzen und sich zu langweilen beginnen, obwohl Sie ahnen, dass die Hospitationszeit wertvolle Erfahrungen vermitteln kann. Um aktives Hospitieren geht es daher in **Kapitel 2**. Zusätzlich finden Sie auf der CD Materialien, die Sie anleiten und unterstützen, Beobachtungen zu sammeln, die für Ihren eigenen Unterricht nützlich sein können.
Während dieser Hospitationsphase beginnen Sie möglicherweise damit, sich Gedanken über die nächsten zwei Jahre zu machen. Wie teilt man sich seine Zeit ein? Wie kann man das ganze Unterrichtsmaterial organisieren? Und vor allem, wie kann man sich langfristig vor Überforderung und Frustration schützen? Die Frage, wie man sich selbst organisiert, ist deshalb Schwerpunkt von **Kapitel 3**.
Sie sind in der Schule um Unterrichten zu lernen. Wir meinen, in den ersten Unterrichtsstunden sollten Sie es sich so einfach wie möglich machen: Eine einfache Struktur, gut verständliche Materialien und bekannte Methoden helfen Ihnen hier weiter. Beim Lesen von **Kapitel 4** werden Sie merken, dass es dennoch unzählige Details zu beachten gibt.
Nach und nach werden die Ansprüche in Ihrem Referendariat wachsen und Sie kommen um eine sorgfältige und langfristige Planung nicht herum. Falls Sie sich fragen, wie man eine Unterrichtsreihe attraktiv gestaltet, wie man sich auf die Schüler einstellt und was man dabei beachten sollte, lesen Sie in **Kapitel 5** nach.
Es geht in Ihrer Ausbildung darum, Kompetenzen aufzubauen, ein sicheres Repertoire zu entwickeln. Möglicherweise erscheint Ihnen das Auftreten vor der Klasse, also Ihr Lehrerverhalten, für den Beginn als wichtigste Kompetenz. In **Kapitel 6** geht es um das Sprechen vor der Klasse, die Körpersprache, das Erklären und Fragenstellen. Vieles werden Sie unbewusst richtig machen. Dort können Sie nachlesen, welche Entwicklungsmöglichkeiten sich noch bieten.
Wir vermuten, dass Sie nicht vom ersten Tag an problemlos mit der Schultafel, dem Overheadprojektor und vielleicht sogar einem Beamer zurechtkommen. In **Kapitel 7** werden deshalb die Grundlagen des „Visualisierens" dargestellt. Dabei soll Ihnen geholfen werden, möglichst bald Strukturschemen und bildliche Darstellungen geschickt für Ihren Unterricht zu nutzen.
Wir hoffen, dass Sie sich mit einem Unterricht, der auf Sprechen und Visualisieren beschränkt bleibt, nicht dauerhaft zufrieden geben. Wenn Sie mittlerweile nach

abwechslungsreichen Unterrichtsmethoden suchen, um Ihren Unterricht attraktiver zu gestalten und den Schülern mehr beizubringen als kognitive Inhalte, finden Sie in **Kapitel 8** viele Anregungen.

Frontalunterricht ist nicht gleich Frontalunterricht! Wir stellen Ihnen vier Varianten in **Kapitel 9** vor. Außerdem gibt es weitere Unterrichtskonzepte wie Handlungsorientierter Unterricht, Projektunterricht, Freiarbeit oder Stationenlernen. Mit wachsender Souveränität sollten Sie andere Arten von Unterricht ausprobieren. Lassen Sie sich nicht aufhalten!

Unterrichten wäre so einfach, wenn es nicht die Schüler gäbe! In jeder Unterrichtsstunde geht es auch darum, eine große Gruppe unterschiedlich williger Lerner zu leiten. Möglicherweise interessieren Sie sich seit Ihren ersten Unterrichtserfahrungen für **Kapitel 10**, denn dort geht es um Ihre Aufgaben als Gruppenleiter.

Kapitel 11 weckt bei Ihnen möglicherweise mehr Interesse als Sie es sich wünschen: Die Aufrechterhaltung von Disziplin in der Klasse gehört zum Lehrerberuf. Erschrecken Sie nicht, wenn sich dieses Kapitel etwas schroff anhört. Sie werden selbst für sich herausfinden, welche Mischung aus Freundlichkeit und Konsequenz zu Ihnen und Ihren Schülern passt.

Als hätten Sie nicht genug damit zu tun, ein guter Lehrer zu werden, rücken Unterrichtsbesuche, Examensarbeit und -prüfungen näher in den Blick und werden für den Fortgang des Referendariats immer bedeutsamer. Das **letzte Kapitel** versucht, Ihnen hierbei behilflich zu sein.

Was können Sie mit diesem Buch erreichen?

Unser Ziel ist es nicht, Ihnen einfach nur möglichst viele Tipps zum Bestehen des Referendariats und viel Rezeptwissen zum Unterrichten zu vermitteln. Wir sind der Meinung, dass die Arbeit in der Schule in einigen besonders wichtigen Bereichen nach einer Ansammlung von Fähigkeiten und theoretischem Wissen verlangt, diese Bereiche nennen wir Kompetenzschwerpunkte. Denkbare Kompetenzschwerpunkte für Ihre Arbeiten wären:

- die strukturierte und schülergerechte Wissensvermittlung,
- das methodisch abwechslungsreiche Arbeiten,
- der Aufbau von Motivation und Abbau von Störungen,
- der Umgang mit Eltern, Kollegen und Schülern.

Wir würden uns freuen, wenn Ihnen dieses Buch dabei hilft, Ihr theoretisches Wissen aus dem Studium zusammen mit den praktischen Erfahrungen aus dem Referendariat zum Aufbau von Kompetenzschwerpunkten zu nutzen.

Langfristig geht es darum, für die Arbeit in der Schule „Kompetenzschwerpunkte“ zu bilden.

Mit diesem Buch sollen alle Lehramtsanwärterinnen und Lehramtsanwärter sowie alle Referendarinnen und Referendare gleichermaßen angesprochen werden. Damit die Lesbarkeit nicht unter diesen Doppelnennungen leidet, wird im Folgenden die Bezeichnung „Referendar“ verwendet.

Viel Spaß bei der Lektüre wünschen,
Michael Kostka und Peter Köster

Kapitel 1 Gehen Sie auf „Entdeckungstour" – Die ersten Tage in der neuen Schule

Wahrscheinlich geht es Ihnen wie vielen Referendaren am Anfang in der neuen Schule: Sie werden von einem leichten Magenkribbeln befallen. Das ist völlig verständlich: Auf der einen Seite freuen Sie sich darauf, eigene Ideen endlich in die Tat umsetzen und dabei vieles ausprobieren zu können. Auf der anderen Seite begleitet Sie vielleicht die Unsicherheit, ob Sie dem, was auf Sie zukommt, gewachsen sind – pädagogisch und auch persönlich.
Zu Ihrer Beruhigung, das geht wirklich den meisten so!

Damit die Unsicherheit mehr und mehr der Freude weichen kann, sollten Sie Ihr Augenmerk vom ersten Tag Ihrer Ausbildung an auf einen Aspekt richten – Selbstorganisation. Dieses Buch will Ihnen dabei helfen, sich in den verschiedenen (Alltags-)Situationen eines angehenden Lehrers zurechtzufinden. Obwohl man Ihnen im Seminar und auch in der Schule sicherlich viele Hilfestellungen bieten wird, ist es für Sie wichtig und notwendig, selbst die Initiative zu ergreifen.

Ihre bisherigen Schulerfahrungen stammen vermutlich überwiegend aus Ihrer eigenen Schulzeit und den obligatorischen Praktika während des Studiums. Als Referendar nehmen Sie nun einen Seitenwechsel vor: Mehr und mehr werden Sie vor der Klasse agieren und nicht – wie bei Praktika üblich – lediglich „hinten drin sitzen". Dieser Perspektivwechsel kann anfangs dazu führen, dass Sie sich etwas überfordert fühlen, dass Sie glauben, die Orientierung zu verlieren. Schließlich erwarten Sie – je nach Schultyp – Hunderte neuer Schüler, Dutzende neuer Kollegen und viele neue Räume und alle haben eines gemeinsam – sie sind für Sie noch unbekannt.
Die ersten Kapitel liefern Ihnen Tipps und Hilfestellungen, wie Sie diese ersten Tage gewinnbringend nutzen und sich schnell orientieren können.

1.1 Orientierung im Lehrerzimmer

Je nach Schulgröße und –typus werden Sie am ersten Tag vielen neuen Kolleginnen und Kollegen die Hände schütteln. Dabei werden Sie neben dem Namen oft auch Funktionen und Unterrichtsfächer erfahren. Das ist eine Flut von Informationen. Zwar erwartet keiner von Ihnen, dass Sie bereits tags darauf alle persönlich ansprechen können, aber es gibt Ihnen Sicherheit und Souveränität, wenn Sie gezielt auf Ihre neuen Kollegen zugehen können.

1/1 Checkliste Kollegen und Mitarbeiter

Daher der Rat: Machen Sie sich in einem ruhigen Moment – entweder noch in der Schule oder zu Hause – Notizen auf Ihrer Checkliste. Notieren Sie Namen von Kollegen, die Ihnen aufgefallen und im Gedächtnis geblieben sind oder die für Sie in nächster Zeit wichtige Ansprechpartner sein werden (Ausbildungskoordinator [AKO], Fachkollegen, Fachvorsitzende usw.).

Haben Sie sich Namen von Kollegen eingeprägt, benutzen Sie diese auch bei der Ansprache. Zum einen trainiert es den sicheren Umgang und zum anderen gehört es zum guten Umgangston.
Neben Ihren neuen Kollegen, der Schulleitung und Ihrem Ausbildungskoordinator gibt es noch (mindestens) zwei weitere wichtige Personen, die Sie möglichst in den ersten Tagen aufsuchen und denen Sie sich vorstellen sollten: die Sekretärin und der Hausmeister. Beide werden Ihnen sicherlich das eine oder andere Mal hilfreich zur Seite stehen. Eine gute Beziehung kann hier nur förderlich für Sie sein.

Lehrer neigen dazu, im Lehrerzimmer gewisse Hoheitsrechte bzw. Ansprüche geltend zu machen. Damit ist vor allem „der angestammte Sitzplatz" gemeint. Machen Sie sich dieses „Revierverhalten", insbesondere bei großen Kollegien, zu Nutze. Skizzieren Sie sich einen Übersichts-Sitzplan, den Sie sukzessive ergänzen. Sie verschaffen sich auf diese Weise schnell einen Überblick.

Das Wissen „Who is who?" ist ein erster Schritt in Richtung „Selbstorganisation"!

Übersichts-Sitzplan erstellen!

1/2 Übersichtsplan Lehrerzimmer

1.2 Das Schulgebäude

In der Regel werden Sie im Verlauf der ersten Tage durch die Schule geführt, sodass Sie sich einen Eindruck verschaffen und Grundprinzipien der Einteilung – etwa Etagen- und Raumbenennungen – verstehen und kennen lernen können. Erfahrungsberichten von Referendaren zufolge war die Verwirrung anschließend größer als der Durchblick.

„Wo war jetzt noch einmal der Medienraum und wo die Fachsammlung?"

Haben Sie Glück und der Architekt hat sich bei der Planung der Schule viele Gedanken gemacht, werden Sie sich ohne Mühe in den Gängen und Fluren zurechtfinden. Doch meist müssen sich neue Lehrkräfte in den ersten Tagen oft fragend an Kollegen oder Schüler wenden. Nun, nichts spricht dagegen. Doch Sie können sich auch selbst helfen. Gehen Sie auf Entdeckungstour! Bei sehr großen Schulen – etwa Schulzentren – empfiehlt es sich, Ihren Hausmeister zu fragen, ob er einen Lageplan als Kopiervorlage hat. Beim nochmaligen Durchwandern der Schule, beispielsweise mittags nach Schulschluss, können Sie dann ungehindert Räume inspizieren und in Ihren Plan eintragen. Gibt es keinen Plan, dann skizzieren Sie sich einen solchen und tragen dort Ihre (Wieder-) „Entdeckungen" ein.

Auf Entdeckungstour gehen und einen Lageplan erstellen!

Falls Sie dieses Vorgehen für übertrieben halten und meinen, den Überblick bereits zu haben, dann lassen Sie vielleicht einen wichtigen Aspekt außer Acht – den Stressfaktor! Referendare eilen oft schnellen Schrittes zu ihren Klassenräumen, die noch warmen Kopien unter dem einen Arm, diverses Anschauungsmaterial unter dem anderen. Sind sie dann im Klassenraum, fällt ihnen plötzlich ein, dass sie noch eine Verlängerungsschnur o. ä. brauchen. Jetzt – so zeigt es die Praxis – haben diejenigen Referendare einen klaren Vorteil, die sich auf ihren Plan (im Kopf oder auf dem Papier) verlassen können. Insbesondere vor Lehrproben ist es wichtig, in solchen Situationen ruhig zu bleiben und nicht den Kopf zu verlieren.

Kapitel 12: Unterrichtsbesuche

Langfristig kann eine genaue Dokumentation Zeit und Nerven sparen. Nichts ist aufreibender, als unter Zeitdruck – Klasse und Fachlehrer warten bereits – noch Geräte oder Materialien aus einem bestimmten Raum besorgen zu müssen, diesen aber nicht gleich zu finden.

Wenn Sie sich auf Ihrer Entdeckungstour befinden, dann gehen Sie noch einen Schritt weiter. Verschaffen Sie sich zielgerichtet einen Überblick über die Ausstattung von Klassen-, Medien- und Fachräumen. Hierbei könnte Sie ein technischer Helfer unterstützen: eine Digitalkamera! So sind Sie in der Lage, alle für Sie wichtigen Räume, Schränke, Regale usw. fotografisch festzuhalten. So ersparen Sie sich im Laufe Ihrer Ausbildung unnötige Rennerei und viel Zeit. Ist einmal dokumentiert, wo sich Reagenzglasständer, Scheren, Klebefolien oder Musikrasseln befinden, können Sie jederzeit souverän darauf zurückgreifen. Besonders empfehlenswert ist dieser Einsatz in Fachsammlungen. Öffnen Sie einfach die Schränke und fotografieren Sie den Inhalt. Es reichen Überblicksaufnahmen. Wenn Sie diese dann zu Hause ausdrucken, können Sie noch schriftliche Eintragungen vornehmen.

Beherzigen Sie von Anfang folgende Regel: Arbeiten Sie zeitökonomisch und nachhaltig!

Benutzen Sie eine Digitalkamera!

1.3 „Ach, das haben wir hier?" – Der Medien- und Materialbestand in der Schule

In aller Regel dürfen Sie in jedem Unterrichtsraum eine Tafel als Grundausstattung erwarten. Doch dann hört es mit schulübergreifenden Gemeinsamkeiten auch schon auf. Während manche Schulen sich glücklich schätzen können, in jedem Unterrichtsraum einen Overheadprojektor zu haben, gibt es andere, die gerade mal einen pro Flur / Etage bereitstellen. Andere „klassische" Medien wie Dia- / Filmprojektor und Videorekorder sind in der Regel zentral platziert. Manche Schulen haben hierfür Nutzerlisten, die meist im Lehrerzimmer ausliegen. Andere praktizieren dagegen das „Wer-zuerst-kommt, -mahlt-zuerst'- Prinzip. Aufwändiger kann es bei neueren Medien wie Computern und Audio- / Videobeamern sein, die zum Teil in bestimmten Räumen fest installiert sind. Auch hier lohnt es sich, frühzeitig über Nutzungsmöglichkeiten Bescheid zu wissen.

Die beigefügte CD enthält eine „Medienliste". Sie werden viel Zeit sparen, wenn Sie darin eintragen, welche Medien sich in welchem Raum befinden.

1 / 3 Checkliste: Medienangebot

Wenn Sie erst einmal von dem System des zeitökonomischen und nachhaltigen Arbeitens überzeugt sind, packt Sie vielleicht der Ehrgeiz und Sie möchten noch einen Schritt weiter gehen. Viele Unterrichtsmaterialien werden von Referendaren nicht eingesetzt, weil sie nicht wissen, dass diese überhaupt in der Schule vorhanden sind.

> Auf die Frage einer Fachleiterin nach einer Lehrprobe, warum die Referendarin einen bestimmten Versuch lediglich auf einem Arbeitsblatt schematisch dargestellt, ihn aber nicht real durchgeführt hat, antwortete diese: „Das hätte ich wirklich gern gemacht, aber mir erschien es zu zeitaufwändig, diesen Versuch nachzubauen." Erst im Nachhinein erfuhr die Referendarin, dass sich exakt ihr Versuchsaufbau in einem Schrank befand, dieser nur falsch beschriftet war. Auf dieses Missgeschick aufmerksam geworden, entgegnete sie, dass sie vor der Lehrprobe gar nicht mehr die Zeit gehabt hätte, noch einmal alle Schränke genauer zu durchsuchen.

Die meisten Schulen verfügen nicht gerade über Materialsammlungen, die Museumsdimensionen annehmen. Aber: Es kommt nicht so sehr darauf an, wie viel Material in einer Schule vorhanden ist, sondern welches. Öffnen Sie daher Schränke und Türen und fotografieren Sie den Inhalt. Gleiches gilt für Bücherregale und / oder Lehrerbibliotheken, wobei hier Übersichtsaufnahmen völlig ausreichend sind. Dies trifft übrigens auch für vorhandene Spiele, (Video-)Filme, Karten, etc. zu.
Wenn Sie es ganz perfekt machen möchten, empfehlen wir Ihnen das Anlegen einer eigenen kleinen Datenbank, in die Sie beispielsweise die Ausgaben von Fachzeitschriften mit Jahr und Titelüberschrift eingeben, Videofilme archivieren usw... Doch manchmal genügt auch eine einfache Liste, in der derartige Dinge aufgeführt werden.

Verwenden Sie die Checkliste „Zeitschriftensammler"!

1 / 4 Checkliste Zeitschriftensammler

Erledigen Sie diese Recherchearbeiten möglichst zu Anfang: Erstens wiegen Sie sich andernfalls später zu Unrecht in Sicherheit, bereits den Durchblick / Überblick zu haben. Eine genauere Entdeckungstour wird dann häufig als überflüssig empfunden. Darüber hinaus werden Sie von Tag zu Tag mehr in das Schul- und Unterrichtsleben eingebunden, Ihr Zeitpotential für entspannte Entdeckungstouren wird damit geringer. Daher unser Tipp:

Recherchearbeiten nach Möglichkeit in den ersten drei Wochen erledigen!

Abschließend noch ein Hinweis zu den verwendeten Schulbüchern. Es ist sicherlich ratsam, Ihren Fundus recht schnell aufzustocken. Fragen Sie gezielt nach, ob Ihnen die Schule je ein Exemplar zur Verfügung stellt. In der Regel wird das so gehandhabt. Nutzen Sie dabei zunächst die vorhandenen Ressourcen: Fragen Sie zudem Fachkollegen, ob sie zu Lehrbüchern Lehrerbände haben. Diese enthalten zusätzliche Informationen, didaktische Hinweise sowie Lösungen und unterstützen eine gezielte Unterrichtsvorbereitung. Geben Sie ausgeliehene Materialien schnell zurück und legen Sie sich ein sinnvolles und strukturiertes Ordnungssystem für Ihre neuen „Schätze" an.

Kapitel 3: Zeitmanagement und Ordnungshilfen

Kapitel 2 Zuschauen und Beobachten – Die ersten Hospitationsstunden

In einigen Schulen bekommen Sie bereits einen ausgearbeiteten Hospitationsplan für die ersten Tage vorgelegt, in anderen dagegen lässt man Ihnen völlig freie Hand bei der Wahl der Klassen und Mentoren. Egal, wie Sie es antreffen, Sie sollten diese ersten Tage, in denen Sie „mal wieder nur hinten drin sitzen" aktiv nutzen. Dabei spielt es anfangs kaum eine Rolle, ob Sie die Hospitationen fachfremd durchführen oder nicht. Betrachten Sie diese Zeit keinesfalls als Verschwendung. Genau das tun viele Referendare. Als Begründung geben sie die undefinierte Situation an, in der man sich in diesem – zugegeben kurzen – Abschnitt der Ausbildung befindet.

> „Uns wurde gesagt, wir sollen einfach mal mitgehen und schauen, wie die Kollegin oder der Kollege das so macht. Aber worauf sollen wir denn achten? Was genau sollen wir analysieren? Das hat uns keiner gesagt. Na, nach zwei oder drei Tagen „hinten drin" ist dann die Luft schon etwas raus. Ich war dann froh, als ich endlich selber unterrichten konnte."
> (Referendarin über ihre ersten Hospitationserfahrungen)

2.1 Sinnvolle und aktive Nutzung der ersten Stunden

Da Sie weder den Unterrichtsstil des Kollegen noch seine Klasse kennen, können Sie sich unvoreingenommen ein eigenes Bild während der Hospitation machen. Anfangs ist alles spannend: die Begrüßung der Klasse, der Umgangston, die Stundeneinführung, die Arbeitsmethoden usw.. Schon ab dem zweiten oder dritten Tag sollten Sie sich Beobachtungsaufträge suchen, mit denen Sie gezielt und aktiv den Unterricht beobachten. Für eine möglichst effiziente, strukturierte Hospitationsphase kann Ihnen ein Hospitationsbogen dienen.

2/1 Hospitationsbogen

Indem Sie die vorgegebenen Felder ausfüllen, skizzieren Sie kurz und prägnant die wichtigsten Inhalte der Stunde und verschaffen sich schnell einen Überblick über die Klassenstruktur. Da Sie diese Bögen für jede Ihrer Stunden benutzen sollten, hilft Ihnen das einheitliche Muster bei der Analyse einzelner Aspekte und beim Vergleich mit vorherigen Stunden.

2.2 Kriterienkatalog für Beobachtungsaufträge während der Hospitation

Der folgende Katalog dient als Ideengeber für Beobachtungsaufträge, erhebt aber keinen Anspruch auf Vollständigkeit.

Beobachtungskriterien	benutzt ✓
Rituale: Gibt es Rituale in der Klasse (zu Beginn, in der Stunde, am Ende)? Wie und vom wem werden diese Rituale durchgeführt / eingesetzt? Welche Wirkung erzielen diese Rituale innerhalb der Klasse? Welche Rituale kenne ich bereits, welche sind unbekannt gewesen? Könnte ich von diesen Ritualen einige für meinen eigenen Unterricht übernehmen?	
Stundengliederung: Sind einzelne Phasen des Unterrichts voneinander abzugrenzen? Wenn ja, wodurch? Wie und womit gestaltet der Lehrer seinen Unterrichtseinstieg? Wie reagieren die Schüler darauf? Gibt es eine Überleitung zu einer weiteren Unterrichtsphase? Wie sieht diese aus? Sind die einzelnen Arbeitsphasen kurz oder lang?	
Hausaufgaben: Kontrolliert der Lehrer (zu Beginn) die Hausaufgaben? Wie geht er bei der Hausaufgabenkontrolle vor? (Kontrolliert er jedes Heft genau / nur oberflächlich?) Nimmt der Lehrer Bezug auf die Hausaufgaben? Wie geht der Lehrer mit Schülern um, die keine Hausaufgaben vorweisen können? Werden am Ende der Stunde neue Hausaufgaben aufgegeben?	
Fragetechniken: Werden Fragen an Schüler direkt adressiert oder allgemein formuliert? Sind die Fragen Ihrer Meinung nach klar verständlich formuliert oder gibt es Verbesserungsmöglichkeiten? Motivieren die Fragen des Lehrers die Schüler? Wiederholt der Lehrer seine Fragen mehrmals, bevor ein Schüler antwortet?	
Stimmung in der Klasse: Wie beurteilen Sie den Umgangston in der Klasse? Reagiert der Lehrer auf Provokationen der Schüler? Worauf legt der Lehrer bei der Kommunikation Wert? Wirken Schüler und Lehrer entspannt oder eher angespannt? Wie verhalten sich die Schüler untereinander (freundlich, agressiv, etc.)?	

Suchen Sie sich anfangs die für Sie besonders interessanten Kriterien heraus. Legen Sie vor der Stunde fest, worauf Sie achten wollen. Zum Beispiel:

> „In dieser Stunde werde ich vor allem darauf achten, wie die Stunde gegliedert ist, wo Übergänge festzustellen sind und wie diese eingeleitet werden".

Bereits nach kurzer Zeit können Sie Ihr Spektrum erweitern, da Sie über eine größere Beobachtungsroutine verfügen.

Versuchen Sie auch in Folgestunden einer Lerngruppe zu hospitieren. So können Sie sehen, wie die Schüler z. B. die gestellten Hausaufgaben bearbeitet haben, ob und wie sie kontrolliert werden und wie der Lehrer inhaltlich fortfährt.

Begleiten Sie eine Klasse über einen längeren Zeitraum, beispielsweise einen Schultag. Sie erhalten so einen besseren Einblick in den wechselvollen Alltag von Schülern. Manchem Kollegen ist mittlerweile gar nicht mehr bewusst, dass die Schüler teilweise erhebliche Strecken zwischen verschiedenen Räumen zurücklegen müssen und daher manchmal keine wirkliche Pause – z. B. für den Gang zur Toilette – haben. Außerdem können Sie bei einer Klassenhospitation das Verhalten der Lerngruppe bei unterschiedlichen Lehrern beobachten.
Es ist wie beim Erlernen eines Kartenspiels: Bevor Sie das erste Mal richtig „spielen", dürfen Sie den anderen ungehindert in die Karten schauen. Nutzen Sie also diese Chance: Ziehen Sie nach den einzelnen Stunden ein kurzes Fazit: Wovon waren Sie besonders angetan und warum? Was beurteilen Sie kritisch?

Während dieser ersten Hospitationsphase haben Sie die Chance, sich Tipps und Tricks von erfahrenen Kollegen abzuschauen und zu sammeln, manchmal vielleicht auch zu erleben, was man vermeiden sollte. Damit diese Informationen nicht verloren gehen, haben wir eine weitere Liste für Sie vorbereitet: „Hilfreiche Tipps". Alle wichtigen Informationen und Hinweise können Sie gezielt in diese Liste eintragen und beliebig lange fortführen.

2/2 Hilfreiche Tipps

2.3 Nachbesprechung und Nachbereitung der Stunden

Ob eine Stunde besprochen werden kann und wie ausführlich dies geschieht, ist zum einen vom jeweiligen Lehrer abhängig. Zum anderen spielen die zeitlichen Rahmenbedingungen der jeweiligen Schulformen eine Rolle. Insbesondere in weiterführenden Schulen, in denen sich der Lehrer nach dem Klingeln in die nächste Klasse begibt, kommt es oft nur zu kurzen Flurgesprächen. Anders hingegen bei Lehrern, die über mehrere Unterrichtsstunden hinweg in derselben Klasse bleiben – etwa in Grund- und Sonderschulen. Nicht jedem Kollegen ist es übrigens lieb, seine Stunden zu reflektieren, in einem solchen Fall sollten Sie nicht darauf bestehen.

Falls Ihnen bestimmte Aspekte einer Stunde – etwa das Verhalten des Lehrers während einer Unterrichtsstörung – als hilfreich für Ihr eigenes Agieren erscheinen, notieren Sie diese auf der Liste „Hilfreiche Tipps".

Diesen Katalog können Sie im Laufe Ihres Referendariats für Ihre eigenen Unterrichtsstunden immer wieder zu Rate ziehen. Wenn Sie einmal eine Situation erlebt haben, die Ihnen irgendwie bekannt vorkommt, können Sie nachschauen, wie der Kollege es seinerzeit gemacht hat. Umständliches Suchen in Ihren Hospitationsbögen entfällt.

Die hier angeführten Hospitationen beziehen sich auf die ersten Tage in Ihrer Ausbildungsschule, in denen Sie noch keinem Mentor und keiner Lerngruppe zugeteilt wurden. Nutzen Sie dabei die Gelegenheit, möglichst viele Kolleginnen und Kollegen zu begleiten. Dadurch erhalten Sie schnell einen Einblick in unterschiedlichste Herangehensweisen und Methoden. Es hilft Ihnen sehr bei der Wahl Ihres ersten Ausbildungsunterrichts, der eine Mischung aus Hospitation und eigenem Unterricht darstellt.

↷ Kapitel 4: Die ersten eigenen Unterrichtsstunden – Die Informationsbeschaffung

Im Laufe Ihrer Ausbildung werden Sie immer wieder die Gelegenheit bekommen, Stunden von Fachkollegen anzuschauen. Nutzen Sie diese Möglichkeiten. Durch die eigenen Unterrichtserfahrungen, die Sie bis dahin gemacht haben, werden Sie so manche Situation aus einem anderen Blickwinkel betrachten. Daneben sollten Sie auch die Gelegenheit zu Gruppenhospitationen, beispielsweise mit Referendarskollegen nutzen. Eine anschließende Diskussion bietet dabei die Möglichkeit eines interessanten Informations- und Gedankenaustausches.

Kapitel 3 Die Uhr im Blick, den Ordner in der Hand – Zeitmanagement und Ordnungshilfen

Gerade zu Beginn der Ausbildung äußern Referendare immer wieder, dass sie sich gestresst fühlen. Folgende Aspekte kristallisieren sich als besonders anstrengend heraus: Man verbringe mehr Zeit in der Schule als vorher gedacht, die Unterrichtsplanung dauere länger als geplant, das „vor-der-Klasse-Stehen" sei immer noch neu und aufregend, man fühle sich dabei noch völlig unsicher, habe Angst, in bestimmten Situationen nicht angemessen reagieren zu können.

Das Stressempfinden jedes Menschen ist unterschiedlich. Im Laufe Ihres Referendariats werden Sie auf Referendarskollegen treffen, die ihre Ausbildung vom ersten bis zum letzten Tag als „total anstrengend" beurteilen, und andere, die gerade mal die Tage vor den Unterrichtsbesuchen als „etwas aufregender" empfinden. Manche Menschen kann man nur sehr schwer aus der Ruhe bringen, andere hingegen sind ständig nervös und lassen sich schon durch weit entfernte Termine beunruhigen. Insbesondere dieser Termindruck ist es, den Referendare in einer Umfrage als besonders stressend empfanden.

Dieses Kapitel soll Ihnen Tipps und Anregungen für Ihr persönliches Zeitmanagement geben. Ferner soll es Sie bei der Materialordnung und -strukturierung unterstützen. Kapitel 12 wird Ihnen darüber hinaus Hilfestellung bei der Planung und Durchführung von Krisengesprächen leisten – ein ebenfalls benannter Stressfaktor während der Ausbildung.

3.1 Tipps zur Zeitplanung

Der weitaus größte Stressor im Referendariat ist der Zeitstress. Bereits in der Frühphase Ihrer Ausbildung werden Sie sehr stark in das Unterrichtsgeschehen eingebunden. Es ist keine Seltenheit, dass Referendare bereits in den ersten Ausbildungswochen durch den nun eigenen Unterricht stark belastet werden. Während viele Referendare in den letzten Tagen ihrer Hospitation bereits unruhig auf dem Stuhl hin- und herrutschen, weil sie nun endlich selbst anfangen wollen, kommt ihnen der anschließende Beginn wie ein Start von null auf hundert vor. Daher verwundert es nicht, wenn sie bereits die ersten Wochen als „total anstrengend" empfinden.

Leider entspannt sich für viele Referendare die Situation nicht mehr wirklich. Je nach Schulform und Ausbildungsschule bleibt das Stundenkontingent hoch. Die Ferien dienen dann oft zur Unterrichtsplanung bzw. zur Vorbreitung und Durchführung der zweiten Schriftlichen Staatsexamensarbeit.

Es ist nicht so sehr entscheidend, ob Sie eher ein perfektionistisch veranlagter Mensch sind oder zum Chaos neigen – beides hat Vor- und Nachteile. Lassen Sie vor allem den eigenen Erwartungsdruck nicht zu groß werden. Bedenken Sie, dass Sie sich in der Ausbildung befinden. Und gerade weil Sie diese Art der Ausbildung in weiten Teilen selbstständig ausfüllen müssen, ist ein strukturiertes Vorgehen hilfreich.

Die Umfrage unter Referendaren ergab, dass sich diejenigen am wenigsten gestresst fühlen, die auf eine Balance zwischen Arbeit und Freizeit achten. Dabei stellte sich ebenfalls heraus, dass die „entspannteren" Referendare die sind, die einen zeitlichen Überblick über ihren Tagesablauf hatten und dadurch in der Lage waren, Prioritäten zu setzen.

Sie müssen also weder ein Lebenskünstler noch ein penibler Zeitberechner sein, um Ihre Referendarszeit stressfreier gestalten zu können. Feste Termine – z. B. Sport an bestimmten Tagen in der Woche – können Ihnen helfen, bewusst abzuschalten. Zugegeben, Planung ist nicht alles im Leben, aber sie kann gerade in anstrengenden Phasen – zu denen das Referendariat zweifelsohne zählt – eine erhebliche Erleichterung bedeuten.

Eine vorausschauende Zeitplanung kann Ihnen Ihr Referendariat vom ersten Tag an erleichtern. Dabei geht es weniger um minutiöse Zeittabellen als vielmehr um eine zeitliche Festlegung Ihrer Arbeitsschwerpunkte.

1. Ausbildungsabschnitte zeitlich einordnen

In der Regel sind Ihre Ausbildungsabschnitte zeitlich von der Schule vorstrukturiert. Insbesondere in den Regelschulen sind dabei die Wechsel der Lerngruppen festgelegt. Daher empfiehlt es sich, einen Jahres-, zumindest aber einen Halbjahresplaner in Form eines Plakates zu haben, den Sie in der Nähe Ihres Schreibtisches aufhängen sollten. Verschiedene Farben können Ihnen helfen, Lerngruppen, Ausbildungs- und Prüfungsabschnitte optisch voneinander zu trennen. Tragen Sie in diesen Planer Beginn und Ende der jeweiligen Ausbildungsabschnitte ein, sofern Ihnen diese bereits bekannt sind. Ferner sollten Sie hier bereits alle Termine eintragen, die Ihre Arbeit in der Schule betreffen. Im Laufe der Zeit können Sie Ergänzungen vornehmen und sind im wahrsten Sinne des Wortes „up to date".

3/1 Jahresplaner

2. Den unmittelbaren Ausbildungsabschnitt zeitlich gliedern

Nachdem Sie sich einen Gesamtüberblick verschafft haben, sollten Sie sich im Folgenden auf die für Sie unmittelbar anstehende Phase konzentrieren. Egal, ob Sie in verschiedenen Fächern und Lerngruppen eingesetzt werden, oder in einer einzigen, Sie müssen wissen, wie viele Unterrichtsstunden Ihnen in Ihrem Ausbildungsabschnitt zur Verfügung stehen. Die Praxis zeigt immer wieder, dass Referendare, die derartige Pläne nicht erstellen, oft aus allen Wolken fallen, wenn sie erfahren, dass ihre Lerngruppe für zwei Wochen im Praktikum ist oder eine Klassenfahrt ansteht. Sie geraten dann unter Stress, weil durch derartige Versäumnisse eventuell wichtige Stunden unmittelbar vor einem Unterrichtsbesuch ausfallen, dieser daraufhin verschoben oder schlimmstenfalls gar abgesagt werden muss.
Doch Sie können es besser machen! Markieren Sie alle Tage in Ihrem Plan, an denen Ihr Unterricht aufgrund von Feiertagen oder Schulaktionen (Feste, Projektwochen, Praktika etc.) ausfällt. Falls Sie keine Übersicht über derartige Aktivitäten Ihrer Schule haben, fragen Sie Ihren AKO oder im Sekretariat nach, dort hilft man Ihnen sicherlich gern weiter. Dadurch erhalten Sie sehr schnell ein umfassendes Bild darüber, wie viele Stunden Ihnen zur Verfügung stehen. Bedenken Sie, dass Ihr Unterricht auch durch Aktivitäten beeinträchtigt werden kann, die in keinem unmittelbaren Zusammenhang zueinander stehen. Klausurtermine und Klassenarbeiten können ebenso dazu zählen wie Orchester- oder Theaterproben.
Der so gewonnene Überblick erleichtert Ihnen die anschließende Absprache und Planung der Unterrichtsreihe. So zeigen Sie auch Ihrem Mentor Ihre Planungskompetenz, wenn Sie bei der Absprache der anstehenden Reihe bereits genau wissen, wie viele Stunden Ihnen dafür zur Verfügung stehen und wann Stunden ausfallen.

3. Strukturierungshilfen nutzen – Wochen- und Tagespläne

Sie entscheiden natürlich selbst, wie viel Planung Sie brauchen und Ihnen persönlich gut tut. Einigen ist bereits die Erstellung einer Halbjahresübersicht zu viel und erzeugt ein Bild des „ordnungsliebenden Beamten', für andere hingegen stellt es gerade einmal die minimale Herangehensweise an das „Projekt Referendariat" dar. Ein kurzer Exkurs in die Motivationspsychologie soll die Bedeutung derartiger Wochenpläne erläutern:

> Stellen Sie sich zunächst folgende Szenerie vor: Sie gehen mit großem Hunger in einen Supermarkt und wollen sich etwas zu essen kaufen. Angetrieben von Ihrem Hungergefühl steuern Sie geradewegs die Kühltheke an und greifen sich eine Pizza.
> Ihr Gesundheitsdenken lässt Sie kurz skeptisch werden und verunsichert Sie so sehr, dass Sie die Pizza wieder zurücklegen und an die Gemüsetheke gehen. Dort angekommen, meldet sich Ihre innere Uhr und rechnet Ihnen kurz vor, wie hoch

der zeitliche Aufwand wäre, all das Gemüse zu putzen, zu waschen und zu kochen. Etwas genervt wenden Sie sich ab und steuern nun zielstrebig die Kühltheke an, um tiefgefrorenes Gemüse zu kaufen. Kein Putzen, kein Waschen – einfach erhitzen, fertig! Auf dem Weg dorthin kommen Sie wieder an der Pizzatheke vorbei und Ihnen wird klar, dass Gemüse zwar gesund und Tiefkühlgemüse darüber hinaus auch „convenient" ist, Ihr Appetit Ihnen aber etwas ganz anderes meldet. Entnervt über sich selbst verlassen Sie den Supermarkt und holen sich eine Portion Pommes. Hinterher ärgern Sie sich über die Kalorien und Hunger haben Sie eigentlich immer noch.

Was ist hierbei passiert? Psychologisch würde man diesen – zugegeben harmlosen – Konflikt als „konkurrierende Handlungstendenzen" beschreiben. Die Pizza konkurriert mit dem frischen Gemüse und gleichzeitig noch mit der Tiefkühlkost. Das gleiche widerfährt einem, wenn man sich von einem Berg Arbeit „erschlagen" fühlt und sich dabei so gelähmt vorkommt, dass man nichts von diesem Berg effektiv abarbeiten kann. Auch hierbei konkurrieren verschiedene (unerledigte) Dinge miteinander. Damit aus einer Tendenz eine Handlung wird, muss sie in unserem Innern einige Filter durchlaufen. Steht diese Handlungsabsicht aber einmal fest, werden andere (konkurrierende) Dinge kontrolliert unterdrückt. Nun fühlt man sich gut und erleichtert.

Wofür ist dieses Beispiel gut? Nun, es geht hierbei weniger um die internen Verarbeitungsstrukturen als vielmehr um das befriedigende Gefühl, das sich einstellt, wenn man eine Sache bearbeitet – ihr die volle Konzentration schenken kann und weiß, dass andere Arbeiten im Moment keine Rolle spielen. Dafür ist eine Strukturierung der zu erledigenden Dinge sehr hilfreich. Diese Strukturierung kann beispielsweise in Form eines Zeitplans, einer Tabelle erfolgen. Im Folgenden werden zwei „Plan-Varianten" vorgeschlagen, die Ihnen am Anfang bei der Strukturierung Ihrer Tages- und Wochenabläufe behilflich sein können.

3 / 4 Wochen-, Tagespläne

Tages- und Wochenpläne unterscheiden sich nicht nur hinsichtlich ihrer Detailfülle. Während die Woche eher überblicksartig strukturiert werden sollte, sieht der Tagesplan eine konkrete Festlegung von Abläufen vor. Folgendes Schema soll diesen Sachverhalt etwas verdeutlichen:

Wochenplan		Tagesplan	
Montag:	• um Bastelmaterial kümmern • Fachseminar • Badminton spielen	**Montag:**	• Unterricht (1. bis 3. Stunde) • in Baumarkt fahren und Material einkaufen (s. Materialliste) • Vorlagen aus Bücherei und Buchläden besorgen und kopieren • Text für Hauptseminar lesen • Vorlagen nachbasteln und ausprobieren • Badminton, Sauna
Dienstag:	• Hauptseminar • Stunde für Freitag planen		
Mittwoch:	• U-Besuch für Dienstag planen		
Donnerstag:	• Arbeitsblätter für U-Besuch erstellen		
Freitag:	• Stunde für Montag planen		
Samstag:	• U-Besuch weiter vorbereiten • Stundenentwurf schreiben		
Sonntag:			

Vielleicht erstellen Sie bereits solche Listen. Tun Sie dies auch in Stresszeiten? Viele Situationen erscheinen uns ja gerade deshalb als „stressig", weil einem alles schier über den Kopf zu wachsen droht, man den Überblick verliert und nicht mehr weiß, was man zuerst und zuletzt in Angriff nehmen soll. Gerade solche Phasen benötigen eine genaue Strukturierung und Planung. Je genauer Sie Ihren Wochenüberblick dabei gestalten und je detaillierter Sie Ihren Arbeitstag planen, umso weniger anstrengend werden Sie ihn wahrscheinlich erleben. Sie konzentrieren sich nämlich immer nur auf einen Aspekt, können alles andere ausblenden, weil Sie wissen, dass alles nach und nach erledigt wird. Dieses Vorgehen wird vor allem für denjenigen Leser eine Entlastung bringen, der sich über derartige Strukturierungshilfen noch gar keine Gedanken gemacht hat, des öfteren aber unzufrieden ist, weil man es einfach nicht schafft Dinge, die man sich vorgenommen hat, zu erledigen. Doch bedenken Sie dabei, dass auch Ihr Tag nur 24 Stunden hat. Ein Plan ist geduldig, Sie können darin so viele Termine und Aufgaben unterbringen, wie Sie wollen, erledigen davon aber höchstens die Hälfte oder noch weniger. Zugegeben, man neigt leicht dazu, sein Tagespensum zu hoch anzusetzen. Daher der Tipp: Notieren Sie auf Ihrem Plan lediglich 60 bis 70 % dessen, was Sie sich eigentlich vorgenommen haben. Erstens entgeht man dadurch der Gefahr der eigenen Selbstüberschätzung und zweitens hat man so einen Puffer für unvorhergesehene Ereignisse. Streichen Sie alle erledigten

Dinge durch. Sie werden merken, was für ein Genuss es sein kann, v. a. unangenehmere Dinge als „erledigt" auszustreichen. Für Ihr weiteres Fortkommen am Tag und die richtige Krafteinteilung ist es ebenfalls wichtig zu wissen, was und wie viel noch anliegt. Ebenso tut es gut, alle für den Tag vorgesehenen Punkte erledigt und ausgestrichen zu haben.
Referendare, die ein derartiges oder ähnliches Zeitmanagement für sich nutzen, berichten, dass sie den „Feierabend" viel besser genießen könnten und auch besser schliefen, weil ihnen nicht ständig Unerledigtes durch den Kopf gehe und sie total nervös mache.

„Es tut echt gut zu wissen, wann Schluss ist. Anfangs kam ich mir zwar schon etwas blöd vor, wenn ich meine Listen schrieb – es hatte etwas so gewolltes. Aber jetzt mach' ich das völlig automatisch. Ich kann mich auch besser einschätzen, was ich so am Tag schaffe. Na, außerdem tut es einfach gut, dass man nicht ständig grübelt, was noch alles anliegt. Ich weiß ja, dass die anderen Sachen dann halt am nächsten oder übernächsten Tag dran sind." (Referendarin in der 8. Woche ihrer Ausbildung)

3.2 Wer Ordnung hält, ist zu faul zum Suchen – Ordnungs- und Strukturierungshilfen

Egal, in welcher Schulform Sie tätig sind und welche Fächer Sie unterrichten, Sie werden das Referendariat als „Materialschlacht" erleben. Bereits nach kürzester Zeit werden sich Kopien, Arbeitshefte, Schul- und Lehrerbücher stapeln. Ganz zu schweigen von den Anschauungsmaterialien, die Sie für den Unterricht erstellt oder besorgt haben. Wer da den Überblick verliert, läuft schnell Gefahr, die Hälfte der Zeit für das Suchen aufwenden zu müssen. Und dann hilft einem auch der schönste und detaillierteste Tagesplan nichts mehr.
Fragt man gestandene Kollegen, welches Ordnungssystem sie sich im Laufe der Zeit angeeignet haben, dann bekommt man genau so viele verschiedene Varianten erklärt, wie man Kollegen befragt. Die meisten geben zu, noch immer kein richtiges System gefunden zu haben.

■ Wo hab' ich nur …? – Arbeitsmaterialien systematisch ordnen

Zwei Aspekte sind für ein eigenes Ordnungssystem maßgebend: der zur Verfügung stehende Raum (Regalflächen, Stauraum, Wand- und Arbeitsflächen) und die individuelle Toleranz-(Schmerz-)grenze beim Suchen von Materialien. Solange Sie nicht über ein eigenes, praxiserprobtes System verfügen bzw. sich unsicher sind, ob es das Richtige sein könnte, sollten Sie flexibel bleiben. Konkret heißt das, dass Sie lediglich eine Grobordnung und Systematisierung vornehmen sollten, um Material schnell abzulegen und wiederzufinden. Hierfür empfehlen sich Zeitschriften-Sammelordner. Diese können Sie beschriften und wissen daher (ungefähr) über den Inhalt Bescheid, ohne darin ein festgelegtes Schema zu haben. Aktenordner sind für die Materialverwaltung (anfangs) eher ungeeignet. Nicht immer haben die Materialien DIN A4-Format, sodass ständiges Herausziehen und Weglegen einen höheren Verschleiß und Zeitaufwand bedeuten kann. Es empfiehlt sich auch, die Sammelordner zunächst thematisch anzulegen, also beispielsweise Märchen, Piraten, Sexualkunde, Popmusik, Wetter usw. … Da Sie zu Beginn wahrscheinlich noch keine akuten Platzprobleme haben, bleiben Sie mit dieser thematischen Ordnung weiterhin flexibel, Ihre Sammlung ständig zu ergänzen. Außerdem können bestimmte Materialien im Laufe der Zeit auch für unterschiedliche Jahrgangsstufen eingesetzt werden, beispielsweise ein Arbeitsblatt zur Fotosynthese, das Sie eigentlich für die achte Klasse vorbereitet hatten, jetzt aber als Einstieg für eine elfte Klasse verwenden möchten.
Innerhalb eines Stehsammlers können Sie eventuell verschiedene Jahrgangsmappen anlegen.

Stehsammler statt Aktenordner

Videos, CDs, Hörkassetten etc.
Vielleicht nehmen Sie für Ihre eigene Unterrichtsvorbereitung Filme auf, haben eine Grafik auf dem Computer entwickelt oder haben eine Audioaufnahme im Unterricht erstellt. Auch diese Medien sollten systematisch verwaltet werden. Zwar ist ein Arbeitszimmer kein Staatsarchiv, aber eine sinnvolle Archivierung erleichtert die Suche ungemein. Eine Medienliste, die beliebig erweiterbar ist, hilft Ihnen dabei, ein Verzeichnis zu erstellen. So finden Sie jeden Ausschnitt auf Ihrem Video ebenso schnell wie eine bestimmte Stelle auf einer Kassette oder eine bestimmte Datei auf einer CD. Der Einfachheit halber empfiehlt es sich, alle Medien durchgehend zu nummerieren. Nur der wahre Ordnungsprofi unterteilt noch einmal ausgeklügelt nach Inhalten.
Bedenken Sie: sich ständig vorzunehmen, man müsste mal die ganzen Videos beschriften und die CDs sortieren, führt meist nur dazu, dass man den Überblick verliert und stundenlang eine bestimmte Stelle sucht. Daher sofort beginnen!
Anders als bei den Materialien sollten Sie bei den konkreten Unterrichtsplanungen sowie Entwürfen und Ausarbeitungen für Lehrproben vorgehen. Hierfür empfiehlt es sich natürlich, jeweils einen Ordner anzulegen, in den Sie diese Unterlagen abheften. Durch diese Zweiteilung in Materialien und konkrete Stundenplanungen unterbinden Sie ein schnelles Anwachsen Ihrer Aktenordner, die dadurch nur schwer und unhandlich werden und verschleißen Ihr Material auch nicht so schnell.

Unterrichtspläne abheften!

Auch für Ihren Unterricht gibt es praktische Hilfestellungen: Es lohnt sich z. B., dass Sie Ihre Klassen fotografieren und die Fotos anschließend mit Namen versehen, damit Sie diese schnell lernen. Ebenso ist es hilfreich, Sitzplätze und Klassenlisten, eventuell mit Notizen zur Mitarbeit und zu den Hausaufgaben anzulegen. Falls Sie nun in mehreren Klassen eingesetzt werden, ist es ratsam, sich eine Mappe anzulegen, in der Sie nur solche Unterlagen aufbewahren. Diese Variante ist so platzsparend, dass Sie die Mappe täglich mitführen können. Sie stellen damit sicher, dass Sie Ihre „Klassenunterlagen" immer dabei haben, selbst an Tagen, an denen Sie bestimmte Klassen gar nicht unterrichten. Es kann ja vorkommen, dass Sie mit Ihrem Mentor noch einmal über einen Schüler reden wollen oder Sie ein Kollege zu einem bestimmten Schüler befragt, weil er ein Leistungsbild einholen will. Haben Sie einen solchen „Klassenlisten-Ordner', können Sie jederzeit Einblick nehmen. Außerdem kann man damit vermeiden, dass wichtige Unterlagen zwischen den allgemeinen Stundenvorbereitungen und -materialien „untergehen". Langwieriges Suchen und unnötige Aufregung können so ebenfalls vermieden werden, da Sie den ständigen Zugriff haben.

Klassenlisten-Ordner anlegen!

Kapitel 4 Es geht los! – Die ersten eigenen Unterrichtsstunden

„Und ab Montag können Sie ja dann den Unterricht übernehmen. Überlegen Sie sich was und dann machen Sie einfach mal!"

Die Planung und Durchführung der ersten Unterrichtsstunden kann einiges Kopfzerbrechen und viel Nervosität hervorrufen, denn schließlich ist es ein Sprung ins kalte Wasser. Dieses Kapitel soll Ihnen helfen, die Vorbereitung, Durchführung und Reflexion der ersten Stunden möglichst strukturiert und erfolgreich zu gestalten.

Das zu Grunde liegende Konzept gliedert sich in drei Bereiche und ist denkbar einfach:

- **Informationsbeschaffung:** Sie benötigen zunächst inhaltliche und strukturelle Informationen über die Schüler und den Unterricht. Diese sollten Sie beim Hospitieren, im Gespräch mit dem Mentor und durch einen thematischen Überblick sorgfältig recherchieren.
- **Planung:** Sinnvoll sind möglichst einfach strukturierte Stunden mit „sicheren" Inhalten. Bereiten Sie sich sorgfältig vor und beachten Sie Details. So vermeiden Sie Anfängerfehler und bekommen Sicherheit für Ihre ersten Unterrichtsversuche.
- **Reflexion:** Besprechen Sie gemeinsam mit dem Mentor Ihre ersten Stunden in einer Rückschau. Überprüfen Sie, was gut war und was für die nächsten Stunden verbessert werden könnte. Fehler sind normal, wichtig sind die Erkenntnisse, die man daraus zieht.

4.1 Die Informationsbeschaffung

1. Schritt: Hospitieren Sie fachspezifisch im Ausbildungsunterricht!

Bereits in den ersten Tagen Ihrer Ausbildung haben Sie Einblicke in unterschiedliche Lernsituationen gewinnen können. Im Folgenden geht es nun darum, sich mit der Lerngruppe vertraut zu machen, in der Sie Ihre ersten Unterrichtserfahrungen sammeln.

Wenn Sie einen Klassenraum betreten, geraten Sie geradewegs in ein sehr komplexes soziales System. Dieses System wird von vielen Ritualen, Regeln und Einflussfaktoren verschiedenster Art bestimmt.

Die Zeit des Hospitierens gibt Ihnen auch hier die Möglichkeit, dieses System zu beobachten und (so gut wie möglich) zu verstehen. Vier oder fünf Hospitationsstunden reichen natürlich nicht, um die Interaktion von ca. 30 Beteiligten und die pädagogisch-institutionellen Bedingungen zu erfassen. Das ist aber auch nicht nötig. Konzentrieren Sie sich auf diejenigen Aspekte, die für die Vorbereitung und

Durchführung Ihrer ersten Unterrichtsstunden hilfreich sind. Dazu gehören z.B. alle Regeln und Rituale, die Sie entweder übernehmen oder bewusst abwandeln wollen. Achten Sie auch auf die Lernvoraussetzungen der Schüler, damit Sie später nicht an diesen „vorbei unterrichten". Und natürlich müssen Sie die Unterrichtsinhalte kennen lernen.

Voraussetzung für diese Informationsbeschaffung ist wieder das aktive Hospitieren mit Hilfe des Beobachtungsbogens:

- Sie wissen, was Sie in einer Unterrichtsstunde beobachten wollen,
- Sie haben die entsprechenden Fragen vor sich liegen,
- Sie notieren Ihre Beobachtungen und versehen sie mit Kommentaren und Anmerkungen in Bezug auf Ihren eigenen Unterricht.

2. Schritt: Nehmen Sie Ihren Mentor in die Pflicht!

Er ist anfangs Ihre wichtigste Informationsquelle. Aus der Hospitationsphase wissen Sie, was bisher im Unterricht gelaufen ist. Fragen Sie genau nach, welche Themeninhalte als nächste vorgesehen sind. Scheuen Sie nicht davor zurück und denken Sie auch nicht, dass Sie alles allein bewältigen müssen. Der Mentor kann Ihnen wichtige Tipps geben, die die Suche nach geeignetem Unterrichtsmaterial erheblich vereinfachen. Je mehr Informationen Sie bereits im Vorfeld Ihrer konkreten Planungsphase bekommen, desto einfacher gestaltet sich dann der nächste Schritt, in dem Sie sich einen thematischen Überblick verschaffen.

> **Anmerkung:** Wenn Sie sich anfangs sehr unsicher fühlen, fragen Sie Ihren Mentor doch, ob Sie zunächst nur einen Teil einer Stunde übernehmen können – beispielsweise ein Experiment durchführen, einen Lückentext bearbeiten oder ein Lied einüben.

4 / 2 Beobachtungshilfe für den Mentor

3. Schritt: Verschaffen Sie sich einen Überblick!

Im Laufe der Ausbildungszeit – und meist darüber hinaus – wird man immer wieder mit Unterrichtsthemen konfrontiert, von denen man anfangs nicht die leiseste Ahnung hat. Sie haben beispielsweise Biologie studiert und sollen nun den Igel durchnehmen. Ein Glück für jeden, dessen Eltern einen im Garten haben oder hatten. Die Schwierigkeit besteht oftmals darin, den universitären „Ballast" hinter sich zu lassen und die Themen aus einem neuen, schulischen Blickwinkel zu betrachten.

Bevor Sie nun an die Planung für die erste(n) Stunde(n) gehen, müssen Sie sich zunächst einen Überblick verschaffen. Drei Fragen sollten Sie sich dabei stellen:

„Was will ich vermitteln?" (Inhalt)
„Wie kann ich es vermitteln?" (Methode)
„Womit gelingt mir das?" (Medien)

Mit Hilfe von Schulbüchern können Sie einen ersten Eindruck über Grundlagen und weiterführende Aspekte für Ihr Thema gewinnen. Ferner sollten Sie sich fragen, welche (Fach-)Begriffe unverzichtbar und welche zu vernachlässigen sind. Meist stößt man auch bereits auf anschauliche Beispiele, die sich für die Unterrichtsgestaltung lohnen.

Hilfreich kann zusätzliche Literatur sein, beispielsweise Kinder- und Jugendsachbücher. Diese behandeln schulische Themen oftmals sehr anschaulich und sind dadurch nützliche Ideengeber. Fachzeitschriften hingegen bieten zwar gute Materialbezüge, sind aber gerade für untere Jahrgangsstufen thematisch oft zu speziell.

Wenn Sie es in der „Erkundungsphase" versäumt haben, sollten Sie jetzt nachsehen, was Ihre Schule etwa in den Fachsammlungen an zusätzlichen Materialien bietet, an Anschauungsobjekten, Bastelmaterialien, Gerätschaften für Experimente etc.. Ebenso sollten Sie sich spätestens jetzt einen Überblick über die Medienausstattung verschaffen. Wenn Sie nicht wissen, ob ein Dia-Projektor oder ein Videorekorder vorhanden sind, werden Sie auch nicht daran denken, sie einzusetzen. So könnte Ihnen die eine oder andere Chance für einen interessanten Einstieg entgehen. Unbedingt zu empfehlen ist es, die Geräte im Vorfeld auszuprobieren. Wer kennt es nicht noch aus der eigenen Schulzeit, dass Lehrer verzweifelt vor Fernsehgeräten standen und den Videokanal gesucht haben – sehr zur (Schaden-) Freude der Schüler.

Experimente, Geräte etc. mindestens einen Tag vorher ausprobieren!

4.2 Die Planung – einfach und kompakt!

1. Schritt: „3 x 3" – Themenauswahl für eine „kleine" Reihe

Mit den gewonnenen Informationen müssen Sie nun die ersten Stunden planen. Entwerfen Sie zunächst eine „kleine" Reihe für die nächsten drei Stunden. Was bringt es Ihnen, bereits zehn Stunden zu planen, wenn Sie noch nicht einmal einschätzen können, ob Sie mit der ersten richtig liegen. Überlegen Sie sich also zunächst drei Stundenthemen und tragen Sie diese in Ihre Planungshilfe ein.
Sollten Sie feststellen, dass es Ihnen noch nicht gelingt, Themen für die Stunden zu benennen, haben Sie noch keinen richtigen Überblick. Stöbern Sie noch einmal in Ihren Materialien und holen Sie sich Anregungen.

Fragen Sie sich anschließend, was Sie in jeder dieser drei Stunden machen wollen und tragen Sie die Hauptinhalte / -ziele ebenfalls in die Planungshilfe ein. Sie sehen, das Prinzip „3 x 3" ist denkbar einfach. Genauso einfach und kompakt wie auch die Struktur Ihrer Stunden sein sollte.

4 / 4 Planungshilfe 3 x 3

2. Schritt: Planung der ersten Unterrichtstunde

Wie füllt man überhaupt eine Unterrichtsstunde?
Diese Frage wird Sie im Referendariat ständig begleiten. Sie werden sich immer intensiver auf die Suche nach attraktiven Medien und Materialien machen, mehr und mehr Wert auf abwechslungsreiche und schüleraktive Arbeitsformen legen und so die Qualität Ihres Unterrichts sukzessive erhöhen. Jetzt zu Beginn werden Sie vielleicht froh sein, wenn Sie Ihre Stunden überhaupt „füllen" können. Konzentrieren Sie sich zunächst auf den Einsatz klassischer und in der Lerngruppe eingeführter Methoden (Unterrichtsgespräch, Arbeitsblatt, Buch, Tafel) oder auf Verfahren, die typisch für Ihr Fach sind (Versuche, Kopfrechnen, Bildbesprechung …).
In der ersten Stunde müssen Sie vor allem eines schaffen: sich über Wasser halten. Sie treten ins Rampenlicht, bis zu 33 Augenpaare beobachten Ihre Bewegungen, Ihre Äußerungen, Ihr Verhalten. Je einfacher – sprich konventioneller – Sie daher Ihre Stunde gestalten, desto weniger laufen Sie Gefahr, dass sie daneben geht. Sie kennen die Klasse durch die Hospitationen zwar schon ein bisschen, aber Sie kennen sich selbst als Lehrperson noch gar nicht.

Planen Sie eine ganz konventionelle Stunde!

Gestalten Sie daher die Unterrichtsstruktur möglichst **einfach und kompakt:**
Planen Sie Ihre Stunde mit einem interessanten und motivierenden Einstieg, leiten Sie dann – beispielsweise fragend-entwickelnd – in eine Erarbeitungsphase über, sammeln und sichern Sie die Ergebnisse und geben Sie schließlich eine Hausaufgabe auf. Fertig! Hört sich einfach an? Ist es auch!

Das folgende Ideentableau zeigt eine Auswahl an Möglichkeiten zum Einstieg, zur Erarbeitungs- und zur Sicherungsphase. Verstehen Sie es als Angebot. Es gibt noch viele Möglichkeiten für die jeweiligen Phasen. Sollten Sie noch keine genaue Vorstellung haben, kann Ihnen das Tableau weiterhelfen. Suchen Sie sich allerdings nur eine Möglichkeit pro Phase heraus. Keiner erwartet von Ihnen am Anfang bereits ein breites Repertoire an methodischen Kniffen.

4 / 1 Unterrichtsentwurf im Überblick

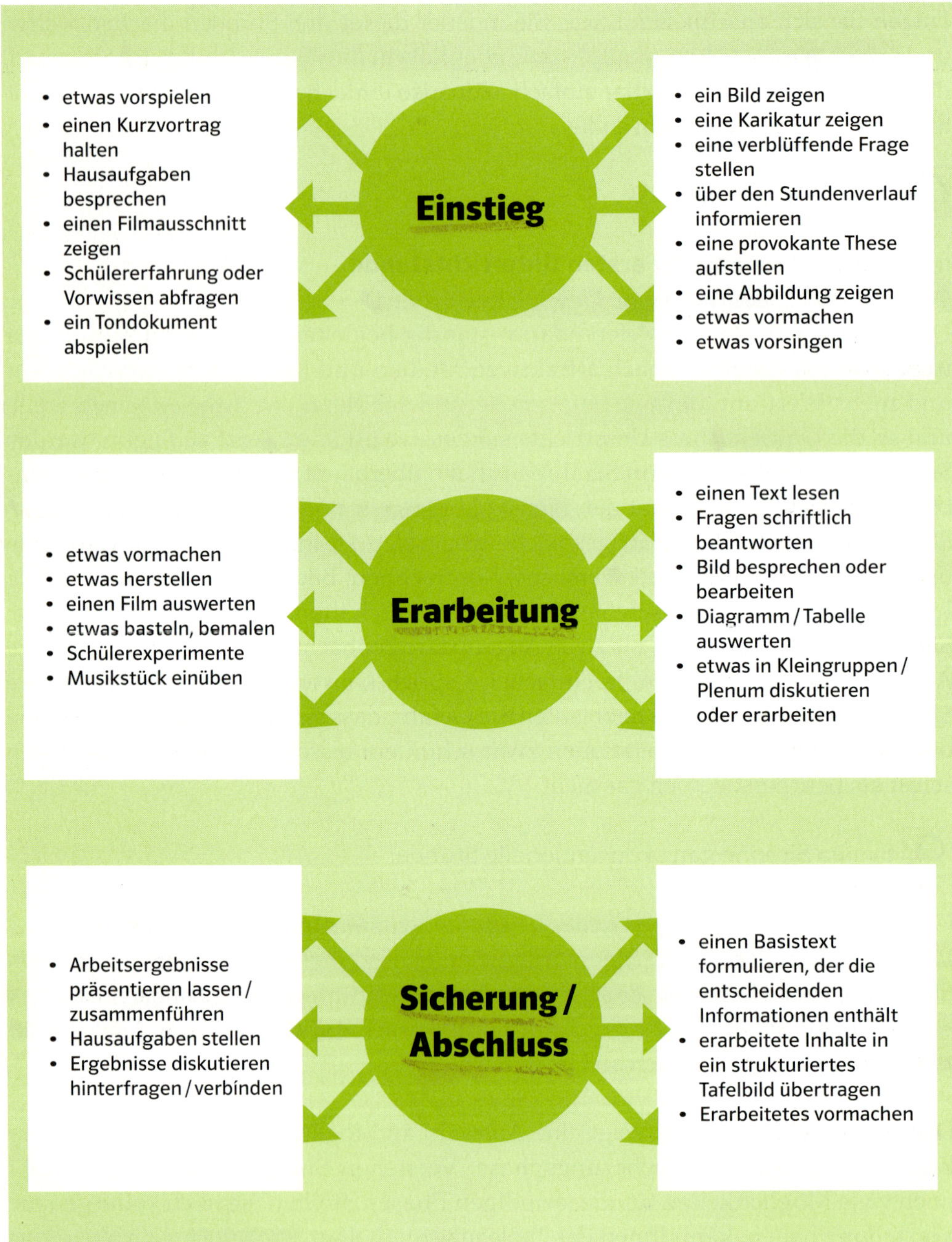

Gestaltungsideen zu typischen Unterrichtsphasen

3. Schritt: Auf die Details kommt es an! – Wissenswertes und Unverzichtbares

Der Unterschied zwischen einer guten und einer schlechten Unterrichtsstunde hängt häufig gar nicht so sehr davon ab, welches Konzept man gewählt hat oder wie innovativ man vorgegangen ist, sondern von der Berücksichtigung vieler Details. Für Sie als Anfänger erhöht sich die Bedeutung der Details noch einmal, da Sie viele wichtige Aspekte noch nicht kennen oder noch nicht automatisch berücksichtigen können. Für verschiedene (denkbare) Schlüsselstellen in Ihren ersten Unterrichtsstunden bieten wir deshalb Hilfen für die Detailplanung:

Arbeitsmaterialien:
Insbesondere in der Grundschule (auch in der Sekundarstufe I) ist es wichtig, darauf zu achten, welche Materialien (Hefte, Bücher, Stifte etc.) bereits zu Beginn der Stunde auf den Tischen liegen. Machen Sie den Kindern in den ersten Stunden ruhig klare Vorgaben und achten Sie später auf deren Einhaltung. Kinder vertrödeln erfahrungsgemäß einige Zeit beim Organisieren ihrer Materialien. Sie sollten dafür sorgen, dass dies nicht von Ihrer Unterrichtszeit abgeht.

Kurzvortrag:
Falls Sie zu Beginn der Stunde einen Kurzvortrag planen, sollten Sie ihn zumindest in Stichworten notieren. Damit Sie im Unterricht nicht über schwierige Wörter stolpern und dadurch den Spannungsbogen verlieren, empfehlen wir, den Text zu Hause laut zu üben. So können Sie sich vor der Klasse auf Tonfall, die Sprechgeschwindigkeit und Betonung konzentrieren. Gleiches gilt für Texte (Geschichten, Gedichte etc.). Es kommt auch auf eine gute Zeitplanung an. Bedenken Sie, dass es einige Konzentration erfordert, sich auf einen Vortrag einzulassen. Je jünger die Schüler, desto kürzer! Je kürzer Sie den Vortrag gestalten, desto einfacher haben es die Schüler. Drei, vier Minuten sollten dabei nicht überschritten werden. Es sei denn, Ihre Geschichte ist so spannend, dass es sich lohnen könnte, sie etwas ausführlicher zu schildern.

↷ Kapitel 4: Reihenplanung

Fragestellung:
Wenn es in einer Stunde mehrere Kernfragen gibt, ist es sinnvoll, sie in der Vorbereitung auszuformulieren. Schreiben Sie sie auf eine Karteikarte oder lernen Sie sie auswendig. Alternativ können Sie die Kernfragen auch auf eine Folie schreiben / drucken und bei Bedarf aufdecken. Dies hat den Vorteil, dass die Schüler die Frage in Ruhe lesen und verarbeiten können. So werden Sie vor dem typischen Anfängerfehler bewahrt, einer gestellten Frage aus Nervosität gleich mehrere nachzuschieben. Es ist nicht leicht, geduldig zu bleiben und einige Zeit

abzuwarten, ob sich noch jemand melden wird. Doch gewöhnen Sie es sich an. Fragen ständig neu- / umzuformulieren führt letztlich nur dazu, dass man die Schüler verunsichert und man die Antwort mehr und mehr in die Fragestellung einbaut.

Kapitel 6: Sprechen / Fragestellung

Arbeitsaufträge:
Genau wie bei den Kernfragen ist es sinnvoll, eine mündliche Anweisung vorzuformulieren. Im Normalfall reicht es nicht, einen Arbeitsauftrag mündlich zu geben, ca. ein Drittel der Klasse wird ihn nicht mitbekommen. Auch hier gilt: Je jünger die Schüler, umso deutlicher! Es ist daher wichtig, Arbeitsaufträge zusätzlich schriftlich vorzugeben: an der Tafel, auf der OHP-Folie, auf dem Arbeitsblatt. Und noch etwas: Ein typisches Problem ist, dass die Schüler bereits Ihre Hefte rauskramen, Bücher holen etc. – also Unruhe entstanden ist, gegen die Sie anreden müssen. Sorgen Sie durch eine klare Ansage dafür, dass zunächst alle zuhören und erst danach loslegen. „Ihr hört erst genau zu, was eure Aufgabe ist und könnt danach anfangen."

Tafel:
Möglicherweise möchten Sie während oder nach einer Erarbeitungsphase die Tafel nutzen. Für die Vorbereitung Ihres Tafelbildes können Sie die auf der CD abgebildete Miniaturtafel ausschneiden und eine Probe- oder Planungsskizze machen. Vorteil der Papiertafel: Sie können Vor- und Rückseite der Seitenteile benutzen. Möchten Sie eine schöne Zeichnung an der Tafel haben (eine Übersichtskarte etc.) können Sie im Vorfeld der Stunde mit dem OHP das Bild auf die Tafel projizieren und es mit Kreide abmalen. So etwas beeindruckt Schüler manchmal mehr als eine Overhead-Folie.
Noch eine wichtige Regel: Keine Hektik an der Tafel. Wer mal schnell etwas anschreibt oder anmalt, macht es in der Regel unordentlich. Doch die Tafel ist mehr als nur ein Medium zur Informationsübermittlung. Letztlich geben Sie ein Vorbild bezüglich Sauberkeit, Struktur und Übersichtlichkeit. Erwarten Sie nicht, dass die Schüler sich Mühe geben, eine unsaubere Tafelskizze ordentlich zu übertragen.

4 / 3 Tafelbildvorlage

Stundenablauf:
Eine weitere wichtige Detailplanung bezieht sich auf den Stundenablauf. Fertigen Sie sich eine einfache Ablaufskizze an, mit der Sie z. B. auf einen Blick erfassen können, welches Material zum Einsatz kommt. Sie kann Ihnen im Unterricht auch als „Spickzettel" dienen, wenn Sie sich an einer Stelle unsicher geworden sind. Wichtig ist es daher, dass dieser Plan ebenfalls einfach und kompakt ist. Verlaufsplanungen, wie Sie für Fachleiter angefertigt werden, sind meist zu komplex.

4.3 Reflexion

Sie können sicherlich schnell eine Einschätzung darüber abgeben, ob Sie mit Ihrem Unterricht zufrieden sind. Bedenken Sie aber, dass Sie gerade Ihre ersten Stunden gehalten haben. Seien Sie also nicht zu streng mit sich selbst und stellen Sie nicht gleich zu hohe Ansprüche an sich. Sie haben noch Ihr ganzes Referendariat Zeit! Wichtig ist es aber, jene Aspekte zu benennen und zu hinterfragen, die sich positiv oder negativ auf Ihren Unterricht auswirken. Allerdings ist eine Ursachenforschung ein sehr schwieriger und komplexer Vorgang, der sehr viel Zeit beansprucht und nicht zwangsläufig zum gewünschten Ergebnis führen muss.
Ein Beispiel: Bereits zu Beginn einer Erarbeitungsphase stellen Sie fest, dass einige Schüler sehr unkonzentriert zu Werke gehen und den Unterricht dadurch stören. Doch was kann die Ursache sein? Haben die Schüler akustisch vielleicht gar nicht verstanden, was sie machen sollen? Ist die Frage- bzw. Aufgabenstellung nicht verständlich genug? Sind die Schüler durch irgendetwas abgelenkt? Oder versuchen die Schüler, Sie aus der Reserve zu locken?

Nach diesen ersten Stunden geht es lediglich um eine erste Bestandsaufnahme. Bevor Sie sich an die Planung der nächsten Stunden machen, sollten Sie sich zunächst einmal Zeit nehmen, die bisherigen Stunden Revue passieren zu lassen. Als Hilfestellung haben wir einen Fragebogen entworfen, der Ihnen bei der kritischen „Durchleuchtung" Ihrer Stunden helfen soll. Sie sollten auch Ihrem Mentor diesen Beobachtungsbogen geben, damit er seine Eindrücke festhalten kann. So können Sie hinterher beide Einschätzungen gut miteinander vergleichen. Optimal wäre eine anschließende, gemeinsame Besprechung. Leider erweist es sich in der Praxis oft als schwierig, gemeinsam mit dem Mentor eine Kurzbesprechung nach der Stunde durchzuführen, da er sich meist schon auf dem Weg in die nächste Stunde befindet. Bitten Sie ihn deshalb, dass Sie sich beispielsweise in einer gemeinsamen Freistunde oder nach Schulschluss über Ihre Unterrichtsstunden austauschen. Zögern Sie nicht, ihn konkret zu bestimmten Aspekten zu befragen. Sollten Sie bei sich selbst Unsicherheiten oder Schwachstellen beispielsweise in Bezug auf Ihre Fragestellungen festgestellt haben, bitten Sie Ihren Mentor mit einem konkreten Hospitationsauftrag in den folgenden Stunden verstärkt darauf zu achten.
Die Reflexion hilft Ihnen dabei, Gutes auszubauen und nicht Gelungenes zu verbessern.

4/2 Beobachtungshilfe für den Mentor

Abschließend noch ein Tipp: Da Sie natürlich niemals bei sich selbst hospitieren können, empfiehlt es sich, einen Referendarskollegen zu bitten, Ihre Stunden zu hospitieren und gemeinsam zu reflektieren. Was sich ebenfalls sehr gut eignet, sind

Videoaufnahmen Ihres Unterrichts. So haben Sie die Möglichkeit, sich ganz entspannt im Nachhinein Ihren eigenen Unterricht anzuschauen und auf sich wirken zu lassen, sicherlich eine interessante Erfahrung.

> „Ich hätte niemals geglaubt, dass ich so viel im Klassenraum herumlaufe. Und die Fragen. Im Unterricht merkt man gar nicht, dass man eine Frage mehrmals wiederholt, wenn sich keiner meldet. Am interessantesten war aber, einfach mal zu sehen, wie ich so wirke. Wann hat man denn sonst auch schon mal die Gelegenheit, sich selbst zu beobachten."
> (Kommentar eines Referendars nach gemeinsamer Videoanalyse)

Lassen Sie ruhig einmal eine Videoaufnahme von Ihrem Unterricht machen!

Kapitel 5 Das Geheimnis Ihres Erfolges: Die Vorbereitung am Schreibtisch

Kompetenzbereiche
- Eine Schulklasse einschätzen
- Inhalte auswählen
- Ziele festlegen
- Umsetzungsideen finden
- Methoden und Medien auswählen
- Strukturen bilden
- Effektives Planen

Vermutlich haben Sie mittlerweile Ihre ersten Unterrichtsstunden im Referendariat durchgeführt und sind soweit, dass Sie beginnen können, komplexe Unterrichtsreihen zu planen.
Während Kapitel 4 in die Planung einer Einzelstunde oder einiger weniger Stunden einführte, geht es in diesem Kapitel um die Planung einer ganzen Unterrichtsreihe. Die Unterrichtsplanung hat für Sie als Anfänger eine ganz besonders große Bedeutung, da Sie Ihre Unerfahrenheit durch sorgfältige Planung ausgleichen und so zu gelungenen Stunden gelangen können; durch besonders aufwändige Planung wird es Ihnen möglich werden, herausragende Stunden für Unterrichtsbesuche vorzubereiten. Die Arbeit am Schreibtisch schafft die Grundlage für Ihren Unterricht! Hier können Sie in Ruhe Pläne für gute Unterrichtsstunden und -reihen entwickeln. Hier ist der Ort, um Inhalte auszuwählen und das kognitive Leistungsniveau, die Sozial- und Methodenkompetenz der Schüler einzuschätzen, aus diesen Vorüberlegungen heraus Ziele zu formulieren und diese bei der Suche nach Umsetzungsideen zu berücksichtigen, sich für Methoden und Medien zu entscheiden und eine übersichtliche Struktur zu finden.
Mit diesen und den folgenden Kapiteln möchten wir Ihnen dabei helfen, wichtige Kompetenzen des Unterrichtens systematisch aufzubauen. Nutzen Sie hierfür die Tabelle im Anhang, in der Sie einen Überblick über wesentliche Kompetenzen erhalten. Außerdem können Sie mit ihr Arbeitsschwerpunkte für Ihre Ausbildung erarbeiten und regelmäßig überprüfen.

13 / Kompetenztabelle

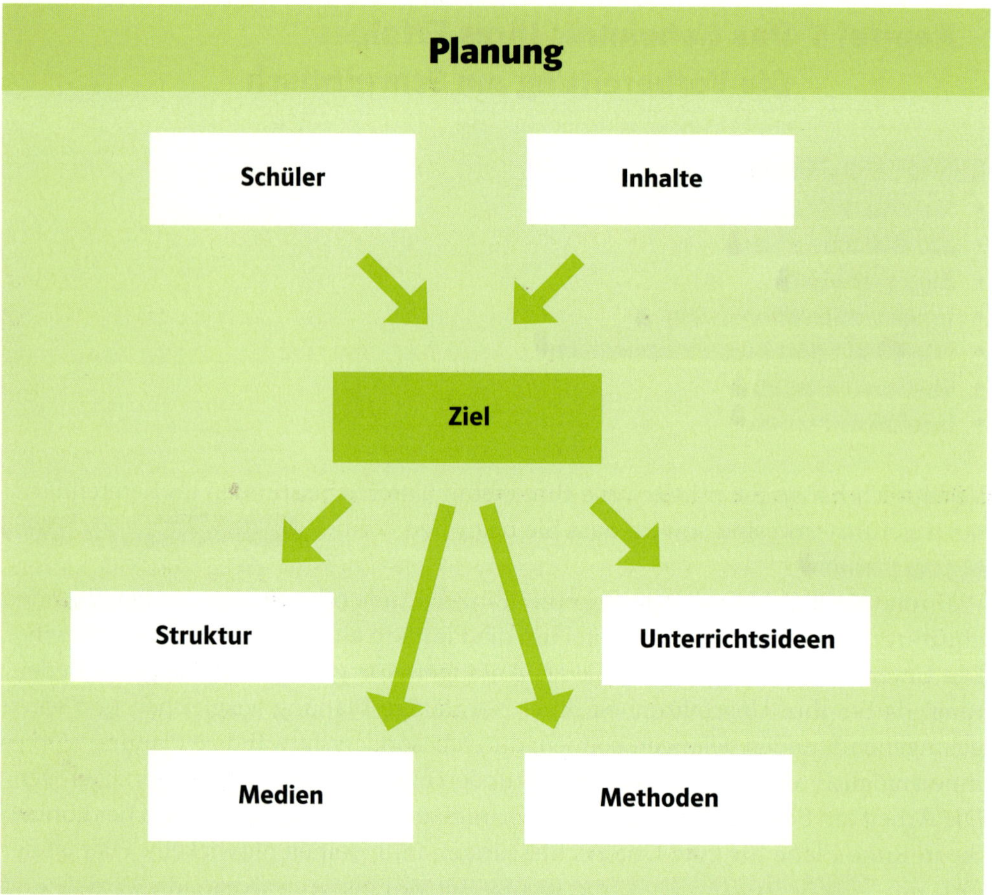

Die Unterrichtsziele sind von zentraler Bedeutung für die Unterrichtsplanung.

Leider kann die Arbeit am Schreibtisch auch sehr unergiebig verlaufen, sodass viele Stunden mühsamen Ringens Sie nicht unbedingt näher an Ihr Ziel einer gut vorbereiteten Unterrichtsstunde oder -reihe, bringen müssen. Um dies zu verhindern, haben wir ein Formular entworfen, mit dem Sie es etwas einfacher haben werden, Ideen zu sammeln, Struktur in Ihre Überlegungen zu bringen und zielgerichtet zu arbeiten.

5/1Planungsformular für eine Reihe

Gerade zu Beginn Ihrer Unterrichtstätigkeit können Sie hiermit die „Leere-Blatt-Situation“ verhindern. Wenn Sie Erfahrung in der Planung von Unterricht gewonnen haben, kommen Sie vermutlich mit dem Planungsformular für Fortgeschrittene besser zurecht, da es Ihnen mehr Freiheit gibt und dennoch eine detailliertere Planung ermöglicht.

5 / 2 Planungsformular für Fortgeschrittene

5.1 Eine Schulklasse einschätzen

Eine der wichtigsten Qualifikationen, die Sie für die Schule benötigen, ist die richtige Einschätzung Ihrer Zielgruppe, der Schülerinnen und Schüler. Wenn Sie Unterricht durchführen, der die Schüler inhaltlich oder methodisch massiv über- oder unterfordert, werden Sie scheitern! Egal wie raffiniert Ihr methodisches Vorgehen ist, wie sympathisch Ihr Auftreten und professionell Ihre Medien sein mögen, das Anspruchsniveau Ihres Unterrichts muss stimmen, damit er gelingen kann!

Das Anforderungsniveau einer Jahrgangsstufe bestimmen

Wenn Sie einschätzen möchten, welches Niveau der Unterricht in einer bestimmten Jahrgangsstufe in Ihrem Schulfach erreichen sollte, können Ihnen die Richtlinien sehr hilfreich sein. Leihen oder kaufen Sie sich die Richtlinien für Ihre Fächer, um sie auf ihren Nutzen hin zu untersuchen. Teilweise können die Richtlinien auch im Internet kostenlos heruntergeladen werden. Hierüber können Sie sich auf dem Bildungsserver Ihres Bundeslandes informieren oder Sie tippen in eine Suchmaschine im Internet die Begriffe „Lehrpläne" und den Namen ihres Bundeslandes ein.

Die Richtlinien und Lehrpläne sind die offizielle inhaltliche Grundlage für Ihre Arbeit. Sie beschreiben Aufgaben und Ziele und bieten Hilfen und Anregungen bei der Unterrichtsplanung. Die Richtlinien werden in Zusammenarbeit von Lehrern, Vertretern der Schulaufsicht und Wissenschaftlern erstellt. Sie teilen sich in zwei unterschiedliche Teile: Die eigentlichen Richtlinien sind allgemein formulierte Ansprüche an den jeweiligen Fachunterricht. Sie enthalten Hinweise zum Unterricht in der entsprechenden Schulform, die von modernen Unterrichtsformen und anspruchsvollem, methodischem Vorgehen ausgehen.

Der zweite Teil enthält den Lehrplan für Ihr Fach. Hier finden sich unterschiedlich detaillierte Vorgaben für Unterrichtsreihen in Bezug auf die Jahrgangsstufen.

Eine weitere Bedeutung haben die Lehrpläne, da sie häufig als Grundlage für die schulinternen „Fachpläne" dienen. Diese Pläne sind für Sie ebenfalls von großer Bedeutung, da sie von den Fachkonferenzen auf die Schwerpunkte Ihrer Schule zugeschnitten wurden. Hieran können Sie sich bei der Inhaltsauswahl orientieren.

Unterschätzen Sie die Hilfsfunktion der Richtlinien für Ihre Arbeit nicht. In ihrem ersten Teil finden Sie didaktisch-methodische Hinweise für Ihr Fach und Ihre Schulform. Wenn Sie diese Hinweise und Vorschläge umsetzen, werden Sie einen hochwertigen Unterricht durchführen. Im zweiten Teil, dem Lehrplan, können Sie das Gedankengerüst erkennen, das hinter den Inhalten Ihres Faches steht.

Besorgen Sie sich die Richtlinien und „Bildungsstandards".

In den Hauptfächern werden die Richtlinien durch die so genannten „Bildungsstandards" ergänzt: „Bildungsstandards greifen allgemeine Bildungsziele auf und benennen Kompetenzen, die Schülerinnen und Schüler bis zu einer bestimmten Jahrgangsstufe an zentralen Inhalten erworben haben sollen. Sie konzentrieren sich auf Kernbereiche eines Faches" (KMK 2003). Die Bildungsstandards gelten bundesweit und gewährleisten eine Vergleichbarkeit der Leistungen am Ende einer Jahrgangsstufe. Sie beziehen sich auf ein mittleres Anforderungsniveau. Wenn Sie eins der durch die Bildungsstandards erfassten Fächer unterrichten, finden Sie hier eine handfeste Hilfestellung, um das angestrebte Leistungsniveau einzuschätzen.
Untersuchen Sie die Richtlinien und Bildungsstandards daraufhin, ob es mit ihnen bereits befriedigend möglich ist, das sinnvolle Niveau der Stoffvermittlung einzuschätzen. Alternativ oder ergänzend können Sie Schulbücher zum selben Zweck nutzen! Die Einarbeitung in das Niveau einer Klassenstufe muss sich auf verschiedene Bereiche beziehen: Abstraktionsniveau, Begriffsverständnis, Vorwissen, Konzentrationsfähigkeit, Motivation usw. Vermutlich werden Sie dies allerdings am Beispiel einer bestimmten Schulklasse durchführen.

Das Leistungsniveau einer bestimmten Schulklasse einschätzen

Das Leistungsniveau einer bestimmten Schulklasse kann sich deutlich von dem in Schulbüchern und Richtlinien vorgegebenen Lernniveau unterscheiden. Der Mentor kann Ihnen hierzu seine Einschätzung geben. Fragen Sie ihn, ob das Durchschnittsniveau der Klasse deutlich höher oder tiefer liegt, als es normalerweise der Fall ist.
Wenn Sie sich über das Leistungsvermögen Ihrer Klasse informiert haben und zu dem Schluss kommen, dass Sie das Niveau der Richtlinien und Schulbücher deutlich überschreiten können, sollten Sie sich noch einmal genau beim Mentor rückversichern: Als Anfänger neigt man schnell dazu, zu hohe Ansprüche an die Schüler zu stellen.
Als Nächstes ist es für Sie wichtig, das Niveaugefälle innerhalb der Klasse einzuschätzen. Ist die Klasse sehr homogen oder heterogen? Gibt es einige wenige Schüler, die sehr stark vom Durchschnittsniveau abweichen, egal ob nach oben oder unten? Wenn Sie Ihre Klasse schon recht gut kennen, können Sie die Schüler in drei Niveaustufen einteilen. Natürlich müssen Sie diese Liste immer wieder überprüfen, da diese Einteilung von Thema zu Thema unterschiedlich sein kann und die Gefahr sich zu täuschen recht groß ist. Wenn Sie es allerdings schaffen, Ihren Unterricht zumindest in einigen Phasen für drei Leistungsstufen zu planen, werden Ihre Schüler hiervon sehr profitieren! Hierfür eignen sich besonders Stillarbeitsphasen, in denen die schwächeren Schüler z. B. Inhalte wiederholen, die mittlere Gruppe ihr Wissen festigt und die besten Schüler an schwierigen Anwendungsaufgaben arbeiten.

5/2 Planungsformular für Fortgeschrittene

Neben dem kognitiven Leistungsvermögen einer Klasse ist es für Ihre Arbeit wesentlich zu erfahren, welche Methoden die Schüler beherrschen: die Frage nach dem Methodenrepertoire. Sie sollten den Mentor fragen, welche Methoden die Schüler erfolgreich anwenden können (Partnerarbeit, Gruppenarbeit usw.). In Kapitel 8 finden Sie Informationen zum Aufbau eines Methodenrepertoires innerhalb einer Klasse. Lesen Sie hier nach, wenn Sie eine neue Methode in der Klasse einführen möchten.

Auf die Schüler einstellen

Inwieweit die speziellen Schüler, die Sie unterrichten und die Rahmenbedingungen für diese Klasse Ihre Unterrichtsplanung beeinflussen, möchten wir Ihnen an einem Beispiel verdeutlichen.
Stellen Sie sich eine zweite Klasse in der Grundschule vor, in der viel Uneinigkeit und Streit herrschen, die Schüler schlecht kooperieren und immer wieder zum Lehrer gehen, um andere Schüler zu „verpetzen". In solch einer Klasse wäre Unterricht in einem sozialkundlichen Fach, der als Frontalunterricht durchgeführt wird und das Ziel hat, viel Stoff in recht kurzer Zeit zu vermitteln, sicherlich unangemessen. Hier würden Sie sich vermutlich eine Unterrichtsreihe überlegen, die methodisch und inhaltlich die Kooperation und Zusammenarbeit unter den Schülern verbessern hilft. Ob dies durch Gruppenunterricht, kooperatives Lernen, die Arbeit an einem Projekt, handlungsorientierten Unterricht oder durch das Thema „friedliches Zusammenleben" durchgeführt wird, hängt sicherlich von Ihren eigenen Interessen und Erfahrungen ab bzw. kann auch über einen längeren Zeitraum wechseln. Wichtig ist, dass Sie das Ziel langfristig im Blick behalten, die Kooperationsfähigkeit der Klasse zu verbessern.

Das methodische Vorgehen sollte an die Schüler angepasst werden!

Hierbei wird deutlich, wie stark die Voraussetzungen in einer Klasse die inhaltliche und methodische Auswahl beeinflussen. Betrachten Sie dies als ein Grundprinzip dieses Buches. Wir gehen nicht davon aus, dass es gute und schlechte Unterrichtsverfahren gibt, sondern versuchen Sie immer wieder zu ermutigen, für die richtige Situation die richtigen Inhalte und die richtigen Methoden auszuwählen. Hierdurch können Sie sich flexibel an die Rahmenbedingungen und die Schüler anpassen. Dies kann noch verstärkt werden, indem der entsprechenden Methode, der entsprechenden Unterrichtsidee mehr oder weniger Raum eingeräumt wird.
Bevor Sie mit der konkreten Reihenplanung beginnen, ist es also sinnvoll, sich die Schüler und Rahmenbedingungen Ihrer Klasse vor Augen zu führen. Aufgrund Ihrer Hospitation oder Unterrichtserfahrungen in Ihrer Klasse kennen Sie die Schüler vermutlich schon recht gut. Sie können etwa einschätzen, wie leistungsfähig die Klasse ist, wie homogen oder heterogen, wie motiviert Ihre Schüler mitarbeiten, wie viele Störungen zu erwarten sind und wie das Verhältnis der Schüler untereinander aussieht. Außerdem kennen Sie sich mit den äußeren Rahmenbedingungen bereits gut aus. Sie können also Dinge wie das Platzangebot und die Medienausstattung im Klassenraum abschätzen und wissen, ob Sie verpflichtet sind, ein gewisses Stoff-

pensum definitiv in bestimmter Zeit durchzunehmen. Um sich noch einmal genau diese Voraussetzungen zu verdeutlichen, können Sie den Hospitationsbogen aus den Kapiteln 2 und 4 zur Hand nehmen und Ihre Beobachtungen, die Sie über mehrere Stunden gemacht haben, durchsehen. Außerdem können Sie vermutlich viele Fragen mittlerweile sehr viel exakter beantworten und bekommen so einen guten Überblick über Ihre Rahmenbedingungen.

2/1 Hospitationsbogen

- Gibt es Schüler mit besonderen Fähigkeiten (Vorlesen, Vortragen, technische Fähigkeiten, Erfahrungen, von denen berichtet werden kann), die Sie in Ihre Unterrichtsstunden einbeziehen können?
- Wie können Sie sich an das sprachliche Aufnahmevermögen Ihrer Schüler anpassen, damit Sie die Schüler nicht überfordern?
- In welchem emotionalen Zustand werden Sie eine bestimmte Klasse in einer bestimmten Stunde vorfinden (ruhig und gelassen, aufgebracht, gelangweilt, erschöpft etc.)?
- Welche Arbeitstechniken beherrschen die Schüler, welche müssen eingeführt werden?
- Welches Grundlagenwissen müssen die Schüler präsent haben, um einer Unterrichtsstunde oder Unterrichtsreihe folgen zu können?
- Wie können Schüler mit fehlenden Lernvoraussetzungen (z. B. sprachliche Voraussetzungen bei Ausländern) integriert werden? Können andere Schüler sie unterstützen und ihnen helfen? Können Sie Stillarbeitsphasen nutzen, um diesen Schülern zu helfen? Muss diesen Schülern das (methodische) Vorgehen erklärt werden, da es möglicherweise dem kulturell geprägten Unterrichtsbild widerspricht?
- Können Schüler mit fehlender Motivation und Leistungsbereitschaft auf irgendeine Art und Weise sinnvoll in den Unterricht integriert werden oder zumindest erreicht werden, dass sie andere Schüler nicht stören und vom Arbeiten abhalten? (vgl. Becker 1997)

5.2 Inhalte auswählen

Das Auswählen von Unterrichtsinhalten hat in der didaktischen Diskussion einen sehr hohen Stellenwert, die „engere" Didaktik wird auch mit dem „was unterrichtet wird", gleichgesetzt. Wie groß die Bedeutung der Stoffauswahl für Sie sein wird, hängt u. a. stark von Ihren Fächern ab. Im Mathematik- oder Fremdsprachenunterricht werden Sie sich z. B. eher von einer vorgegebenen Struktur leiten lassen und sich daher auf die Umsetzung der Inhalte konzentrieren. Andere Fächer geben sehr viel mehr Spielraum für die eigene Auswahl der Inhalte: z. B. Religion, Gesellschaftslehre, Politik, Sachunterricht. In solchen Fächern wird für Sie der folgende Abschnitt über die Auswahl der Inhalte eine größere Bedeutung haben.

Äußere Auswahlkriterien

Häufig werden Sie sich bei der Themenwahl davon leiten lassen, was durch Richtlinien, Schulbücher oder die Fachdidaktiken vorgeben bzw. vorschlagen wird. Stellen Sie die entsprechenden Bücher am besten griffbereit direkt in die Nähe Ihres Schreibtisches. Versuchen Sie möglichst bald zu erkunden, inwieweit sich die Fachdidaktik Ihres Faches nutzen lässt, um ein interessantes Thema, möglicherweise strukturiert und aufbereitet, vorzufinden. Die Schulbuchverlage bieten darüber hinaus viel Material zu den üblichen Schulthemen an.

Auswahl mit Hilfe der Didaktik

Eine der bewährtesten und ausgefeiltesten Hilfestellungen der Didaktik zur Themenauswahl stellt die didaktische Analyse von Wolfgang Klafki dar.

Informieren Sie sich, welche didaktischen Auswahlhilfen in Ihrem Studienseminar empfohlen werden.

Bereits Ende der fünfziger Jahre hat Klafki die fünf Hauptfragen der „didaktischen Analyse“ entwickelt und es geschafft, mit einigen wenigen Fragen die wesentlichen Aspekte der Themenauswahl zu formulieren und so dem Anwender unmittelbar und fast schon rezepthaft zu helfen. Mit der Frage nach der exemplarischen Bedeutung eines Stoffes (Was allgemein Bedeutsames können die Schüler an diesem speziellen Thema lernen?), der Gegenwartsbedeutung für die Schüler (Welche Bedeutung hat der Inhalt für die Schüler und ihr Leben?) sowie der Zukunftsbedeutung (Welche Bedeutung wird dieser Inhalt einmal für die Schüler besitzen?), dazu der innewohnenden Sachstruktur (Aus welchen Teilen besteht der Inhalt? Wie sind diese Teile miteinander verbunden? In welchem größeren Zusammenhang steht der Inhalt?) und der verschiedenen Formen von Zugänglichkeit (Welches sind die besonders anschaulichen und interessanten Teile des Inhalts?) erfasst er den Wert und Gehalt eines Stoffes von verschiedenen Seiten. Etwas verballhornt könnte man sagen, dass Klafki sich die typische Schülerfrage: „Warum sollen wir das überhaupt lernen?“ zutiefst zu Eigen gemacht hat, denn hier steht das „Warum“ und „Wozu“ im Vordergrund. Berücksichtigen sollte man als Hintergrund zu diesen fünf Fragen, dass Klafki hier nicht an ein einengendes Korsett gedacht hat, sondern an eine Hilfestellung, um Stoff lebendig, für die Schüler interessant und lehrreich zu machen.

Ihre eigenen Auswahlkriterien

Wenn Sie relativ freie Hand bei der Wahl Ihrer Themen haben, weil Sie z. B. Sachunterricht in einer Grundschulklasse unterrichten, können Sie ein einfaches Auswahlkriterium für Ihre Entscheidung berücksichtigen: Bei welchem in Frage kommenden Thema fühlen Sie sich am sichersten und welches Thema würde Ihnen am meisten Spaß machen? Loten Sie hierzu ruhig aus, wie groß Ihr Spielraum ist. Vielleicht können Sie ein Hobby mit ins Spiel bringen, indem Sie es auf irgendeine Art mit den Grundlagen der Richtlinien in Verbindung bringen. Ihr Mentor wird Sie hierbei beraten können.

Methodisches Vorgehen als Auswahlkriterium

Ein weiteres wichtiges Kriterium liegt in der Frage, welche Art von Unterricht Ihnen vorschwebt. Möchten Sie ein modernes Unterrichtskonzept anwenden: Projektunterricht oder vielleicht Freiarbeit, eventuell Arbeit an Stationen? Dann wird dies Ihre Themenwahl beeinflussen. Ein Thema, das sich eigentlich nur „frontal" sinnvoll vermitteln lässt, scheidet dann von vornherein aus. Sie werden während des Referendariats ein Gespür entwickeln, welche Inhalte sich für Ihr gewünschtes Vorgehen anbieten. Wenn Sie Ihre Schüler bereits etwas besser kennen und eine Vorstellung von dem angestrebten methodischen Vorgehen haben, wird es Ihnen leichter fallen, die Wahl der Inhalte hierzu in Bezug zu setzen. Wichtig ist für Sie als Anfänger bei der Themenwahl, dass Sie es sich so einfach wie möglich machen. Versuchen Sie Themen zu finden, die Ihnen liegen, die Schüler packen können und sich mit Ihrem vorgesehenen methodischen Vorgehen ergänzen!

↷ Kapitel 8: Spannend unterrichten – Unterrichtsmethoden zur aktiven Einbindung der Schüler

Einbeziehen der Schüler in die Themenauswahl

Handlungsorientierter und projektorientierter Unterricht sind Unterrichtsformen, die von der Idee ausgehen, Schüler möglichst intensiv in die Themenwahl und Vorbereitung des Unterrichts einzubeziehen. Hier müssen Sie die Stoffauswahl also aus einem ganz anderen Blickwinkel angehen: Wesentlich wird es für Sie sein, Ihre eigene Vorstellung von wichtigen Unterrichtsinhalten mit den Ideen und Wünschen der Schüler in Übereinstimmung zu bringen.

Nur sollten Sie nicht unbegründet davon ausgehen, dass Sie Ihre Schüler einfach nur auffordern müssen, sich ein Thema zu überlegen und dann die einzelnen Stunden zu planen. Häufig werden Sie die Schüler auf raffinierte Weise dabei unterstützen müssen, sich über die eigenen (Themen-) Wünsche klar zu werden oder überhaupt erst welche zu entwickeln. Meyer schlägt hierzu vor, eine handlungsorientierte Phase, ein handlungsorientiertes Element vorzuschieben, durch das die Schüler Interesse entwickeln können und die Gelegenheit haben, sich über ihre eigenen Wünsche klar zu werden (1994). In den Abschnitten über handlungsorientierten und projektorientierten Unterricht in Kapitel 9 werden Sie noch weitere Hinweise finden, wie Sie die Themenauswahl zusammen mit den Schülern organisieren können.

Berücksichtigen der Attraktivität

Wenn Sie spontan entscheiden sollten, ob Sie im Sachkundeunterricht lieber das Thema Haustiere oder Schnecken durchnehmen wollen, werden Sie sich vermutlich für das Erste entscheiden. Bei der Umsetzung stellen Sie aber fest, dass sich Haustiere nur im Ausnahmefall in die Schule mitbringen lassen und Sie sich auf Bilder und Texte beschränken müssen. Auf der anderen Seite ermöglicht das Experimentieren mit Schnecken sehr viel eher einen schülerorientierten und handlungsorientierten Unterricht. Wir möchten diesen Aspekt mit einem völlig undidaktischen Begriff bezeichnen, der dem Thema innewohnenden Attraktivität. Sie können die Attraktivität eines Themas allerdings erhöhen, indem Sie einen relativ konventionellen Inhalt durch eine attraktive Herangehensweise für die Schüler aufwerten. Indem Sie z. B. einen typografischen Überblick über einen Erdteil mit der Zuordnung von Fußballvereinen oder Musikgruppen verbinden.

5.3 Ziele festlegen

In der Abbildung auf Seite 40 sehen Sie, dass die Ziele eine herausragende Position einnehmen, indem sie im Mittelpunkt der Planung stehen. Ausgehend von den Schülern und den Inhalten werden Ziele aufgestellt, die wiederum bestimmen, wie die Umsetzungsideen aussehen, welche Methoden und Medien genutzt werden und wie das Ganze in eine Struktur gebracht wird. Zielgerichtetes Arbeiten ist unerlässlich, wenn es darum geht, Schülern langfristig etwas beizubringen, egal ob es sich um kognitive Vermittlung oder die Erarbeitung von „Schlüsselkompetenzen" handelt.
Probieren Sie nun einfach aus Ziele für Ihre Klasse und eine bestimmte Unterrichtsreihe aufzustellen. Ignorieren Sie dabei ruhig, was Sie bereits über Ziele gelernt haben und verlassen sich erst einmal nur auf Ihren „gesunden Menschenverstand". Schreiben Sie auf, welche Schüler Sie mehr einbeziehen möchten als bisher, ob Sie möglicherweise zu Beginn der Reihe Interesse schaffen möchten oder müssen, ob Sie einige Schüler besonders fördern wollen, welche Methoden Sie den Schülern beibringen möchten, ob Sie vielleicht mehr Ruhe im Unterricht anstreben und formulieren Sie, was die Schüler lernen sollen!
Wenn Sie Ihre Klasse bereits ganz gut kennen und wissen, auf welche Bereiche im Unterrichten Sie sich besonders konzentrieren möchten, werden Sie vermutlich schnell ein Dutzend Ziele gesammelt haben. Wenn Sie sich diese Ziele noch einmal

durchlesen, stellen Sie fest, dass Sie einige globale und allgemeine Ziele unterteilen müssen in kleinere, exaktere Ziele. Hiermit können Sie weitermachen! Nachdem Sie nun tatsächlich einen richtigen Haufen an Zielen zusammengetragen haben, entsteht in Ihnen vielleicht der Wunsch, sie zu ordnen. Zum Ordnen von Lernzielen gibt es verschiedene Taxonomien, die teilweise sehr differenzierte Einteilungen vorsehen. Vielleicht begnügen Sie sich erst einmal damit, Ihre Sammlung von Zielen in diese drei Bereiche einzuteilen:

- Fachliche Ziele
- Soziale Ziele
- Methodische Ziele

Mehr als ein oder maximal zwei Ziele werden Sie in einer Unterrichtsstunde vermutlich nicht umsetzen können, übernehmen Sie sich also nicht! Wichtiger ist, dass Sie am Ende einer Unterrichtsstunde davon ausgehen können, dass Ihr Ziel erreicht wurde und die Schüler etwas Wichtiges gelernt haben.
Ein hilfreiches Kriterium für die Erstellung von Unterrichtszielen mit Weitblick ist die folgende Frage:

Was wollen Sie am Ende der Reihe erreicht haben?

Überlegen Sie sich zu Beginn Ihrer Planung, was am Ende Ihrer Unterrichtsreihe herauskommen soll, was die Reihe Ihren Schülern „gebracht" hat. Was sollen Ihre Schüler im Test können, welches Produkt soll erarbeitet worden sein, welche praktischen Kompetenzen sollen Ihre Schüler erlangt haben? Je genauer Sie diese Fragen für sich beantworten, desto besser können Sie die Unterrichtsplanung entwickeln:

- Welche Inhalte sollen Ihre Schüler am Ende der Reihe „bombensicher" und langfristig beherrschen?
- Welche Informationen sollen den Schülern zumindest für einige Zeit zur Verfügung stehen?
- Wie werden Sie die Lernfortschritte Ihrer Schüler kontrollieren? Vielleicht überlegen Sie sich sogar bereits einige Fragen für eine abschließende Klassenarbeit.
- Welche Kompetenzen sollen Ihre Schüler im Laufe dieser Reihe verbessern bzw. am Ende beherrschen?
- Wenn Sie mit Ihren Schülern handlungsorientiert oder projektorientiert arbeiten wollen, steht möglicherweise ein Produkt als Ziel im Vordergrund. Klären Sie für sich oder zusammen mit den Schülern möglichst genau, welche Kriterien dieses Produkt erfüllen soll.

Welche Informationen wollen Sie mit welcher Intensität vermitteln?

Eine Information, ein Konzept oder eine Theorie lässt sich den Schülern in unterschiedlicher Intensität vermitteln. Sie kann einmal vorgetragen oder erarbeitet werden und damit geht der Lehrer davon aus, dass die Schüler den Inhalt gelernt haben. Dies wäre eine inhaltliche Vermittlung von geringer Intensität: Die Wahrscheinlichkeit, dass die Schüler diesen Inhalt langfristig speichern und in verschiedenen Situationen flexibel anwenden können, ist nicht groß.

Eine Information, ein Konzept oder eine Theorie kann aber auch durch die Schüler entdeckt, vom Lehrer veranschaulicht, visualisiert und schematisiert werden; sie kann sich in ein Netzwerk einfügen, auf vielfältige Weise angewandt werden, mit ihr kann gespielt und sie kann demonstriert werden, als Produkt für die Klasse oder für Außenstehende. Gudjons spricht hier von kognitiven Landkarten, die in den Köpfen der Schüler entstehen, dem Wissen sowohl feste Anknüpfungspunkte als auch flexible Wege bieten. „Über die Vermittlung einzelner Markierungen auf der kognitiven Landkarte hinaus ist es wichtig, Straßen, Verbindungslinien, Verkehrswege, Brücken aufzubauen und auf diesen möglichst oft umher zu reisen, immer mehr Marken einzutragen, damit sich ein komplexes Bild eines Gegenstandsbereiches aufbauen kann" (2003, 71). Dies entspricht einer Vermittlung von hoher Intensität: Inhalte werden langfristig gelernt und können flexibel angewandt werden.

Die Vorüberlegungen zur Intensität der Vermittlung eines Inhalts spielen eine wesentliche Rolle bei der Zeitplanung! Wenn Sie Wiederholungen oder Zeit für eigenes Erarbeiten und Anwenden nicht einplanen, werden sie mit Ihrer Reihe nicht rechtzeitig fertig werden.

Überlegen Sie sich bei der Planung, welche Inhalte besonders intensiv vermittelt werden sollen und bei welchen dies nicht nötig ist. In Kapitel 8 finden Sie viele Ideen für eine intensive schülerorientierte Erarbeitung von Inhalten.

↷ Kapitel 8: Unterrichtsmethoden

5.4 Umsetzungsideen entwickeln

Manchmal haben wir den Eindruck, dass Lehramtsstudenten und Referendare eher zu Schulräten und Fachleitern ausgebildet werden, als zu Lehrern. Sie lernen es, kritisch zu hinterfragen, Unterrichtskonzepte und Unterricht genau zu untersuchen und zu besprechen. Das Unterrichten und die Arbeit des Lehrers ist allerdings in erster Linie eine produktive Tätigkeit. Es geht darum, gute Ideen zu nutzen, um guten Unterricht durchzuführen.

Arbeiten Sie als „Jäger und Sammler"!

Um Unterricht abwechslungsreich und interessant durchzuführen, benötigen Sie auf Dauer eine große Anzahl von Umsetzungsideen. Viele Anregungen und Ideen finden Sie in Schulbüchern und den entsprechenden Lehrerbänden, in Unterrichtszeitschriften und in Extramaterialien der Verlage. Vieles werden Sie hoffentlich auch durch Kollegen und Ihre Mentoren erfahren. Betrachten Sie sich von jetzt bis zu Ihrer Pensionierung als „Jäger und Sammler". Sammeln Sie Ideen und Material, um bei passender Gelegenheit aus Ihrem Fundus zu schöpfen.
Sammeln Sie inhaltliche, fachdidaktische, methodische Ideen für Ihren Unterricht!
Ob Sie diese Ideen als Mindmap oder in Tabellen sammeln, bleibt Ihrem eigenen Geschmack überlassen, bloß tun Sie es …
Auf der CD finden Sie Material für einen Sammelordner, das es Ihnen etwas erleichtern wird, mit Ihrer Sammlung zu beginnen!

5/3 Material-Sammelordner

Wie planen Sie produktiv und kreativ?

Häufig werden Sie allerdings auch am Schreibtisch sitzen und auf eigene Ideen angewiesen sein. Machen Sie dann zuerst ein Brainstorming mit dem Ziel, möglichst viele Aspekte und Ideen zu sammeln. Hierbei sollten Sie keine Selbstzensur durchführen, sondern jede Idee zulassen; dies ist die wichtigste Regel des Brainstormings. Auf diese Art kommen Sie überhaupt erst einmal in eine kreative Stimmung und erleichtern sich so die Ideenfindung. Aussortieren können Sie dann später!
Hilfreich für die Unterstützung der eigenen Kreativität sind Mindmaps und Cluster. Mindmaps strukturieren Ihre Ergebnisse etwas stärker vor, Cluster unterstützen etwas stärker den kreativen Prozess. Wahrscheinlich werden Sie schnell feststellen, welche der beiden Methoden Ihnen besser gefällt.

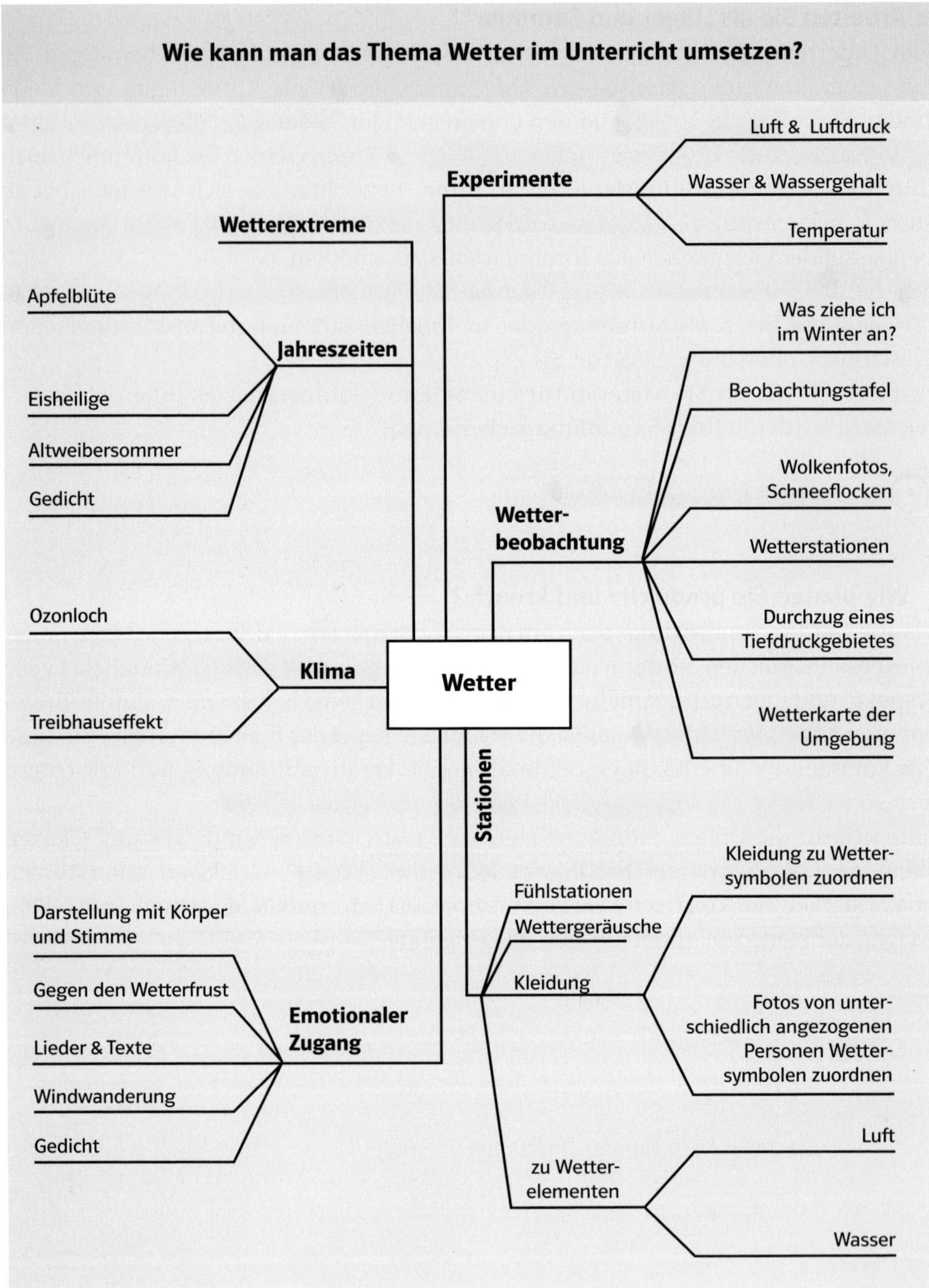

In einer Mindmap gehen Sie von einem Hauptstichwort in der Mitte aus, das zu verschiedenen Hauptästen führt, die wiederum in weitere Äste aufgeteilt werden.

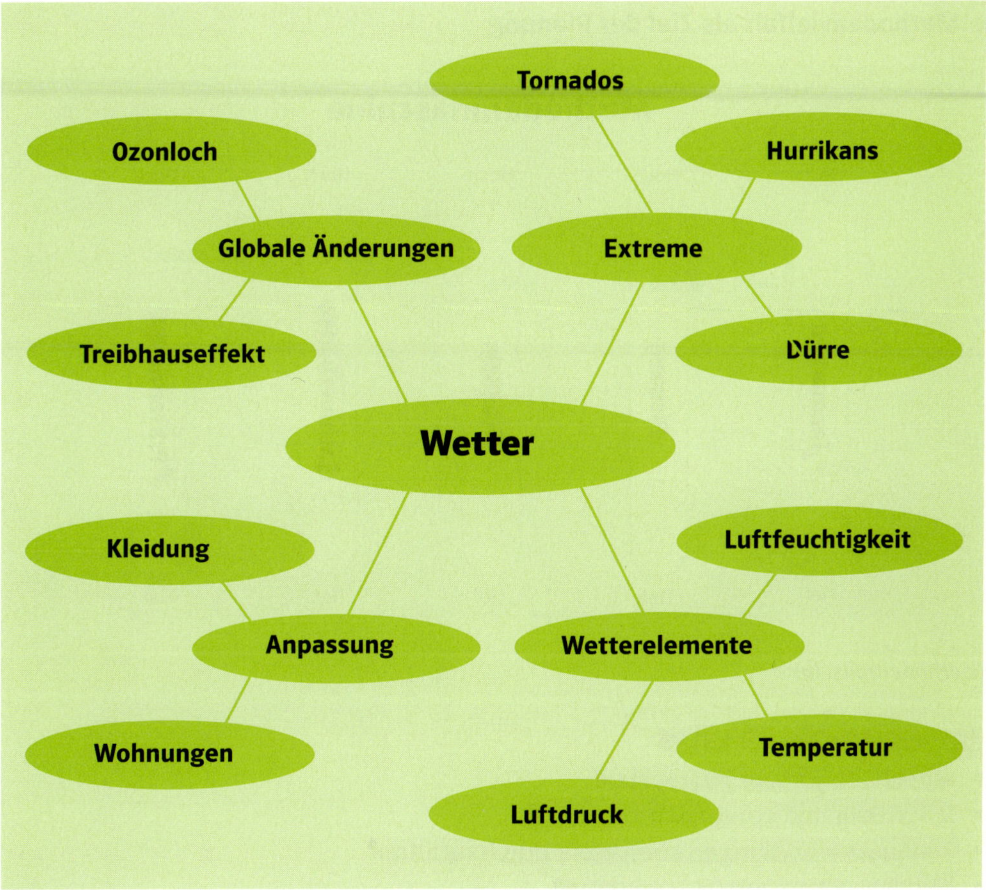

Wenn Sie einen Cluster gestalten, können Sie den freien Gedankenfluss unterstützen, indem Sie die Verbindungslinien und Ellipsen nachzeichnen und verschiedene Farben benutzen. Es geht auch darum, etwas „gedankenverloren" herumzukritzeln.

5.5 Methoden und Medien auswählen

Die bewusste Auswahl und Variation der Methoden und Medien hat drei Ziele:

1. Den Schülern das konzentrierte und aktive Arbeiten zu erleichtern
2. Förderung im Bereich Methoden-, Medien- und Sozialkompetenz zu leisten
3. Ihr Methodenrepertoire und das der Schüler nach und nach zu erweitern

Methodenvielfalt als Ziel der Planung

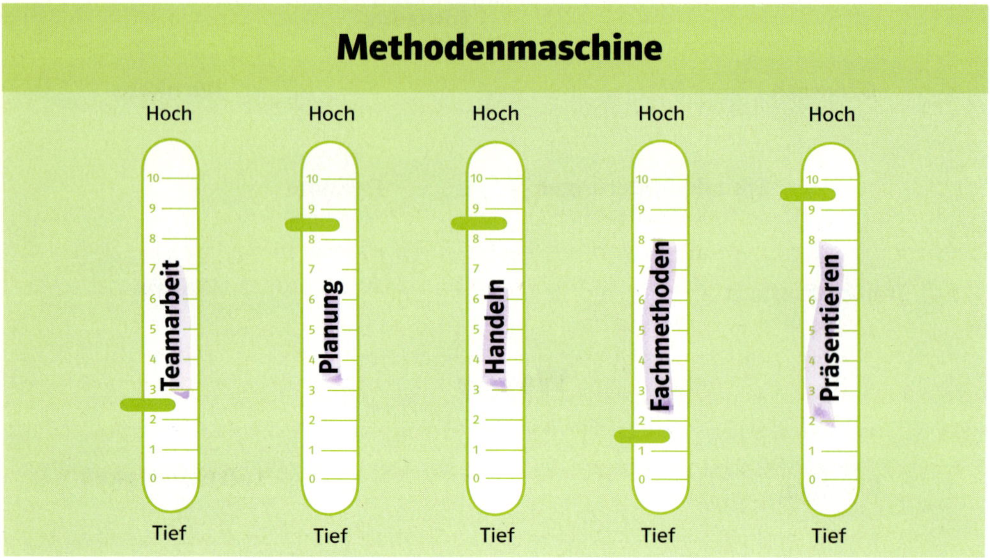

Methodenmaschine

Wenn Schüler lernen sollen:

- effektiv zusammenzuarbeiten,
- langfristig und erfolgreich zu planen,
- komplexe Handlungen kompetent durchzuführen,
- Inhalte souverän vorzutragen und
- spezielle Methoden eines Unterrichtsfaches zu beherrschen,

müssen diese Fähigkeiten regelmäßig geübt werden. Zur Veranschaulichung dient die Abbildung einer Methodenmaschine, deren Regler für jede Unterrichtsstunde oder -reihe neu eingestellt werden. Wenn die Regler dieser Methodenmaschine in Ihrem Unterricht meist auf Null stehen, herrscht eine ausgeprägte Methodenarmut, die sich kurz- oder langfristig negativ bemerkbar machen wird.

Welche Methodenkompetenz besitzen die Schüler?

Bei der methodischen Vorbereitung Ihres Unterrichts sollten Sie die Methodenkompetenz Ihrer Schüler immer im Hinterkopf behalten. Es genügt nicht, dass Sie sich eine im Prinzip gute und Erfolg versprechende Methode auswählen: Sehr wesentlich ist, dass Sie sich genau überlegen, welche Voraussetzungen die Schüler für eine bestimmte Methode besitzen oder auch nicht besitzen. Im letzteren Fall sind Sie es, der die fehlende Methodenkompetenz der Schüler aufbauen muss. Komplexe Methoden wie Gruppenunterricht oder Unterrichtskonzepte wie Stationsunterricht funktionieren nicht von einem Tag auf den anderen. Dieser Punkt ist für Sie als Anfänger wichtig, da sonst die Gefahr besteht, dass Ihre Unerfahrenheit und die der Schüler zusammen zu einer misslungenen Stunde oder Reihe führen.

Welches Störungspotenzial haben verschiedene Methoden?
Verschiedene Methoden haben ein unterschiedlich großes Störpotenzial. Bereits bei der Planung können Sie berücksichtigen, wie hoch das vermutete Störungspotenzial einer Methode ist. Natürlich ist die Störanfälligkeit einer Methode von vielen Faktoren abhängig: vor allem von der bestimmten Klasse, in der Sie eine Methode anwenden möchten und vom Stand Ihrer Fähigkeiten. Außerdem von äußeren Bedingungen wie der Uhrzeit und dem Tag und davon, wie lange die letzten Ferien her sind. Deshalb können wir Ihnen nur einige grobe Anhaltspunkte geben, die Sie für Ihre Klasse konkretisieren müssen.
- Stark ritualisierte Tätigkeiten, die von den Schülern in Einzelarbeit durchgeführt werden, sind meist wenig störanfällig (von der Tafel abschreiben, Einzelarbeit mit bekannten Materialien).
- Stark ritualisierte Tätigkeiten, die von den Schülern zu zweit oder in Gruppen durchgeführt werden, hängen in ihrer Störanfälligkeit davon ab, wie gut die jeweiligen Schüler miteinander harmonieren. Hierbei kommt es schneller zu Störungen als bei der Einzelarbeit.
- Wenig ritualisierte Tätigkeiten, die z. B. bei der Einführung einer neuen Methode auftreten, haben ein erhöhtes Störungsrisiko. Dies verstärkt sich, wenn eine neue Methode komplexe soziale Interaktionen verlangt. Beispiel: Theateraufführung und Rollenspiel.

Ein hohes Störungsrisiko sollte Sie natürlich nicht davon abhalten, eine interessante Methode einzuführen! Es ist aber hilfreich zu wissen, was möglicherweise auf Sie zukommt, um sich darauf einzustellen. Setzen Sie in Problemstunden wie kurz vor Schulschluss störanfällige Methoden nur mit Bedacht und Vorsicht ein. Überlegen Sie sich bei der Planung, wie Sie durch eine sorgfältige Strukturierung Störungen verringern können.

Welche Aktivitäten für die Schüler planen Sie in der Reihe ein?
In Kapitel 8 finden Sie eine große Anzahl an Unterrichtsmethoden, die es Ihnen ermöglichen, Ihre Schüler aktiv handeln zu lassen. Der idealtypische Lehrer wäre vermutlich in der Lage, für jede Situation, jede Klasse, jeden Inhalt eine passende methodische Auswahl zu treffen. Wir haben versucht, das in der folgenden Grafik zu veranschaulichen und geben Ihnen hier einen kleinen Überblick über denkbare pädagogische Konzepte mit methodischen Klein- und Großformen, die eine Feinjustierung des Unterrichts an die herrschenden Bedingungen ermöglichen.

Im Optimalfall wählen Sie für eine bestimmte Klasse genau die richtigen Methoden, Materialien, Sozialformen.

Welche Medien sind für die Umsetzung nötig?

Die Ziele, die Sie für eine Unterrichtsreihe aufgestellt haben und die Methoden, die Sie einsetzen möchten, setzen Medien für die Umsetzung im Unterricht voraus. Ein Fundus an Medien kann Ihnen die langfristige Arbeit als Lehrer sehr erleichtern. Im Sammelbuch auf der CD finden Sie einen Abschnitt zu den Medien. Notieren Sie hier alle Medien, die nur im entferntesten für Ihre Fächer nutzbar gemacht werden können. Vielleicht können Sie eines Tages Playmobil-Figuren in Ihrem Leistungskurs Mathematik sinnvoll einsetzen, um statistische Probleme zu veranschaulichen oder Sie führen Plastikpistolen auf, die Sie im Religionsunterricht als Impuls zum Thema Gewalt nutzen. Wenn Sie die typischen Unterrichtsthemen Ihrer Schulfächer durchgehen, werden Sie hoffentlich zahlreiche Ideen haben, welche Medien Ihren Unterricht eines Tages bereichern können. Vergessen Sie hierbei nicht, dass Sie teilweise Medien auch von Ihren Schülern herstellen lassen können, z. B. um eine Präsentation zu gestalten. Nehmen Sie sich also viel Zeit, um Schulbücher, Prospekte der Verlage, Medienangebote der Landes- und Kreisbildstellen und andere denkbare Quellen für Medien zu erkunden und Funde in Ihre Mediensammlung einzutragen.

Pädagogischer Schnäppchenführer, siehe Literaturverzeichnis

Medien dienen auch dazu, um verschiedene Wahrnehmungskanäle anzusprechen. Überlegen Sie sich deshalb:

Wie werden die verschiedenen Wahrnehmungskanäle in Ihrem Unterricht angesprochen?

Im Studium wurden Sie vermutlich immer wieder auf die Bedeutung der verschiedenen Wahrnehmungskanäle für erfolgreiches Lernen aufmerksam gemacht. Wenn Sie sich von Anfang an daran gewöhnen, in jeder Reihe visuelle, auditive und taktile Elemente hinzuzufügen, wird Ihnen das bald nicht mehr schwer fallen.

Wahrnehmungskanäle	Ideen
Schmecken	
Fühlen	
Tasten	
Riechen	
Hören	
Sehen	

5.6 Strukturen bilden

Strukturen im Unterricht erleichtern Ihnen und den Schülern das Arbeiten! Für Sie können Strukturelemente, die Sie in eine Unterrichtsreihe einbauen, eine massive Entlastung bedeuten. Den Schülern kann eine Übersicht über die Struktur der Unterrichtsreihe verdeutlichen, wie die Inhalte aufeinander aufbauen und möglicherweise überhaupt erst den Sinn der Reihe klar machen.

Wodurch geben Sie der Reihe Struktur, den Schülern einen Überblick?

Das schulische Lernen ist für Schüler sehr stark fragmentiert. Zwischen zwei Stunden eines Faches kann eine ganze Woche liegen. In dieser Zeit werden die Schüler in über 10 anderen Fächern unterrichtet, von Dingen wie Liebeskummer und Streit mit Eltern ganz zu schweigen. Allein aus diesen Gründen ergibt sich, dass Schüler Schwierigkeiten haben, die Struktur eines Themas zu erfassen und sie abrufbar zu halten. Sie dagegen halten diese Struktur aufgrund Ihres Studiums und der Vorbereitung der Unterrichtsreihe möglicherweise für so eingängig, geradezu selbstverständlich und machen sich wenig Gedanken über ihre Vermittlung. Für die Schüler ist es wichtig zu wissen, was sie gerade in welchem Zusammenhang lernen, wo sie sich im Gesamtthema befinden. Sie können zu Beginn einer Unterrichtsstunde eine verbale Einordnung geben, die die Schüler gleichzeitig zum Thema zurückführt. Eine effektivere Alternative ist eine optische Darstellung, z. B. ein Poster, auf dem die Gliederung des Themas steht, eventuell mit einem verschiebbaren Pfeil oder Rahmen, der den aktuellen Punkt hervorhebt. Ähnliches gilt auch für die Struktur der Stunde. Während des Unterrichts werden immer wieder Schüler in ihrer Konzentration nachlassen. Erleichtern Sie ihnen die Rückkehr ins Thema, indem Sie visualisieren, wo der Unterrichtsablauf sich gerade befindet. Sie selber kennen die Situation aus Vorlesungen und Seminaren und wissen, wie schwer es ist, Informationen zu verstehen, wenn man sie nicht einordnen kann.

„Übersichten zu Beginn der Unterrichtsstunde über den zu unterrichtenden Inhalt, die zwischenzeitliche Hervorhebung wichtiger Ergebnisse, die abschließende Zusammenfassung, das Herstellen von Zusammenhängen zwischen der laufenden und den vorhergehenden Stunden kovariieren in vielen Studien mit dem gemessenen Lernerfolg von Schülern“ (Bromme 1997, 191 f.).

> Wenn Sie planen Ihren Schülern über mehrere Stunden hinweg lehrgangsmäßig Stoff zu vermitteln, sollten Sie sich überlegen, welche unterstützenden Mittel des Überblicks und der Selbstorganisation Sie den Schülern zur Verfügung stellen könnten. Vielleicht visualisieren Sie die wichtigsten Inhalte als Tabelle (in der die Schüler Gelerntes abhaken können) oder als Mindmap, damit die Schüler jeweils wissen, welcher Teil des Lehrgangs gerade vermittelt wird. Hiermit nehmen Sie die Schüler erheblich stärker in die Verantwortung, selber zu kontrollieren, welche Inhalte sie verstanden haben bzw. wo noch Mängel bestehen (z. B. durch Fehlstunden).

Welche Rituale benötigen Sie?

Es tut jeder Unterrichtsreihe gut, wenn sie Rituale enthält, die immer wieder auftauchen. Dies entlastet Sie, aber auch die Schüler. Rituale sind Stundenelemente, die in jeder Unterrichtsstunde oder zumindest regelmäßig vorkommen. Sie können sich für eine Unterrichtsreihe ein bestimmtes Ritual überlegen, das inhaltlich und methodisch passend ist. Rituale können die Erarbeitungsphase, den Stundenanfang oder das Stundenende betreffen, die gesamte Stunde werden sie wohl nur selten ausfüllen. Haben Sie keine Angst davor, dass Rituale den Unterricht langweilig machen, die Schüler werden sie schätzen.

Beispiele:

- Jede Stunde endet mit einem Quiz.
- An einem bestimmten Tag in jeder Woche können die Schüler in den letzten 10 Minuten mit den Hausaufgaben anfangen.
- Jede Stunde beginnt mit einem kurzen Spiel.
- Am Ende der Woche dürfen die Schüler Sie zum Thema ausfragen und prüfen. (vgl. Rominger u. a.)

Kapitel 10: Gruppenleitung

Wie behalten Sie die Lernfortschritte der Schüler im Blick?

Überlegen Sie sich bereits in der Planung, wie Sie während der Unterrichtsreihe immer wieder kontrollieren können, ob die Schüler erfolgreich mitarbeiten und lernen können, indem Sie „Checkpoints" einplanen.
Checkpoints können sein:

- Einfache Fragerunden
- das Bearbeiten einiger Testaufgaben
- Kontrolle der Hausaufgaben
- Gesprächsrunden, in denen zusammen mit den Schülern die Fortschritte der Arbeit besprochen werden
- Fragen, die dazu dienen, gezielt den Wissensstand, das erreichte Verständnis der Schüler zu überprüfen
- Ergebnisse von Stationenarbeit oder Freiarbeit

Falls Sie bei der Umsetzung merken, dass die Schüler nicht die erhofften Lernfortschritte gemacht haben oder mit ihrer eigenständigen Arbeit nicht wie vermutet vorangekommen sind, können Sie hierauf direkt reagieren und entweder Ihr Konzept verändern oder überlegen, wie Sie die Leistungsbereitschaft der Schüler erhöhen können.

5.7 Effektives Planen

Wie machen Sie sich zu einem Thema schnell zu einem Fachmann, üben eine Unterrichtsstunde, überprüfen Ihre Planung und sammeln Ihre Materialien, Kompetenzen und Ideen systematisch im Hinblick auf Ihr Examen und die weitere Zukunft?

Wie werden Sie zum Fachmann für Ihr Thema?

Wenn Ihre Unterrichtsreihe im Wesentlichen kognitive Inhalte vermitteln soll, wird die Qualität stark davon abhängen, wie gut Sie diese Inhalte durchdacht haben. Denn als Erstes müssen Sie die Inhalte, die Sie vermitteln möchten, selber komplett beherrschen. Prägen Sie sich die Fakten, Definitionen, Beispiele, Erklärungen so gut wie möglich ein, damit Sie sich im Klassenraum bei der Durchführung einer Unterrichtsstunde sicher fühlen.
Hierbei sollten Sie allerdings nicht stehen bleiben: Die Qualität einer Vermittlung und des Lernerfolges der Schüler ist am höchsten, wenn Sie die Inhalte wie ein Fachmann vermitteln. Je besser Sie sich in einem Thema auskennen, desto souveräner

können Sie Ihre Inhalte auswählen „und im thematischen Kontext ihres Vortrags ungezwungen ‚umherwandern' […]. Sie sind vertraut mit alternativen Konzepten in Ihrem Fachgebiet. Sie können Redemittel bildlich einsetzen – Metaphern, Analogien, Beispiele, Erinnerungshilfen (‚Eselsbrücken'). Insgesamt haben Sie eine völlig andere Konzeption von Ihrem Thema und können entsprechend besser Entscheidungen treffen." (Gage / Berliner 1996, 402).

Aus diesem beschriebenen Grund wirkt der Vortrag eines Fachmanns häufig sehr anregend und bleibt in Erinnerung. Vermutlich können Sie für die meisten Themen solche Kompetenzen nicht aufbieten. Sie können aber versuchen bei Ihrer Vorbereitung möglichst nahe an das Ideal eines Fachmanns heranzukommen.

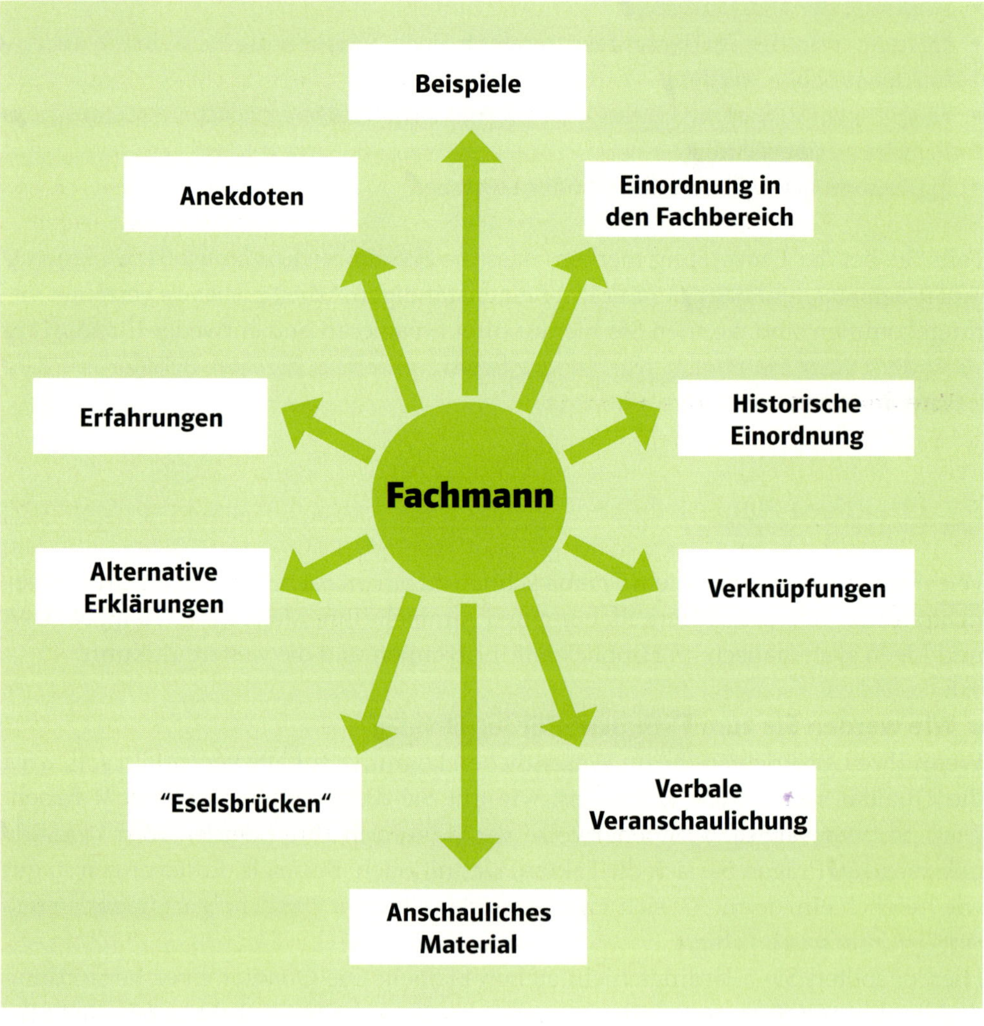

Wie ein Fachmann erzählen und erklären

Wie üben Sie einzelne Elemente der Reihe im Voraus?

Üben als Teil der Vorbereitung

Wenn Sie bei der Vorbereitung genug Zeit haben, können Sie diese sehr sinnvoll nutzen, indem Sie einzelne Teile der Stunde üben! Sprechen Sie sich oder jemand anderem Ihren Kurzvortrag mehrmals vor. Formulieren Sie die wichtigsten Fragen und sprechen Sie sie laut aus! Schreiben Sie Ihren Tafelanschrieb am besten an eine Tafel oder auf Packpapier an der Wand. Führen Sie die Experimente durch oder füllen Sie Ihre eigenen Arbeitsblätter aus. Überlegen Sie sich einfach bei jedem Element Ihrer Stunde, ob Sie dies üben können, bis Sie es perfekt beherrschen oder kennen gelernt haben.

Durchführung der Unterrichtsstunden in Ihrer Vorstellung

Viele Leistungssportler, zum Beispiel Abfahrtskifahrer, arbeiten intensiv mit ihrer Vorstellungskraft, um ihre Leistung zu verbessern. Sie können diese Methode ebenfalls nutzen, indem Sie sich den Ablauf einer geplanten Unterrichtreihe oder -stunde genau vorstellen. Nutzen Sie Ihre Fantasie und Ihre bildliche Vorstellungskraft und lassen die Unterrichtsstunde(n) wie in einem Film vor Ihrem inneren Auge ablaufen. Auf diese Weise werden Sie immer vertrauter mit dem Ablauf des Unterrichts. Außerdem werden Ihnen Ungereimtheiten auffallen und neue Ideen kommen.

Wie überprüfen Sie Ihre Planung?

Überprüfung vor der Durchführung

Wenn Sie Ihre Planung einer Unterrichtsreihe beendet haben, sollten Sie noch einmal kurz die einzelnen Abschnitte dieses Kapitels durchgehen und kontrollieren, ob Sie die Hauptpunkte berücksichtigt haben. Auch die Abbildung auf Seite 40 kann Ihnen helfen, die einzelnen Elemente einer Unterrichtsreihe und ihre Beziehungen zueinander zu überprüfen.

Überprüfung nach der Durchführung

„Nach dem Unterricht ist vor dem Unterricht." Als Anfänger im Beruf des Lehrers werden Sie viele Fehler bei der Planung machen. Sie werden sich mit der nötigen Zeit verschätzen, zu leichte und zu schwere Inhalte auswählen oder sich bei der Inszenierung vertun. Möglicherweise verhalten sich Ihre Schüler, wenn Fremde anwesend sind, z. B. bei einem Unterrichtsbesuch, anders als normalerweise; doch dies werden Sie lernen zu berücksichtigen. Das Unterrichtsgeschehen ist so komplex, unberechenbar und von so vielen Variablen bestimmt, dass die richtige Planung erst nach und nach erlernt werden kann. Analysieren Sie deshalb nach einer Unterrichtsstunde und vor allem nach einer Unterrichtsreihe, welche Fehler in der Planung Sie gemacht haben und überlegen Sie, wie Sie diese Fehler beim nächsten Mal verhindern können. Nehmen Sie sich die Kompetenztabelle, die Sie am Buchende finden und überlegen Sie sich, welche Kompetenzen Ihnen helfen würden, die gemachten Fehler beim nächsten Mal zu vermeiden.

Aufbau des eigenen Methodenrepertoires

Ein wesentliches Ziel Ihrer Ausbildung wird es sein, ein breites Methodenrepertoire aufzubauen. Dieses Methodenrepertoire wird Ihnen helfen, in sehr unterschiedlichen Schülergruppen passenden Unterricht durchzuführen, der sich flexibel den Bedürfnissen der Schüler anpasst. Ihr Methodenrepertoire muss nach und nach von Ihnen aufgebaut werden. Hierzu bietet sich das Referendariat förmlich an: Sie haben mehr Vorbereitungszeit und eine gewisse Narrenfreiheit, falls etwas schief läuft. Außerdem legen Fachleiter verständlicherweise viel Wert auf methodisch anspruchsvollen Unterricht. Langfristig betrachtet können Sie versuchen Topkompetenzen zu entwickeln, die Sie später bei Unterrichtsbesuchen und im Examen einsetzen. Hierbei kann es sich um Methoden handeln, die eindrucksvoll sind und gut funktionieren.

Literatur

Für die Planung von Unterricht gibt es zahlreiche Bücher, die das Thema sehr ausführlich darstellen.

Der Klassiker schlechthin ist das „Handbuch Unterrichtsplanung" von Wilhelm Peterßen. Hilfreich ist dieses Buch, wenn Sie verschiedene Modelle der Unterrichtsplanung als Grundlage nutzen wollen.

„Unterricht erfolgreich planen und durchführen" von Bernd Kroner und Herbert Schauer ergänzt die Planung des Unterrichts mit vielen Hinweisen zur erfolgreichen Durchführung.

Georg E. Becker bezieht sich in „Planung von Unterricht – Handlungsorientierte Didaktik Teil 1" weniger auf Planungsmodelle und die schriftliche Planung, sondern konzentriert sich auf das Durchdenken der einzelnen Planungsschritte.

Hilbert Meyer hat in dem Buch „Was ist guter Unterricht" zehn Merkmale guten Unterrichts dargestellt. Mit den zahlreichen gegebenen Hinweisen können Sie effektiv am Aufbau von Unterrichtskompetenzen arbeiten.

Wenn Sie im Studienseminar die notwendigen Informationen zur Unterrichtsplanung bekommen, ist es möglicherweise sinnvoller, wenn Sie sich im Bereich der Literatur zur Unterrichtsplanung auf Titel konzentrieren, die Ihnen zu Ihren Schulfächern oder einem bestimmten Reihenthema Ideen, Anregungen und Materialien liefern.

Kapitel 6 Kommunikation im Klassenraum – Von ersten Sprechübungen zu komplexen Gesprächsformen

Kompetenzbereiche

- Sprechen in der Klasse
- Körpersprache, Mimik und Gestik
- Verständliches Erklären
- Einen Kurzvortrag halten
- Fragen stellen und auf Antworten reagieren

Lehrer werden von ihren Schülern unmittelbar über die Sprache und Körpersprache wahrgenommen. Wenn Sie in der Lage sind, abwechslungsreich, betont und gut verständlich zu sprechen und ergänzend eine passende Körpersprache einsetzen, besitzen Sie ein wesentliches Mittel, um einen positiven Zugang zu Ihren Schülern zu finden und ihnen das Lernen zu erleichtern.
Im ersten Teil dieses Kapitels nehmen wir teilweise Bezug auf Methoden des Theaters. Wir sehen in dem bewussten Üben des „Auftretens" vor der Klasse ein großes Potenzial für die Lehrerausbildung und sind der Meinung, dass Sie für das Sprechen und dem Einsatz Ihrer Körpersprache viel hiervon profitieren können.
Im zweiten Teil konzentrieren wir uns auf wichtige verbale unterrichtliche Situationen: auf das Erklären, das Vortragen eines Inhalts und das Stellen von Fragen.

6.1 Sprechen vor der Klasse

Die folgenden Abschnitte enthalten wichtige Grundlagen zum Sprechen mit den Schülern, zur Körpersprache, Mimik, Gestik und Raumregie. Es erfordert viel Training, um sein Verhalten in diesen Bereichen zu verändern. Sie sollten sich deshalb nicht übernehmen und erst einmal nur einen wichtigen Aspekt herausgreifen, für den Sie sich dann genügend Zeit nehmen, um hier eine langfristige Verhaltensänderung zu erreichen. Sehr hilfreich wird es sein, wenn Sie immer wieder Einzelelemente des Sprechens und der Körpersprache ohne Schüler üben. Am besten besorgen Sie sich schon einmal einen großen Spiegel und einen Kassettenrekorder mit Mikrofon!

Besonderheiten der Lehrersprache

Das Sprechen als Referendar vor der Klasse unterscheidet sich deutlich von Ihrer Alltagssprache. Zum einen werden Sie sich in der Betonung, der Ausdrucksform, der Sprechgeschwindigkeit und der Deutlichkeit umstellen müssen. Zum anderen werden Sie sehr viel bewusster sprechen, um sich an das Aufnahmevermögen Ihrer

Schüler anzupassen, z. B. bei jungen Schülern die Sprache bewusst einfach einsetzen, bei älteren dagegen das Verständnis für Fachausdrücke und Fremdwörter entwickeln.

6/1 Checkliste Sprechen

Folgende Bereiche sind wichtig für ein gelungenes Sprachverhalten vor der Klasse:

Kontrollieren Sie die Sprechmenge.
Grundlegend ist, dass Sie lernen Ihre Sprechmenge bewusst zu steuern: Gerade wenn Sie vom Typ her gerne und viel sprechen, ist es für Ihr ganzes Lehrerleben wichtig, dass Sie Ihre Sprechmenge kontrollieren und beschränken können:

- Halten Sie sich konsequent an Ihre Planung und lassen Sie einen dreiminütigen Kurzvortrag auch nach drei Minuten enden.
- Lassen Sie hin und wieder Ihre Redebeiträge vom Mentor zeitlich und mengenmäßig quantifizieren.
- Setzen Sie Pausen bewusst ein, Schweigen ist ein wichtiger Bestandteil des Sprechens.
- Sprechen Sie nicht zu schnell, ca. 100 Wörter pro Minute sind die Obergrenze. Wenn Sie schneller sprechen, können Sie diese Geschwindigkeit zu Hause durch Vorlesen üben.

Sprechen Sie betont und ausdrucksstark.

- Sprechen Sie sehr deutlich.
- Betonen Sie intensiv und abwechslungsreich.
- Sprechen Sie relativ laut, variieren Sie aber die Lautstärke.
- Sprechen Sie eher etwas tiefer als normalerweise, so sind Sie besser zu hören.

Üben Sie eine einfache Sprache.

- Kurze und vollständige Sätze (Vorteil: geringere Gefahr sich zu versprechen, automatisch langsameres Sprechen, tieferes Sprechen am Ende des Satzes, kurze Sätze können einfacher aufgenommen werden)
- Bewusster Pauseneinsatz (Spannungsaufbau, um Gesagtes einwirken zu lassen, Möglichkeit geben, Fragen zu stellen)

Erweitern Sie den Wortschatz der Schüler.

- Der Bereich des Wortschatzes der Schüler darf von Ihnen nicht unbedacht überschritten werden,
- soll aber systematisch erweitert werden (Fachbegriffe, Fremdwörter, Synonyme einführen und z. B. im Heft festhalten).

Ihre Sprache soll abwechslungsreich sein.

- Lebendige Sprache einsetzen (Einsatz von Veranschaulichungen, Eselsbrücken, bildlicher Sprache),
- anschauliche Beispiele verwenden,
- unterschiedliche Sprachmuster nutzen (Fragen, Erläuterungen etc.).

Gestalten die Atmosphäre sprachlich positiv.

- Die Schüler persönlich ansprechen,
- Humor einsetzen,
- Freundlichkeit,
- aber keine Jugendsprache künstlich benutzen.

(vgl. Heidemann, 1999, 152 f. / Dubs, 1995, 116)

Wie übt man das Sprechen vor der Klasse?

Analysieren Sie den Ist-Zustand:

- nehmen Sie sich beim Sprechen mit der Klasse auf,
- fragen Sie den Mentor,
- benutzen Sie den Analysebogen „Checkliste Sprechen".

Entscheiden Sie sich, an welchem Bereich Sie arbeiten möchten:

- Gibt es einen besonderen Problemfall?
- Wenn Ihre Analyse keine herausragenden Schwächen ergeben hat, können Sie auch an einer besonderen Stärke arbeiten.

Lässt sich der gewählte Bereich außerhalb der komplexen Schulsituation „trainieren"?

- Im Alltagsleben?
- Können Freunde helfen, z. B. durch Rückmeldungen?
- Gibt es Seminare u. ä., die Sie besuchen können?
- Können Sie sich eigene Trainingsmöglichkeiten schaffen?

Schaffen Sie günstige Rahmenbedingungen in der schulischen Situation:

- Welche Inhalte / Klassen / Stunden eignen sich gut, um an einem bestimmten Problem zu arbeiten?
- Können Sie Situationen herbeiführen, in denen das gewünschte Verhalten auftritt oder zumindest leichter zu erreichen ist?

6 / 2 Planungstabelle: Wie übt man das Sprechen vor der Klasse?

Die richtige Sprache für die richtige Situation

In der Schule gibt es typische Kommunikationssituationen, die eine bestimmte Art zu sprechen verlangen. Das motivierende Sprechen, das organisierende oder reglementierende Sprechen sind Beispiele für häufig wiederkehrende sprachliche Herausforderungen, deren Erfolg stark vom passenden Einsatz der Sprache abhängt. Wir versuchen Ihnen typische Merkmale dieser Kommunikationssituationen kurz zu beschreiben, viel wichtiger ist aber, dass Sie in passenden Situationen bewusst auf sie zurückgreifen und sie anwenden. Auch hier empfehlen wir Ihnen Übungsphasen ohne Schüler, damit Sie lernen die Vielseitigkeit Ihrer Stimme zu nutzen und sie erweitern.

Das motivierende, überzeugende und lobende Sprechen

Diese drei Sprechsituationen ähneln sich stark in der sprachlichen Umsetzung:

- etwas höheres und lauteres Sprechen,
- positiver Unterton in der Stimme,
- besonders intensive Betonung,
- Ergänzung durch ausgeprägt positive Mimik und Gestik (s. u.).

Das reglementierende und mahnende Sprechen

- etwas tieferes (vor allem Frauen!) und lauteres Sprechen,
- entschlossener Tonfall,
- besonders intensive Betonung,
- klare und entschlossene Mimik und Gestik.

Das organisierende Sprechen

- Sprechen nur bei Ruhe und Aufmerksamkeit der Schüler,
- Sprechen in besonders kurzen Sätzen,
- langsames Sprechen,
- verbunden mit Nachfragen, ob alles verstanden wurde
- und in Verbindung mit Visualisierungen.

Machen Sie sich mit diesen verschiedenen Kommunikationssituationen vertraut. Achten Sie während des Unterrichts oder beim Hospitieren darauf, welche Besonderheiten Sie feststellen können.

Sprechen Sie Texte mehrmals auf einen Kassettenrekorder. Sprechen Sie unterschiedlich intensiv und ausdrucksstark. Variieren Sie die Lautstärke und übertreiben Sie auch einmal maßlos. Nehmen Sie sich irgendeinen Text und sprechen sie ihn motivierend, reglementierend und organisierend. So bekommen Sie ein Gefühl für verschiedene Kommunikationssituationen.

6/3 Arbeitsblatt: Kommunikationssituationen, die in Ihrem Unterricht regelmäßig vorkommen

Sprechtechnik einsetzen

An die Stimme des Lehrers werden hohe Ansprüche gestellt, besonders an Lautstärke und Ausdauer. Um Ihre Stimme zu schonen und auszubilden, sollten Sie versuchen einige Grundregeln der Stimmschulung umzusetzen.

Wärmen Sie Ihre Stimme morgens auf und trinken Sie tagsüber viel.

Hierzu können Sie leise summen oder sprechen, vielleicht auch singen. Wichtig ist, dass Sie Ihre Stimme langsam auf Touren bringen, bevor sie in der Schule belastet wird. Achten Sie darauf, über den Tag verteilt viel zu trinken. Dies ist während des Trubels in der Schule gar nicht so einfach, deshalb müssen Sie bewusst hierauf achten. Zu vermeiden sind (viel) Kaffee, Orangensaft und Milch.

Sprechen Sie in Ihrer Normaltonlage.

Die Normaltonlage liegt im unteren Drittel Ihres Stimmumfanges und kann durch eine einfache Übung herausbekommen werden. Produzieren Sie einen Summton und wechseln Sie dabei zwischen hohen und tiefen Tönen ab. Der Bereich, in dem Sie ohne jede Anstrengung einen Ton produzieren können, ist Ihre Normaltonlage (vgl. Cano 1998).

Versuchen Sie diese Tonlage immer häufiger einzusetzen, bis Sie dies auch in angespannten Situationen schaffen, in denen die Stimme sonst schnell hoch und schrill werden kann.

Sprechen Sie entspannt.

Voraussetzung ist eine tiefe und entspannte Atmung aus dem Bauch heraus. Diese Tiefatmung transportiert das größte Luftvolumen und ist die Grundlage entspannten Sprechens, indem sie einen konstanten Ausatemstrom liefert. Sie wird erreicht, wenn der Bauch beim Einatmen vorgewölbt, beim Ausatmen leicht eingezogen wird (Brustkorb nicht vorstrecken, Schultern nicht heben!).

Sie können folgende einfache Atemübung ausprobieren: Im Sitzen, Stehen oder Liegen legen Sie die linke Hand auf den unteren Bauch und den rechten Arm quer über den Magen, die rechte Hand fühlt die Rippen seitlich und unten. Fühlen Sie mit den beiden Händen den Atem! Führen Sie die Übung fort, indem sie beim Ausatmen summen (vgl. Nollmeyer 1998).

Ergänzen können Sie Atemübungen mit Entspannungsübungen wie der progressiven Muskelentspannung von Jacobsen, die auch zum Stressabbau sehr empfehlenswert ist.

Sprechen Sie deutlich.

Für die Aussprache ist es wichtig, die Laute an der richtigen Stelle im Mund-Rachenbereich zu sprechen: bei dem Laut „a" wird der Mund weit geöffnet, beim „o" bilden die Lippen einen Ring und sind vorgestülpt. Probieren Sie aus, wie Sie die Laute richtig bilden.

Machen Sie beim Sprechen den Mund weit auf!

Aktivieren Sie Ihren Mundbereich durch verschiedene „gymnastische" Übungen: Kaubewegungen mit dem Kiefer, Zunge kreisen lassen innerhalb und außerhalb des Mundes, Lippenflattern (Motorengeräusch nachmachen) u.v.m.

Machen Sie Sprechübungen: z. B. Zungenbrecher sehr betont sprechen und nach und nach das Tempo steigern, lautes Lesen von Kindertexten. Sprechen Sie hierbei überdeutlich! Sie können den Trainingseffekt erhöhen, indem Sie Sprechübungen mit einem Korken zwischen den Lippen durchführen. Diese Übung hilft, deutlicher zu sprechen.

Bei ernsthaften Problemen

Wenn Sie häufig unter Halsschmerzen und Heiserkeit leiden oder mit der Wirkung Ihrer Stimme gar nicht zufrieden sind, sollten Sie überlegen, ob sie nicht logopädische Unterstützung in Anspruch nehmen.

6.2 Körpersprache, Mimik und Gestik

Stimme und Körpersprache, Mimik und Gestik können sehr erfolgreich zusammenarbeiten, um eine Atmosphäre von positiver Gestimmtheit, Offenheit und Arbeitsmotivation zu schaffen. Die Arbeit in der Klasse wird hiervon sehr profitieren, nutzen Sie also Ihre Möglichkeiten, um die Atmosphäre entsprechend zu beeinflussen! Neben dem richtigen Tonfall sind es vor allem die körperlichen Signale, die Sie hierfür nutzen können. „Das wichtigste Medium im Unterricht ist der Körper des Lehrers". Der Titel eines Artikels von Meyer (1993) macht eins deutlich: Sie stehen mit Ihrem Körper häufig im Mittelpunkt des Unterrichtsgeschehens! Wahrscheinlich werden Sie sich hieran erst nach und nach vollständig gewöhnen. Für den Fall, dass Sie hiermit Schwierigkeiten haben, helfen Ihnen möglicherweise Übungen zur Körperwahrnehmung und zum Haltungsaufbau wie sie z. B. Schleip vorstellt.

Ihre Körpersprache wird in starkem Maße von zwei Grundbefindlichkeiten beeinflusst:

- von positiv gestimmter Zugewandtheit den Schülern gegenüber, der Freude am Unterrichten und der selbstbewussten Überzeugung zusammen mit den Schülern an interessanten, spannenden und wichtigen Inhalten zu arbeiten.

Eine offene, den Schülern zugewandte, Körperhaltung mit den Händen auf Bauchhöhe gibt Ihnen die besten Möglichkeiten Körpersprache positiv einzusetzen.

- von dem Wunsch sich vor der großen Schülergruppe zu schützen und zu verstecken, eventuell sogar den Raum zu verlassen, also von Schutz- und Fluchttendenzen.

Es gibt viele Möglichkeiten körperliche Barrieren zwischen sich und den Schülern aufzubauen. Vergessen Sie alle!

Bevor Sie beginnen an Details der Körpersprache zu arbeiten, können Sie versuchen Ihre Grundeinstellung zum Unterrichten allgemein bzw. zum Unterrichten einer bestimmten Klasse zu beeinflussen. In dem Moment, in dem Sie vor die Klasse treten, aktivieren Sie Ihren eigenen Schwung, versuchen die Situation zu bejahen und sie in einem möglichst optimistischen Licht zu betrachten. Sehen Sie es vielleicht so, dass gerade die Begrüßungssituation und die ersten Minuten des Einleitens und Motivierens einiges von einer schauspielerischen Situation haben. Hier können Sie sich ruhig etwas verstellen (besonders an schlechten Tagen).
Überlegen Sie sich, wie Sie vor der Klasse wirken möchten. Stellen Sie sich möglichst genau vor, mit welchen Gesten, welcher Mimik, allgemein mit welchem Auftreten Sie diesem Bild entsprechen können. Welche Kleidung kann z. B. helfen, dieses Idealbild in die Tat umzusetzen? Welche Körperhaltung, welche Handbewegungen und welche Art zu gehen und zu stehen entsprechen diesem Bild? Entwickeln Sie dieses Idealbild weiter, variieren Sie es, stellen Sie es sich immer wieder vor – und versuchen Sie es in die Realität umzusetzen!

6 / 4 Übungsliste Körpersprache, Mimik und Gestik

Nutzen Sie die Körpersprache, um den Schülern deutlich zu machen, dass Sie gerne mit ihnen zusammenarbeiten, aber auch um eine gewisse Grundspannung in der Klasse zu erreichen:

- Wenn die Schüler Sie in der ganzen Körperlänge sehen können, wird es ihnen möglich sein, mehr von Ihrer Körpersprache mitzubekommen.
- Nutzen Sie Hände und Arme, um zu gestikulieren oder um sie in einer offenen Position zu halten und nicht um Ihren Körper zu verbergen.
- Treten Sie den Schülern entgegen, statt vor ihnen bis an die Wand zurückzuweichen.
- Nutzen Sie das Lehrerpult, um sich anzulehnen, denn niemand kann den ganzen Vormittag über stehen.
- Wenn es Ihnen schwer fällt, beim Sprechen ruhig zu stehen und Sie dies ändern möchten, können Sie zu Hause üben, einen Lehrervortrag, auf einer Zeitung stehend, durchzuführen.

Ein großer Spiegel hilft Ihnen an Ihrer Körpersprache zu arbeiten. Probieren Sie aus, welche Körpersignale positiv und ermutigend wirken. Versuchen Sie folgende typische Unterrichtsszenen mit deutlicher oder überdeutlicher Körpersprache zu begleiten:

- Eine Frage stellen,
- ermahnen, beruhigen, zu Ruhe auffordern,
- loben, motivieren,
- zum Weitersprechen auffordern.

Stellen Sie sich bitte dabei vor, dass Ihre Zuschauer teilweise mehrere Meter entfernt sitzen. Aus diesem Grund müssen Sie Ihre Körpersignale etwas überbetonen.

Mimik und Blickkontakt

Der Blickkontakt ist ein wichtiges Werkzeug in der Zusammenarbeit mit den Schülern. Er hilft Ihnen dabei, den Kontakt zu ihnen aufzubauen und aufrechtzuerhalten. Ihre Mimik ist ebenfalls ein wichtiges Kommunikationsmittel, mit dem Sie sich häufig viele Worte ersparen können: Nonverbale Kommunikation hat den großen Vorteil, dass sie den Unterrichtsfluss nicht stört. Eine gerunzelte Stirn, ein entzücktes Lächeln, zu schmalen Schlitzen zusammengezogene Augen werden von den Schülern im Kontext ohne Probleme als klare Aussage wahrgenommen.
In dem Arbeitsblatt „Körpersprache, Mimik und Gestik" finden Sie verschiedene emotionale Zustände, die Sie mimisch darstellen sollen. Viel Spaß beim Üben vor dem Spiegel!

Schüler während der Stunde anschauen

Wenn Sie zu den Schülern sprechen, empfiehlt es sich, verstärkt die aufmerksamen und interessierten Schüler anzuschauen, um sich von ihrer positiven Ausstrahlung anstecken zu lassen. Hierbei sollten Sie aber mit Ihrem Blick nach relativ kurzer Zeit zu einer anderen Person wechseln.

Blickkontakt am Anfang der Stunde aufbauen

Wenn Sie etwas Erfahrung beim Unterrichten gesammelt haben, können Sie es sich angewöhnen, vor der Begrüßung der Schüler mit Ihren Augen die Blicke einzusammeln, um die Aufmerksamkeit der Schüler zu gewinnen.

Spielerische Übungen

Vielleicht können Sie zusammen mit weiteren Referendaren pantomimische Spiele und Übungen durchführen, um Ihre mimische und gestische Ausdrucksfähigkeit zu verbessern (vgl. Heidemann 1999).

Raumregie: Aufenthaltsorte während des Unterrichts

Wahrscheinlich haben Sie noch nie darüber nachgedacht: Wo stellt oder setzt man sich am besten während des Unterrichts hin? Für den Frontalunterricht wurden einige Regeln, die seit langem in der Theaterregie selbstverständlich sind, übertragen (Müller, 1999).
Der Klassenraum kann mit einer Bühne verglichen werden, auf der sich der Lehrer während des Frontalunterrichts bewegt. Wie Sie in der Abbildung erkennen können, reicht diese Bühne von der Schultafel bis zu einer gedachten Rampe kurz vor den Schülern.

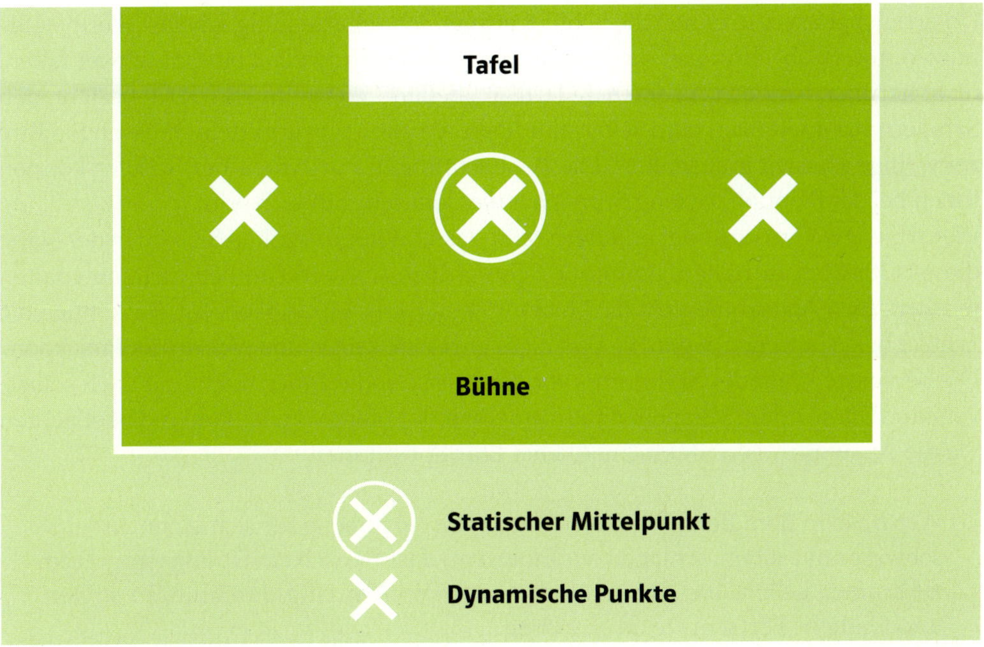

Auf einer gedachten Bühne im Klassenraum können Sie sich auf unterschiedliche Weise positionieren und damit eine bestimmte Wirkung erzielen.

Wenn Sie sich in die Mitte der Klasse vor die Schüler stellen, haben Sie den statischen Mittelpunkt im Raum gewählt. Immer wenn Sie die Schüler auf sich zentrieren wollen, sollten Sie diesen statischen Mittelpunkt einnehmen. Dieser Standort eignet sich also besonders gut, um Ruhe zu schaffen, einen Kurzvortrag zu halten oder am Ende der Stunde Hausaufgaben aufzugeben.
Die beiden dynamischen Mittelpunkte befinden sich ungefähr im Verhältnis 2:1 links und rechts von den Seitenwänden. Sie eignen sich besser, um mit den Schülern in einen Dialog zu treten, sich ihnen zuzuwenden. Wählen Sie also einen der beiden dynamischen Mittelpunkte, wenn Sie mit den Schülern diskutieren wollen oder mit ihnen etwas besprechen möchten (vgl. Müller 1999, 95).

6/5 Planungsblatt: Raumregie

Bei selbstständiger Arbeit der Schüler, egal ob in Einzel-, Partner- oder Gruppenarbeit, bewährt es sich, wenn Sie den Schülern erst einmal Zeit geben, um sich in die Arbeit zu vertiefen, bevor Sie damit beginnen, eine Runde durch die Klasse zu drehen. Versuchen Sie die Schüler nicht von hinten zu überraschen, indem Sie ihnen plötzlich über die Schulter blicken, um die Arbeit zu kontrollieren. Sinnvoller ist es, sich neben die Schüler zu hocken, um auf gleicher Höhe mit ihnen zu sprechen.

Unterrichtsphasen, in denen die Schüler erfolgreich selbstständig arbeiten, können Sie nutzen, um Beobachtungen durchzuführen. Es wird Ihnen erst einmal schwer fallen, nicht herum zu laufen und den Schülern zu „helfen". Wenn Ihr Ziel darin besteht, den Schülern Kompetenzen zum selbstständigen Arbeiten zu vermitteln, müssen Sie Ihre zeitweilige Passivität aushalten. Die Beobachtungen zur Arbeit der Schüler können Ihnen bei der Planung weiterer Stunden außerdem sehr hilfreich sein.
Wenn Sie etwas zeigen oder erläutern (z. B. dass Tafelbild), sollten Sie sich in der Nähe dieses Objektes aufhalten, damit die Schüler Ihre Aufmerksamkeit nicht aufspalten müssen. Eine Ausnahme stellt die Nutzung des Overheadprojektors dar, Sie können die Schüler besser ansehen, wenn Sie Wichtiges am Gerät zeigen und nicht in der Projektion. Die bewusste Wahl des Standortes vor der Klasse sollte Ihnen nach und nach selbstverständlich werden. Versuchen Sie immer wieder hieran zu denken und beobachten Sie die Auswirkungen unterschiedlicher Standpositionen.

Wenn Sie in dem Bereich Sprechen und Körpersprache für sich einen Arbeitsschwerpunkt sehen, schlagen wir Ihnen vor, dass Sie sich ein Übungsprogramm zusammenstellen, das Sie zumindest vier Wochen lang durchführen sollten, um deutliche Fortschritte zu erreichen.
Ein Beispiel:

1. Körperwahrnehmung, wenn Sie sich vor der Klasse stehend unwohl fühlen (69),
2. Muskelentspannung nach Jacobson, falls Sie in der Unterrichtssituation sehr angespannt sind (67),
3. Übungen zum Einsatz der Sprache, (64, 65),
4. Stimmübungen (67, 68),
5. Übungen zu Körpersprache, Gestik und Mimik (71)
6. Kurzvortrag halten, Erklären (76).

6/6 Übungsplan Sprechen, Körpersprache, Mimik und Gestik

6.3 Verständliches Erklären

Die aktuelle didaktische Diskussion hat ein deutliches Schwergewicht im Bereich der schülerorientierten Methoden. Dennoch sind die verbalen Lehrerkompetenzen für Sie wichtig: Schülern etwas erklären, einen Kurzvortrag halten, Fragen stellen und auf Antworten reagieren, bleiben Fähigkeiten, die jeden Tag benötigt werden und deshalb in Ihrer Ausbildung nicht zu kurz kommen dürfen.

Erklären im Unterricht

Wenn Sie in die Fußgängerzone Ihrer Stadt gehen und eine Umfrage zu der Frage machen wurden, was ein guter Lehrer können muss, erhielten Sie als einen Spitzenreiter die Antwort: „Er muss gut erklären können". Warum wird das gute Erklären als eine Kernkompetenz des Lehrerberufs gesehen? Jeder Schüler oder ehemaliger Schüler hat den Unterschied drastisch erfahren, auf der einen Seite der Lehrer, bei dem man gerne zuhört, Kompliziertes versteht und zum Nachdenken angeregt wird, auf der anderen Seite sein Kollege, der endlose Schachtelsätze aneinander reiht, ohne dass der Inhalt deutlich hervortritt, bei dem man nicht das Gefühl hat Wichtiges zu lernen. Eine gute Erklärung erleichtert den Schülern das Lernen! Sie können etwas verstehen, was sie vorher nicht verstanden haben, sie können eine inhaltliche Struktur aufbauen oder ergänzen, sie können den Inhalt mit anschaulichen Beispielen verbinden und sie können einer guten Erklärung einfacher folgen, da sie anregend vorgetragen wird:

- Wenn Sie von einem Schüler um eine Erklärung gebeten werden, sollten Sie erst einmal so genau wie möglich herausbekommen, was er wissen möchte bzw. was er nicht verstanden hat. Sie können die Frage des Schülers erst einmal spiegeln, um sicher zu gehen, dass Sie genau wissen, was Sie ihm erklären sollen (Dir ist noch nicht klar, warum… Du möchtest gerne wissen, weshalb…).
- Sehen Sie eine Erklärung als einen kommunikativen Prozess an: Versuchen Sie zusammen mit dem Fragenden oder der Gruppe von Fragenden das Problem einzugrenzen und die Verständnisschwierigkeiten nach und nach aus dem Weg zu räumen.
- Wenn eine Erklärung auf eine Schülerfrage erfolgt, ist es wichtig, in den ersten Sätzen eine kurze Zusammenfassung der Erklärung zu geben. Denn wenn man zu weit ausholt, bevor man zur eigentlichen Erklärung kommt, kann es sein, dass der Schüler bereits nicht mehr zuhört.
- Eine Erklärung sollte nicht in einen Kurzvortrag ausarten, da die Schüler hierauf nicht eingestellt sind (mitschreiben usw.). Deshalb ist die Dauer auf sehr wenige Minuten beschränkt.
- Wenn Schüler um eine erneute Erklärung eines Sachverhaltes bitten, sollten Sie sich überlegen (oder nachfragen), ob Sie ihm mit der Wiederholung der Erklärung helfen oder eine neue finden müssen.
- Auch bei einer kurzen Erklärung können Sie verschiedene Wahrnehmungskanäle nutzen: eine Skizze an der Tafel oder etwas vormachen helfen beim Verständnis.

Erklären gehört ebenfalls zu den Kompetenzen, bei denen es heißt: üben, üben, üben! Suchen Sie sich also Opfer und erklären Sie ihnen etwas. Garantiert wird es Inhalte in Ihrem Fach geben, die sich jemand willig erzählen und erklären lässt. Machen Sie das zehnmal und Sie werden deutlich besser erklären.

6.4 Einen Kurzvortrag halten

Im Folgenden konzentrieren wir uns auf das gute Erklären innerhalb eines Kurzvortrags. Der Kurzvortrag hat für das Einüben des Erklärens Vorteile: Er beinhaltet Erklärungen, die Sie zu Hause sorgfältig vorbereiten können, indem Sie den Inhalt durchdenken, gut verständliche Formulierungen suchen und den Kurzvortrag üben.

6/7 Elemente eines Kurzvortrages

Beginn des Kurzvortrags
Der Beginn eines Vortrags „hat verschiedene Funktionen: die Schüler generell zu motivieren, ihnen vorausschauende Einzelhinweise auf Nachfolgendes zu geben, die Hauptpunkte des Vortrags für sie herauszuheben, und ihnen Strukturierungshilfen anzubieten“ (Gage/Berliner 1996, 402).

Vorgabe einer Metastruktur
Gerade wenn Sie einen längeren Vortrag halten möchten, ist es sinnvoll, dass Sie die Schüler erst einmal über die Vorgehensweise informieren: wie lange dauert der Vortrag, können Fragen gestellt werden, werden Abbildungen kopiert und verteilt, soll mitgeschrieben werden usw.. Hierbei können Sie die Schüler auch über die Ziele des Vortrags unterrichten.

Verdeutlichung des Vortragszieles für die Schüler
Bei der Entwicklung Ihres Kurzvortrags haben Sie hoffentlich viel Wert darauf gelegt, dass der Inhalt eine Bedeutung bzw. Relevanz für die Schüler hat. Wenn Sie diese Bedeutung zu Beginn des Vortrags offen legen, erleichtern Sie den Schülern das Zuhören.

Nutzung von Advance Organizer
Hierbei handelt es sich um eine kurze Zusammenfassung des darauf folgenden Kurzvortrags. Innerhalb von wenigen Minuten stellen Sie den Schülern die Inhalte des Vortrags dar. Sehr hilfreich ist es vor allem, wenn Sie eine dem Inhalt innewohnende Struktur verdeutlichen und eventuell visualisieren. Untersuchungen belegen den positiven Effekt dieser Vorgehensweise und zeigen, dass die Aufnahmekapazität der Schüler hierdurch erhöht wird. Am besten verbinden Sie die verbale Nutzung von Advance Organizer mit visuellen Mitteln (Tafel, Flipchart, Poster, OHP).

Bridging
Als Ergänzung zum Advance Organizer können Sie das Bridging betrachten, mit dem an den Stoff einer vorhergehenden Stunde, einer vorhergehenden Unterrichtsreihe angeknüpft wird. Für das Erlernen eines neuen Stoffes ist das grundlegende Wissen,

auf dem aufgebaut wird, von großer Bedeutung. Eventuell sollten Sie es den Schülern ins Gedächtnis zurückrufen.

Halten des Kurzvortrages

Nun können Sie mit Ihrem Vortrag anfangen. Er sollte gut strukturiert, dem Niveau der Zuhörer angepasst sein und dem Thema gerecht werden.
Die Sprache hat beim Kurzvortrag das Ziel, den Schülern das Zuhören, Aufnehmen und Verarbeiten der Informationen so einfach wie möglich zu machen. Aus diesem Grund unterscheidet sich das Sprechen während eines Kurzvortrags deutlich von anderen Sprechsituationen, da es auf besonders gute Verständlichkeit ausgerichtet ist:

- besonders deutlich artikulieren;
- etwas langsamer sprechen;
- Pausen verstärkt und bewusst einsetzen;
- prägnante Betonungen;
- Stimme am Aussageende absenken;
- Sprechweise variieren (vgl. Langhammer 1998, 18).

Basistexte

Im Idealfall geben Sie Ihrem Vortrag Dauerhaftigkeit, indem Sie Ihren Schülern einen Basistext zur Verfügung stellen (vgl. Bönsch 1998). In einem Basistext sind die wesentlichen Informationen enthalten, er verzichtet auf illustrierende und veranschaulichende Elemente. Basistexte entfalten ihre Wirkung gerade über einen längeren Zeitraum, wenn sie sich nach und nach ansammeln und somit einen guten Überblick über das Gelernte geben.
In den Basistexten erhalten Grundbegriffe und -aufgaben eine besondere Bedeutung. Vielleicht können Sie diese noch einmal optisch hervorheben.

Merkstrukturen

Ergänzend zu den Basistexten sind Merkstrukturen eine weitere wichtige Hilfe, um den Schülern das dauerhafte Behalten zu erleichtern. Im nächsten Kapitel zeigen wir Ihnen Visualisierungsformen, deren Ziel es ist, die Strukturen eines Inhalts darzustellen.

Nach dem Kurzvortrag

Wenn Sie einen Kurzvortrag halten und die Schüler danach nicht in irgendeiner Form mit dem Vorgetragenen arbeiten lassen, sollten Sie davon ausgehen, dass sich die referierten Informationen in Luft auflösen werden, sie verdunsten kontinuierlich aus den Köpfen der Schüler ins Freie. Lassen Sie die Schüler also nach Ihrem Kurzvortrag mit den Informationen arbeiten. Es kann sich hierbei um übende und wiederholende Aufgaben handeln oder darum, die neuen Informationen zu nutzen, um ein komplexeres Problem zu lösen (Arbeitsblätter, Gruppenarbeit, Textlektüre usw.).

Kapitel 8: Spannend unterrichten – Unterrichtsmethoden zur aktiven Einbindung der Schüler

Nutzen Sie die Möglichkeit einen Kurzvortrag zu Hause auszuprobieren! Das dauert gar nicht mal so lange und ist eine hervorragende Übung. Machen Sie eine Aufnahme mit einem Kassettenrekorder und hören Sie sich die Aufnahme danach an. Wenn Sie dies mehrmals durchgeführt haben, werden sich die Qualität Ihres Sprechens und Ihre Souveränität beim Vortragen deutlich verbessert haben!

6.5 Fragen stellen und auf Antworten reagieren

Um Ihnen den Überblick zu erleichtern, teilen wir das „Fragen stellen" in zwei Teile. Der erste findet an Ihrem Schreibtisch statt: Sie überlegen sich, welche Fragetypen Sie einsetzen möchten, wählen die passenden Fragen aus und formulieren sie vor. Im zweiten Teil stellen Sie im Unterricht die Fragen Ihren Schülern, und zwar so geschickt wie möglich – Sie werden Ihre Fragen also nicht selbst beantworten, Ihre Schüler mit Fragekaskaden erschlagen oder direkt nach dem Stellen der Frage den ersten Schüler, der sich meldet, aufrufen.

Planung am Schreibtisch

Wissensfragen	Verlangen nach einer bestimmten, gelernten Antwort
Denkfragen	Verlangen eine eigenständige Denkleistung, z. B. die Übertragung bekannten Wissens auf ein neues Problem
Konvergente Fragen	„Enge Fragen"; die möglichen Antworten sind relativ stark vorgegeben, da der Fragerahmen eng ist
Divergente Fragen	„Weite Fragen"; mögliche Antworten sind nicht eingeschränkt, da der Fragerahmen weit ist

Machen Sie sich erst einmal das weite Spektrum der Lehrerfragen deutlich, denn Frage ist nicht gleich Frage. Es gibt zwei grobe Kategorien von Fragen: enge und weite. Die **engen Fragen** sind häufig Wissensfragen, die eine einzige richtige Antwort verlangen: „Wie heißt die Hauptstadt von Frankreich?", „Was hat eine größere Dichte: Wasser oder Öl?", „Wer hat die Form des epischen Theaters entwickelt?".

Dieser Fragentyp ist sehr beliebt, weit verbreitet, praktisch und problematisch:

- Der Lehrer behält jederzeit die Steuerung des Unterrichtsgesprächs in der Hand (ja, er kann wahrscheinlich die Schüler von jedem gedanklichen Ausgangspunkt X zu jedem Endpunkt Y befördern).
- Er kann eine ständige Feinregulierung vornehmen: War eine Frage zu schwer, können hinleitende Fragen eingefügt werden.
- Wer gut gelernt hat, wird dadurch belohnt, dass er Fragen richtig beantworten kann.
- Wissensfragen können zum Sammeln bekannten Wissens dienen; auf dieser Sammlung kann dann der weitere Unterrichtsablauf aufbauen.

Wissensfragen haben allerdings einen beschränkten pädagogischen Wert, da sie eigenständige Denkleistung nicht vorsehen. Das ist kein Problem, wenn man sie nicht zu häufig einsetzt oder in Arbeitssituationen, in denen andere Fragearten sinnvoller wären. Überlegen Sie sich also vor einer Stunde, in der Sie Wissensfragen einsetzen wollen, ob Sie diesen Fragentyp für:

- eine einleitende Fragerunde nutzen wollen (evtl. als Quiz oder Spiel verpackt).
- das Abklären von Vorwissen, die Sammlung grundlegender Inhalte benötigen, um dann zu komplexeren Denk- und Arbeitsformen überzugehen oder
- die in Wissensfragen eingebaute Steuerfunktion nutzen wollen, um die Schüler nach und nach zum Erkenntnisziel zu befördern.

Weite Fragen (Denkfragen) erfordern vom Schüler nicht die exakte Wiedergabe gelernten Stoffes, sondern setzen eigenständiges Nachdenken voraus. Auch die Formulierung der Antworten ist weitaus komplexer und fordert vom Schüler anspruchsvolle Sprachleistungen. Beispiele:
„Was würdet ihr auf eine Expedition zum Südpol mitnehmen?“
„Wie kommt das Licht von der Sonne zur Erde?“
„Warum färben sich Blätter im Herbst bunt?“
Doch nicht nur für die Schüler ist das Antworten auf weite Fragen komplexer, auch an Sie stellt das Formulieren solcher Fragen höhere Anforderungen. Aus diesem Grund ist es wichtig, gerade bei den Denkfragen, zumindest die Schlüsselfragen vorzuformulieren, damit sie klar und verständlich gestellt werden können.

Gute Fragen finden
Nach Dubs gibt es verschiedene Anforderungen an gute Lehrerfragen (1995, 93ff.):

> „Fragen dürfen nur in Verbindung mit Erfahrungen, früher Gelerntem, neuen Informationen oder vorgelegten Problemen gestellt werden.“

Anders gesagt: Schüler benötigen eine Grundlage, um eine Frage auch tatsächlich sinnvoll beantworten zu können. Diese Grundlagen können ganz unterschiedlich aussehen. Es können Erfahrungen sein, die die Schüler, vielleicht auch außerhalb der Schule, gemacht haben. Es kann etwas sein, das sie in vorherigen oder vergangenen Stunden gelernt haben. Oder die Fragen beziehen sich auf gerade neu gegebene Informationen beziehungsweise Probleme.
Wenn dieses Kriterium berücksichtigt wird, kann ein großer Haken bei Lehrerfragen vermieden werden. Nämlich, dass die Schüler überlegen: „Was will der Lehrer jetzt hören?“ und gar nicht eine tatsächliche Frage beantworten.

> „Fragen müssen klar und eindeutig sein.“

Fragen müssen sorgfältig formuliert werden, damit den Schülern deutlich wird, in welche Richtung sie überlegen müssen, in welchem Frageumfeld sie sich befinden. Dafür darf eine Frage auch nicht überladen werden.

„Fragen sind in ihrem Umfang sinnvoll zu beschränken."

Bei komplexen Fragen besteht die Gefahr, dass sie von den Schülern nicht verstanden werden. Dies führt zu mehreren Problemen:

- Wenn ein Schüler sie beantworten kann, muss die Antwort noch einmal nach und nach für die anderen erklärt werden.
- Wenn niemand in der Lage ist, eine vollständige Antwort zu geben, müssen Sie weitere Fragen nachreichen, was schnell zu einem unbefriedigenden Frage-Antwort-Spiel führen kann.

„Fragen sollen kurz und knapp formuliert werden."

Bei unvorbereiteten Fragen besteht die Gefahr, dass der Lehrer Einschübe macht, um während des Stellens der Frage den Schülern letzte Informationen nachzureichen, die ihnen eine Beantwortung erleichtern oder überhaupt erst ermöglichen.

„Die Lehrerfrage ist dem Niveau der Klasse anzupassen."

Diese Forderung erscheint selbstverständlich, ist aber schwer umzusetzen. Häufig werden z. B. Fragen gestellt, die den Schülern so leicht erscheinen, dass sie sich nicht melden, um nicht als Streber zu gelten. Als Anfänger stellen Sie möglicherweise aber auch Fragen, die zu komplex sind und Ihre Schüler überfordern.

Fragen Sie einzelne Schüler, ob Ihre Fragen zu leicht oder zu schwer sind.

Neben diesen formalen Kriterien zur Formulierung einer guten Frage ist es natürlich auch noch wichtig, inhaltlich eine gute Frage zu stellen. Machen Sie sich auf die Suche nach guten Fragen zu Ihrem Unterrichtsthema. Fragen, die Neugierde wecken und zum Nachdenken herausfordern, vielleicht sogar verblüffen, sind wertvoll, müssen entdeckt und gesammelt werden. Vielleicht haben Sie Glück und werden bereits in den Schulbüchern und Lehrerbänden zu Ihrem Fach fündig. Eine andere Quelle sind populärwissenschaftliche Bücher und Zeitschriften, die manchmal eine pointiertere Herangehensweise an Themen bieten. Auch Sachbücher für Kinder und Jugendliche können hierbei helfen. Gerade da sie ein Thema allgemeiner behandeln, können sie wichtige und grundlegende Fragen liefern, die Ihnen vielleicht nicht in den Sinn kommen.

Fragen im Unterricht einsetzen

Fragen zu stellen, Schüler aufzurufen und auf die Antworten zu reagieren sind ständig wiederkommende Abläufe. Dies bietet den Vorteil, dass man sich die nötige

Technik (und Spontanität) nach und nach erarbeiten kann. Ein konzentriertes Arbeiten an der eigenen Fragetechnik ist auch deshalb wichtig, weil sich durch das ständige Wiederholen Fehler schnell einschleifen können, die später nur schwer auszumerzen sind. Auf der CD finden Sie einen Beobachtungsbogen, mit dem Sie Ihre Fragetechnik überprüfen können.

6/8 Beobachtungsbogen zur Überprüfung Ihrer Fragetechnik

Fragen stellen

Gerade sorgfältig vorbereitete Fragen möchten Sie im Unterricht vermutlich gut platziert und mit Nachdruck vorbringen. Versuchen Sie also möglichst viel Ruhe in der Klasse zu erreichen, machen Sie eine kurze Pause und stellen Sie die Frage deutlich, gut hörbar und eindeutig als Frage erkennbar. Die Formulierung sollte kurz und knapp sein und einfach zu verstehen. Die Wichtigkeit kann auch mimisch, gestisch, durch Stimmlage und langsames Sprechtempo unterstützt werden (vgl. Heidemann 1999). Fragen, die für eine Unterrichtsstunde eine besondere Bedeutung haben, können von Ihnen auch an die Tafel geschrieben werden, um den Schülern ständig präsent zu bleiben.

Nach der Frage

Nachdem die Frage gestellt wurde, warten Sie mindestens 3 Sekunden, möglicherweise aber auch deutlich länger. Dies ist für Anfänger sehr schwer. Heidemann betont, wie viel Selbstkontrolle es verlangt, nach dem Stellen einer Frage ruhig abzuwarten, statt direkt weiter zu fragen, oder den Ersten, der sich meldet „dran zu nehmen" (S. 120). Also: Warten 21-22-23 und dann erst einen Schüler aufrufen. Wenn sich niemand meldet, stellen Sie die Frage ruhig noch einmal.

Aufrufen der Schüler

Jetzt macht es sich bezahlt, wenn Sie die Namen der oder einiger Schüler gelernt haben. So können Sie die Schüler persönlich aufrufen. Wenn Sie nach und nach Sicherheit beim Fragen gewonnen haben, können Sie sich darauf konzentrieren, die Schüler gleichmäßig häufig aufzurufen. Wenn sich häufig alle oder fast alle Schüler melden, hilft ein simples Aufrufraster. Sie starten z. B. rechts hinten und arbeiten sich nach links vorne vor, danach anders herum. Auf diese Weise verhindern Sie Ungerechtigkeiten, die sich aus unbewussten Schemen ergeben. Jungen werden sonst häufiger aufgerufen als Mädchen, leistungsstarke Schüler häufiger als leistungsschwache, die eine Seite mehr als die andere, vorn viel, hinten weniger (vgl. Gage/Berliner 1996, 442).

Reaktionen auf Schülerantworten

Im besten Fall, einer richtigen Antwort, können Sie mit einem Lob reagieren. Dies können Sie gestisch bzw. mimisch oder durch eine kurze anerkennende Bemerkung erreichen. Sie sollten es sich nur nicht angewöhnen, jede einigermaßen richtige Antwort mechanisch zu loben. Versuchen Sie doch einmal, eine große Anzahl lobender Reaktionen zu sammeln und auszuprobieren. Es gibt vermutlich kaum eine lohnendere Investition in Ihre Zukunft als Lehrer!

Lernen Sie loben!

Wenn Sie eine Frage gestellt haben, die viele Antworten hervorruft, sind Sie in der glücklichen Lage, einfach durch Handzeichen einen Schüler nach dem anderen aufzurufen. So können Sie vielen Schülern die Möglichkeit geben, ihre Meinung oder ihren Lösungsvorschlag mitzuteilen.

Literatur

In dem Buch „Körpersprache im Unterricht – ein praxisorientierter Ratgeber“ von Rudolf Heidemann finden Sie ein Trainingsprogramm zur Verbesserung der Sprache und Körpersprache beim Unterrichten.
Wenn Sie speziell an Ihrer Stimme arbeiten möchten, kann Ihnen das Buch „Die eigene Stimme entfalten“ von Olaf Nollmeyer weiterhelfen, in dem Sie viele einfach umzusetzende Übungen finden.
Für den Aufbau eines positiven Körpergefühls, das Ihnen hilft, sich selbstbewusst vor einer Schulklasse zu präsentieren, könnte Ihnen folgender Titel helfen: Robert Schleip „Der aufrechte Mensch“. Dieses Buch enthält eine CD und 30 Übungskarten, mit denen Sie innerhalb eines Monats sehr abwechslungsreiche und fantasievolle Übungen durchführen können.
In dem Buch „Lehrerverhalten: Ein Beitrag zur Interaktion von Lehrenden und Lernenden im Unterricht“ von Rolf Dubs werden die in diesem Kapitel angesprochenen Themen ausführlich behandelt.
Im Fall, dass Sie sich besonders mit Ihrer Fragetechnik beschäftigen wollen, gibt es hierzu ein ausführliches Trainingsprogramm von Jörg Petersen und Hartmut Sommer: „Die Lehrerfrage im Unterricht – ein praxisorientiertes Studien- und Arbeitsbuch mit Lernsoftware“.

Kapitel 7 Zeigen Sie es den Schülern! – Die Nutzung von Tafel, OHP und Beamer

Kompetenzbereiche

- Text und Bilder zur Visualisierung einsetzen
- Komplexe Strukturschemen entwickeln
- Inhaltsdichte und Abstraktionsgrad an die Schüler anpassen
- Tafel, OHP und Beamer nutzen

Als Lehrer werden Sie zu einem Fachmann für das Visualisieren komplexer Inhalte, Gedankenstrukturen und Arbeitsabläufe. Für diese Aufgaben stehen Ihnen verschiedene Techniken und Geräte zur Verfügung. Im folgenden Abschnitt zeigen wir Ihnen den Hintergrund und die Grundlagen des Visualisierens, der grafischen Darstellung von Unterrichtsinhalten. Im zweiten Teil dieses Kapitels geht es darum, die typischen Geräte zur Visualisierung kennen zu lernen, um sie perfekt zu nutzen: Tafel, Overheadprojektor und Beamer.

7.1 Grundlagen des Visualisierens

Was ist das: Visualisieren?

Visualisieren bedeutet, dass Sie einen Inhalt nicht allein sprachlich formulieren, sondern zumindest teilweise bildlich darstellen. „Visualisieren bezeichnet die Tätigkeit einen bislang im Zeichensystem der Wortsprache ausgedrückten Inhalt entweder durch bildsprachliche Zeichen zu ergänzen oder ihn gar ganz in die Bildsprache zu übersetzen“ (Stary 1997, 12).
Übliche Namen für solche Abbildungen sind Strukturschemen oder Merkbilder. „Das Merkbild ist die während des Unterrichts strukturierte Darstellung von merkenswerten Ereignissen; es bildet [...] Sachverhalte in übersichtlicher Weise und vereinfacht ab und besteht aus grafischen, textlichen oder Zahlenelementen, die zu einem übersichtlichen Ganzen gestaltet sind; es erleichtert den Schülern das Erfassen und Einprägen des Wesentlichen“ (Haubrich 1997, 302).

Bedeutung des Visualisierens in der Pädagogik

Sie werden keinen Pädagogen finden, der nicht der Meinung ist, dass Visualisieren bzw. das „anschaulich machen“ für jeden Unterricht ausgesprochen wichtig ist. Für die Schüler ist die gelungene Visualisierung deshalb so bedeutsam, weil „die visuelle Informationsaufnahme die größte Wahrscheinlichkeit erfolgreichen Lernens hat“ (Hüholdt 1994).

Maras geht davon aus, dass die Visualisierung „einen wichtigen Beitrag zur Begriffsbildung, zum Denken" leistet (1998, 8). Ebenso weist er darauf hin, wie groß der Beitrag zum „strukturellen Lernen" ist. Er betont, dass die Qualität von Lernen, Denken und Problemlösen im Wesentlichen von zwei Dingen beeinflusst wird: der Strukturierung der Inhalte und davon, wie diese Strukturen dargestellt werden (ebd.). Diese Darstellung findet in den Strukturschemen bzw. Merkbildern statt.

Ein Strukturschema hat den Vorteil, dass gerade die Verbindungen und Beziehungen zwischen einzelnen Inhalten (Phänomenen, Gedanken u. Ä.) sehr anschaulich gezeigt werden können. Dies wird noch unterstützt, wenn das Schema nach und nach vor den Augen der Schüler entsteht. So gelangt eine weitere Komponente in die Darstellung: Das, was zuerst da war, wird zuerst gezeichnet, das später Erfolgte wird entsprechend später gezeichnet. Genauso können Ursache und Wirkung nacheinander visualisiert werden.

Ziel des Visualisierens ist es also nicht allein, den Unterricht durch Bilder ansprechender zu gestalten, ebenso wichtig ist es, die Strukturen der Unterrichtsinhalte darzustellen. Die Visualisierung von komplexen Inhalten ist anspruchsvoll. Sie verlangt die Auswahl wichtiger Teilinhalte und das Weglassen nebensächlicher Details.

Wie visualisiert man etwas?

Stellen Sie sich vor, Sie wollten das Märchen „Rotkäppchen" visualisieren! Sie würden vermutlich kleine Zeichnungen der Hauptakteure gestalten oder ihre Namen aufschreiben. Hiermit würden Sie sich allerdings nicht begnügen, sondern auch die Beziehungen zwischen den handelnden Personen darstellen. Wenn Sie durch Pfeile und Symbole veranschaulichen, wer wen fressen und wer das verhindern möchte, haben Sie bereits ein einfaches Strukturschema erstellt.

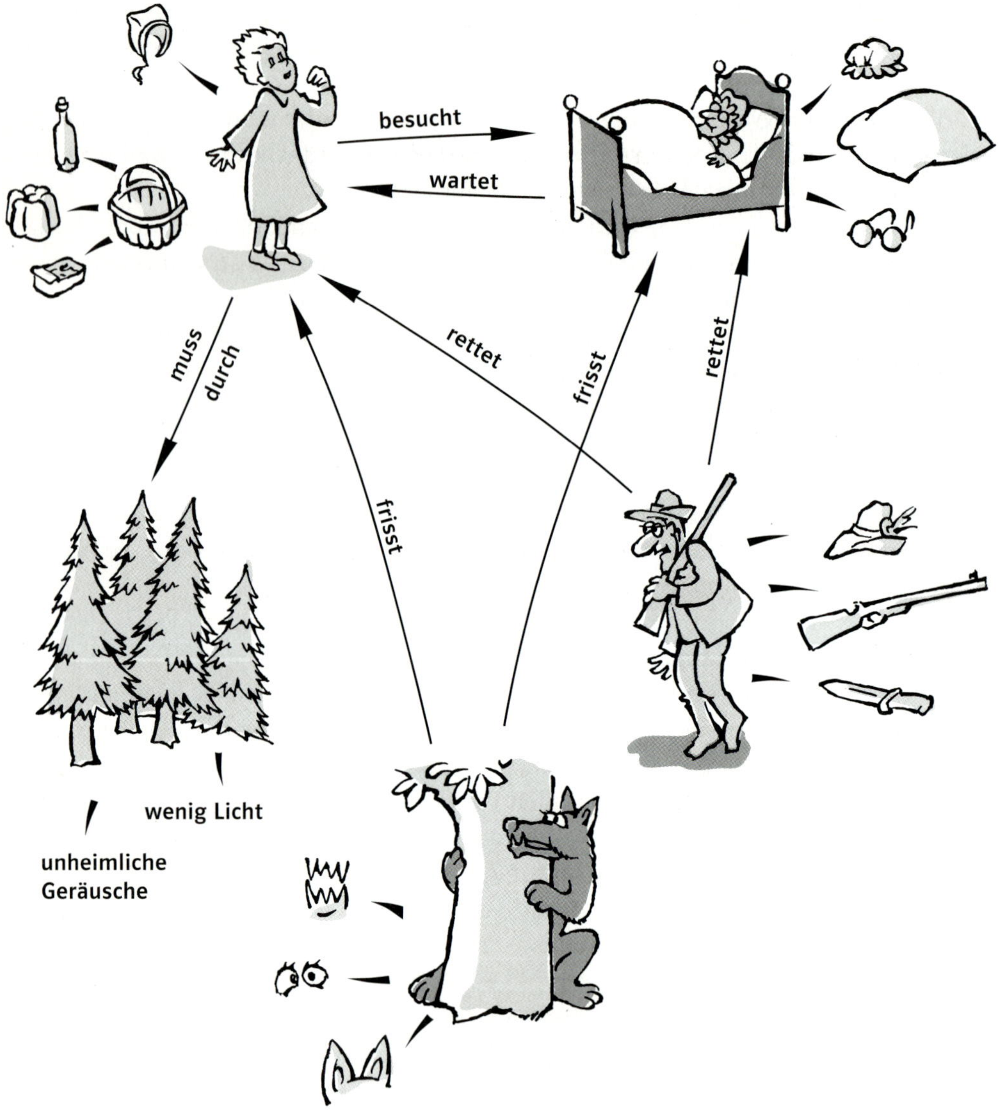

Beispiel für ein Strukturschema; Beziehungen in Rotkäppchen

Probieren Sie es einfach mal aus: Erstellen Sie ein Strukturschema zu einem Thema, das Sie interessiert, oder wählen Sie den letzten Kinofilm, den Sie gesehen haben.

Kompetenzen zur Visualisierung

Text als Teil der Visualisierung einsetzen

Lange Texte, z. B. an der Tafel, haben schnell eine abschreckende Wirkung auf Schüler. Hierbei kann man auch kaum von einer Visualisierung sprechen. In einem Tafelbild, auf einer Folie oder einer Präsentation, z. B. mit Power Point, kommt Text dagegen in verkürzter Form vor:

- als Überschrift (sehr wichtig für die spätere Einordnung der Zeichnung),
- als Element der Strukturschemen oder Merkbilder,
- als Fachbegriff, der zur Begriffsbildung dient (neu eingeführte Begriffe können mit einer eigenen Farbe gekennzeichnet werden),
- als Beschriftung von Verbindungslinien und Pfeilen,
- als zusammenfassender Text, der die wichtigsten Fakten nennt.

Bezüge können auf verschiedene Weise dargestellt werden:

- durch die Position (z. B. alles, was oben / unten / links / rechts steht, ist Ursache für, wichtiger als, gehört zusammen.)
- Text in derselben Farbe / Schrift gehört zusammen. Großbuchstaben, Unterstreichung oder kräftige Farbe stehen für besonders wichtige Aspekte.
- Auch die Anordnung auf der Visualisierungsfläche kann hierzu dienen (z. B. alle Begriffe mit der gleichen Entfernung zum Mittelpunkt liegen auf derselben Hierarchiestufe).

Die Anordnung der Texte kann aber auch eine inhaltliche Struktur direkt nachbilden und so verdeutlichen:

- Die Sequenz einer logischen Abfolge kann als Sequenz der Begriffe oder Bilder dargestellt werden (a).
- Außerdem können Inhalte, die eine geschichtete Abfolge enthalten, im Tafelbild ebenfalls geschichtet dargestellt werden (b).
- Die Abfolge: Ursache, Folgen und Lösungen können als Dreieck angeordnet werden (c).
- Ein kybernetischer Zusammenhang lässt sich als Kreis anordnen (d).
- Wenn Texte einen Vergleich beinhalten, ist die Anordnung in Spalten sinnvoll (e).
(vgl. Barth, Bruckner 1995, 18)

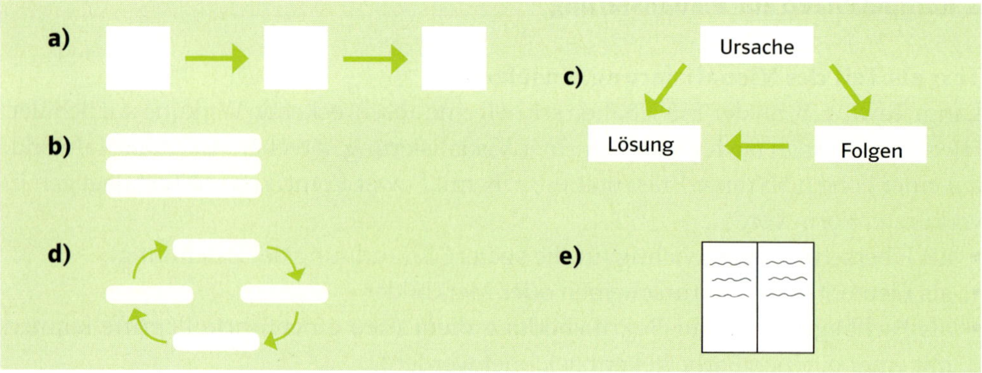

Inhaltliche Struktur wird visualisiert durch die Anordnung im Schema.

In einer Visualisierung werden Sie häufig auf das einfache Skizzieren, eine symbolhafte Darstellung, zurückgreifen. Hierzu ist praktisch jeder mit ein wenig Übung in der Lage. Nutzen Sie doch einfach Momente der Langeweile um auf einem Block oder am Rand einer Zeitung kleine Skizzen zu gestalten.

Verbindung von Texten und Bildern durch Pfeile, Linien und Kringel

Wenn die Inhalte eines Textes visualisiert werden, müssen die Beziehungen zwischen den verschiedenen Elementen auf irgendeine Art und Weise dargestellt werden. Dies erfolgt durch Steuerungscodes. Lassen Sie sich von diesem Begriff nicht abschrecken, es geht einfach darum, Verbindungen zwischen den einzelnen Elementen symbolisch darzustellen und damit eine Steuerung der Aufnahme durch die Schüler zu ermöglichen.

Die Beziehungen der Elemente untereinander werden durch Verbindungslinien und Pfeile dargestellt. Solche Pfeile und Verbindungslinien haben in jedem Merkbild eine andere Funktion. Aus diesem Grund kann es notwendig sein, sie zu beschriften, damit diese Bezüge auch später noch deutlich werden.

Sie sollten sich allerdings davor hüten, Pfeile und Verbindungslinien zu ziehen, ohne sich über ihre Bedeutung im jeweiligen Fall klar zu sein. Hilfreich ist hierbei, diese Verbindungen sprachlich zu ersetzen, um zu sehen, wofür sie stehen. Beispiel: gehört zu, verhindert dass, basiert auf, ist die Ursache für….

Inhaltsdichte und Abstraktionsgrad an die Schüler

Visuelle Darstellungen sind anspruchsvoll in der Aufnahme, da sie vom Empfänger entschlüsselt werden müssen. Sie abstrahieren, indem sie Inhalte, die verbal viel

Raum einnehmen würden, auf wenige Elemente und Verbindungen reduzieren. Der hierbei erreichte Abstraktionsgrad muss dem Niveau der Schüler entsprechen und kann nur nach und nach erhöht werden.
Ein Tafelbild oder eine Folie für den Overheadprojektor darf außerdem nicht zu stark kognitiv ausgerichtet sein. „Zu beachten ist allerdings, dass das Tafelbild nicht einseitig kognitiv sein darf. Besonders bei jungen, leistungsschwächeren oder disziplinenlosen Schülern besteht bei einseitig kognitiv ausgerichtetem Einstieg die Gefahr der Überforderung oder des Nichtangesprochenfühlens. Die Folge ist, sie schalten ab, und der weitere Unterricht läuft an ihnen vorbei. Dieses Risiko besteht besonders bei Tafelanschriften, seien sie noch so gut vorbereitet. Tafelzeichnungen dagegen sprechen Schüler schneller an" (Winnenburg 1993, 6).

Sequenzierung der Informationen erleichtert die Aufnahme durch die Schüler
Um die Schüler beim Entschlüsseln einer Visualisierung nicht zu überfordern, ist es sinnvoll, die Elemente erst nach und nach hinzuzufügen oder sichtbar werden zu lassen. Dies ist bei Tafelanschriften und bei der Gestaltung eines Tafelbildes automatisch der Fall. Es benötigt einfach Zeit, das Tafelbild allmählich zu erstellen. So können die Schüler langsam mit den Elementen vertraut werden und die Beziehungen zwischen ihnen nachvollziehen. Folien, die selbst vorbereitet oder gekauft wurden, können dagegen so viele Informationen enthalten, dass sie die Schüler massiv überfordern. Dies gilt genauso für Computerpräsentationen. Versuchen Sie diesen Umstand zu berücksichtigen, indem Sie auch hier die Inhalte erst nach und nach zeigen.

Dynamisierung in die Visualisierung einbauen
Häufig wird es sich anbieten, die Dynamik eines Prozesses in einer Visualisierung nachzuvollziehen. Hierzu gibt es verschiedene Möglichkeiten bei dem Einsatz des Overheadprojektors (z. B. Overlaytechnik, S. 96f.) wie auch bei der Nutzung von Präsentationsprogrammen (Animationen, S. 99).

Begleitung des Arbeitsprozesses
Eine wichtige Bedeutung hat die Visualisierung als Begleitung des Arbeitsprozesses. Viele Strukturschemen eignen sich gut um die Arbeit der Schüler zu organisieren. Zum Beispiel kann eine erarbeitete Mindmap die Arbeit verschiedener Gruppen verdeutlichen. Dieselbe Funktion haben Erledigungslisten und Tabellen.

Einbeziehen der Schüler
Bei der Nutzung von Tafel, Overheadprojektor und Beamer kann man das Einbeziehen der Schüler schnell vergessen. Dabei bieten Ihnen diese Geräte gute Möglichkeiten, die Schüler an der Gestaltung zu beteiligen. Gerade älteren Schülern können immer mehr Anteile bei der Erstellung des Tafelbildes oder der Foliengestaltung übertragen

werden. Hierbei bietet die Folie den Vorteil, dass die Schüler sie in Einzel-, Partner- oder Gruppenarbeit unbeobachtet erstellen können.
Wenn Ihnen die technischen Möglichkeiten zur Verfügung stehen, können auch Präsentationen von Schülern erstellt werden. Hierbei handelt es sich um eine sehr attraktive Arbeitsform, die auf Seite 99 näher dargestellt wird.

Der Einbezug der Schüler bei der Visualisierung ist eine attraktive Unterrichtsmethode.

Eine simple Form des Einbezugs der Schüler können Sie mit dem Abschreiben und Abzeichnen von Tafel- und Folienbild nutzen. Für die Schüler ist es hierbei wichtig, dass vorher abgeklärt wird, wie z. B. das Tafelbild später aussehen wird und wie es am besten auf die Heftseite passt. Manche Lehrer schwören auf den Ruhe schaffenden Effekt der Übertragung ins Heft.

7.2 Nutzung der Geräte

Die Schultafel, der Overheadprojektor und ein Beamer sind verschiedene Geräte, die sehr gut zur Visualisierung von Inhalten geeignet sind. Jedes dieser Geräte hat verschiedene Vor- und Nachteile und unterschiedliche Schwerpunkte beim Einsatz im Unterricht.

Welches Gerät für welchen Zweck?

Die **Schultafel** eignet sich, um:
- Text über die Unterrichtsstunde verteilt anzuschreiben,
- Strukturschemen und Merkbilder zu erstellen,
- während des Unterrichtsgesprächs kurze Notizen anzuschreiben.

Der **Overheadprojektor** ist dafür geeignet, um:
- die Schüler beim Anschreiben im Blick behalten zu können,
- normal mit einem Stift, wie auf einem Blatt Papier, zu schreiben,
- gekaufte Transparente einzusetzen,
- dynamische Prozesse zu verbildlichen.

Präsentationsprogramme und Beamer eignen sich gut, um:
- Viele Bilder zu zeigen,
- Bilder mit Text zu verbinden,
- Animationen und Videos einzusetzen.

Eine Kombination der verschiedenen Geräte kann durchaus Sinn haben. Prozesse werden an der Tafel entwickelt, Bilder, Grafiken und Abbildungen durch den Overheadprojektor gezeigt und Arbeitsabläufe auf einer Flipchart oder einem Poster organisiert und dokumentiert (vgl. Bönsch 1998, 19).

7.3 Die Schultafel

Warum gibt es in unserer Zeit moderner Visualisierungsgeräte überhaupt noch Schultafeln? Schließlich sind die Dinger nass, wenn man an ihnen schreiben will, die Kreide fehlt und die eigene Schrift sieht zumindest am Anfang krakelig und schief aus. Die Tafel in Ihrem Klassenraum hat zwei ganz große Vorteile: Sie ist immer da (und muss also nicht von Ihnen irgendwo gefunden, gebastelt oder bezahlt werden) und sie ist sehr praktisch und vielseitig!

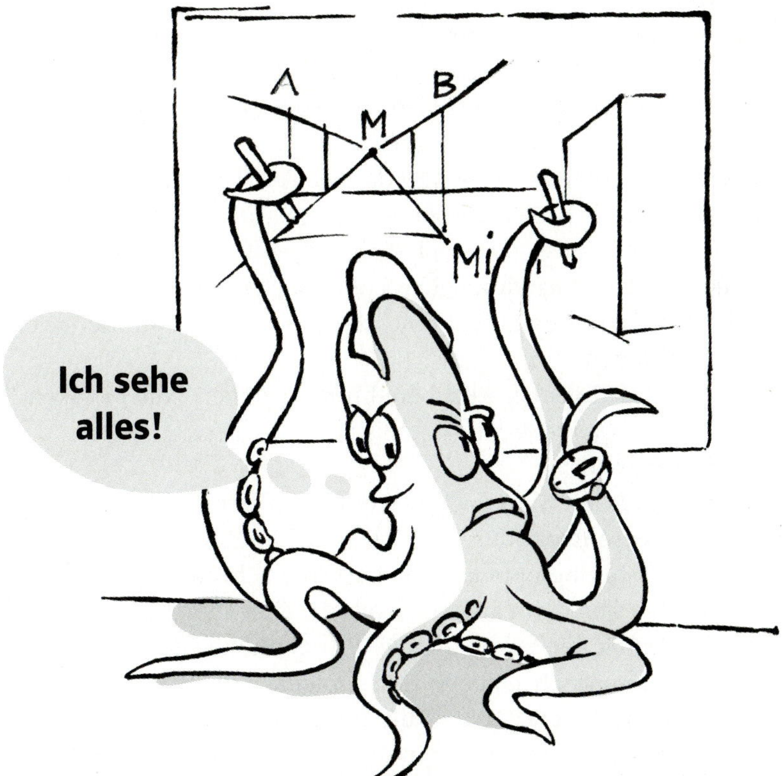

Die Evolution hat versagt: Der Mensch ist für Tafelarbeit nicht geeignet.

Crashkurs Schultafel

Vorbereitung zu Hause

Zeichnen Sie zu Hause eine Übersichtsskizze Ihres Tafelbildes. Nutzen Sie hierfür die Ausschneidetafeln, die Sie auf der CD finden! So können Sie genau planen, welchen Teil der Tafel Sie auf welche Weise nutzen, wie Sie durch Auf- und Zuklappen Elemente des Tafelbildes zeigen oder verbergen und was Sie wann innerhalb einer Stunde anschreiben und -zeichnen.

4 / 3 Tafelbildvorlagen

Besonders wichtige Tafelbilder können Sie in Originalgröße ausprobieren und üben (z. B. auf Packpapier). Wenn Ihnen dies zu zeitaufwändig erscheint, überlegen Sie, dass ein gelungenes Tafelbild zu einem wesentlichen Qualitätskriterium einer Unterrichtsstunde werden kann.

Vorbereitung in der Klasse

- Machen Sie die Tafel richtig sauber! Nehmen Sie hierfür einen gut ausgespülten Schwamm oder Lappen und wischen Sie von oben nach unten.
- Machen Sie die Tafel richtig trocken! Hierfür eignet sich ein Badezimmerabzieher oder Fensterputzer.
- Wenn es einen Tafeldienst gibt, bringen Sie den Schülern bei, wie die Tafel geputzt wird.
- Sorgen Sie für trockene Kreide, die Kreideablage unter der Tafel ist überschwemmungsgefährdet, evtl. müssen Sie sich einen eigenen Vorrat besorgen.
- Lange Kreidestücke müssen durchgebrochen werden, damit sie nicht quietschen.
- Benutzen Sie nur die kräftigen Farbtöne, die anderen sind von der zweiten Reihe an nicht mehr zu sehen.
- Benutzen Sie ein Tafellineal, um saubere Linie zu ziehen (Vgl. Hörsken, 13).

Schreiben und Zeichnen

- Wahrscheinlich müssen Sie es üben, gerade an der Tafel zu schreiben. Eine Hilfe kann der obere Rand der Tafel sein, orientieren Sie sich an ihm (dafür muss man beim Schreiben etwas schielen) und schreiben Sie parallel zu ihm. Danach können Sie sich dann an der jeweils darüber stehenden Zeile orientieren. An der Tafel sollten Sie versuchen immer in Augenhöhe zu schreiben, Ihre Schrift wird hierdurch automatisch sauberer und gerader.
- Es gibt verschiedene Möglichkeiten die drei Teile einer normalen Schultafel zu nutzen. Wichtige Ergebnisse werden in die Mitte geschrieben, der Stundenablauf auf die eine Tafelseite, wichtige Begriffe auf die andere. Eine andere Möglichkeit besteht darin, die Tafel von links nach rechts mit Schrift und Bildern zu füllen, um der gewohnten Leserichtung zu folgen.

- Gehen Sie, während die Schüler abschreiben, nach hinten und kontrollieren Sie Ihren Tafelanschrieb auf Lesbarkeit und Rechtschreibfehler.
- Lassen Sie sich nicht aus der Ruhe bringen, während Sie ihr Tafelbild sorgfältig gestalten. Vielleicht fällt es Ihnen schwer, Getuschel hinter ihrem Rücken auszuhalten. Stören Sie sich nicht daran, solange es in einem verträglichen Rahmen bleibt. Hauptsache, Sie gestalten Ihr Tafelbild so sorgfältig wie möglich.
- Während Sie an die Tafel schreiben, kann es sinnvoll sein, den geschriebenen Text vorzulesen, um den Schülern das Mitschreiben zu erleichtern. Wenn Sie während des Anschreibens mit den Schülern sprechen wollen, sollten Sie sich Ihnen komplett zuwenden und nicht halb verdreht über die Schulter sprechen.
- Zum Zeichnen an der Tafel benötigt man vor allem eins: Mut! Seien Sie also kein Feigling, setzen Sie einfache Skizzen ein und schaffen Sie ein Tafelbild. Zeigen Sie Souveränität falls es nicht so gut gelingt – zumindest erheitern Sie die Schüler.

Mit dem Buch „Tafelzeichnen kann man lernen" von Roland Bühs und etwas Übung schaffen Sie es sogar, Menschen zu zeichnen.

- Sie können ein Tafelbild auch vor der Unterrichtsstunde gestalten und den Schülern im passenden Moment durch Aufklappen vorführen. Wenn Ihnen so ein Vorgehen zu statisch erscheint, überlegen Sie doch, ob Sie nur einzelne Teile, deren Gestaltung viel Zeit im Unterricht benötigen würde, vorher gestalten.
- Wenn Sie tatsächlich einmal ein Meisterwerk an die Tafel bringen möchten, können Sie eine Vorlage auf Folie kopieren, an die Tafel projizieren und nachzeichnen (Tipp: Kleben Sie die Vorlage auf dem Overheadprojektor fest und stellen Sie etwas unter die Tafel, damit sie nicht verrutscht).
- Teilen Sie den Schülern mit, ob sie das Tafelbild während der Entstehung abschreiben und abzeichnen sollen oder später hierfür Zeit bekommen.

Eignung der Kreidetafel

Eine Schultafel eignet sich gut, um den dynamischen Prozess der inhaltlichen Erarbeitung zu begleiten. Einfacher gesagt:

- Das Tafelbild entsteht nach und nach vor den Augen der Schüler und erleichtert so den Zugang zu einem komplexen Inhalt.
- Das Tafelbild kann flexibel dem Unterrichtsgeschehen angepasst werden: Es kann über einen längeren Zeitraum die Aufmerksamkeit bündeln oder während eines Unterrichtsgesprächs für kurze Notizen dienen.
- Es kann von den Schülern mitentwickelt und mitgestaltet werden. Durch die Möglichkeit Kreide immer wieder abzuwischen, können auch mehrere Varianten oder Lösungsvorschläge ausprobiert werden. Schüler müssen allerdings an die Gestaltungsgrundlagen eines Tafelbildes herangeführt werden (siehe oben).

- Den Schülern wird das Verfolgen eines Unterrichtsgesprächs erleichtert, wenn an der Tafel visualisiert wird, worüber gerade gesprochen wird.
- Das Tafelbild eignet sich gut um Strukturen vereinfacht darzustellen. Hierdurch können die Inhalte und Zusammenhänge einer ganzen Unterrichtsstunde optisch dargestellt werden.

Nachteile der Tafelnutzung: Eine Gefahr liegt darin, die Tafel als Machtinstrument zu missbrauchen, wenn einzelne Schüler vor der Klasse bloßgestellt werden, während sie versuchen eine Aufgabe an der Tafel zu lösen.

Leider kann der Tafelanschrieb häufig nicht für die nächste Stunde aufgehoben werden. Wenn Sie über eine Digitalkamera verfügen, können Sie das Tafelbild fotografieren. Dies wird Ihnen bei der Vorbereitung der nächsten Stunde helfen, erleichtert die kritische Reflexion und die Archivierung für zukünftige Stunden.

7.4 Folien, Transparente und der Overheadprojektor

Der Overheadprojektor stellt eine sinnvolle Ergänzung zur Schultafel dar. Er ermöglicht die Darstellung von Bildern (als Alternative zum Diaprojektor), den Einsatz von vorbereiteten oder gekauften Transparenten und kann außerdem wie die Tafel für die Erstellung von Texten und Zeichnungen genutzt werden.
Normalerweise spricht man von Folien, die mit dem Overheadprojektor gezeigt werden. Um sich korrekt auszudrücken, müsste man unterscheiden: Leere Folien werden in dem Moment, in dem sie beschrieben oder bedruckt vorliegen, als Transparente bezeichnet. Die Folie stellt also nur das Material dar, während das Transparent den Inhalt mit einschließt.

Grundlegendes und Technisches zur Nutzung von Folien und Transparenten

- Ein entscheidendes Kriterium für den Einsatz einer Folie ist, dass der Text von hinten lesbar ist. Hierfür müssen die kleinen Buchstaben mindestens fünf Millimeter groß sein (dies entspricht einer 18-Punkt-Schrift im Computer). Kontrollieren können Sie dies, indem Sie die Folie auf den Boden legen und überprüfen, ob die Schrift von Ihnen im Stehen gelesen werden kann.

7/2 Dokumentvorlage Folie

- Wenn Sie ihre Folien mit der Hand schreiben, sollten Sie überprüfen, ob Ihre Schreibschrift gut genug lesbar ist oder ob Sie besser auf Druckschrift zurückgreifen. Nutzen Sie beim Schreiben eine liniierte oder karierte Unterlage, drucken oder kopieren Sie sich hierfür eine Unterlegfolie. Auch so ist es relativ schwierig, sauber auf einer Folie zu schreiben, da die starke Vergrößerung die Schrift schnell unsauber aussehen lässt.

- Falls Sie gedruckte Texte übernehmen, wird die Schrift zu klein für ein Transparent sein. Solche Texte müssen deshalb beim Kopieren oder beim Scannen vergrößert werden.
- Folien bieten die Möglichkeit verschiedene Farben einzusetzen, die allerdings nicht übertrieben genutzt werden sollten. Überlegen Sie sich, wofür die verschiedenen Farben stehen und nutzen Sie so die Möglichkeit zum Gliedern und Hervorheben. Dienen also die Farben zur Vermittlung einer Struktur oder nur dazu, um das Transparent farbiger zu gestalten?
- Text auf einer Folie hat häufig die Form einer Aufzählung wichtiger Hauptpunkte. Dementsprechend schreibt man nur einige wenige Worte pro Zeile und nicht zu viele Zeilen untereinander.
- Bedenken Sie bei der Gestaltung eines Transparents auch, dass viele Overheadprojektoren keine kompletten DIN-A4 Seiten abbilden. Bei einem unbekannten Overheadprojektor kann es sich deshalb sogar empfehlen, die Folien im Querformat zu nutzen, um sicherzugehen, dass eine Abbildung von oben bis unten abgebildet wird. Es lohnt sich außerdem vorher auszuprobieren, wie groß die Abbildungsfläche der Ihnen zur Verfügung stehenden Geräte eigentlich ist.

Nutzungsformen des Overheadprojektors

Sie können den Overheadprojektor natürlich wie eine Tafel benutzen und auf einer Folie schreiben und zeichnen. Sie haben dabei den Vorteil die Schüler ansehen zu können. Außerdem fällt es Ihnen möglicherweise leichter, mit den Folienstiften zu schreiben als mit Kreide an der Tafel. Sie können den Aufmerksamkeit erregenden Effekt beim Einschalten des Gerätes nutzen, der durch die Helligkeit des Overheadprojektors entsteht. Schalten Sie deshalb das Gerät aus, wenn Sie nicht an einem Transparent arbeiten. Aus diesem Grunde eignet sich der Projektor nicht so gut wie die Tafel, um über einen längeren Zeitraum immer wieder Ergänzungen zum Text oder Bild hinzuzufügen.

Wie mit einem Diaprojektor können Sie am Overheadprojektor Bilder darstellen, die allerdings nicht genauso lichtstark sind. Dafür haben Sie den Vorteil, dass Sie den Raum nicht komplett verdunkeln müssen. Bilder können Sie in den Computer einscannen und auf Folie ausdrucken. Hierfür benötigen Sie allerdings spezielle Folie für Tintenstrahldrucker. Die Alternative besteht darin, Kopiervorlagen auf Folie zu kopieren (benutzen Sie unbedingt kopierfähige Folie, sonst zerstören Sie den Kopierer, da nicht hitzebeständige Folie schmilzt). Ein Vorteil des Overheadprojektors für die Bilddarstellung besteht darin, dass Sie im Bild zeichnen und schreiben können. Zwei Tipps hierzu:

- Wenn Sie eine Folie über das Transparent legen, schreiben Sie nicht direkt in das Bild.
- Viele Drucker ermöglichen es, Folien seitenverkehrt zu bedrucken, damit man nicht auf der bedruckten Seite zeichnen muss.

Betonen von Teilen eines Transparentes

Es gibt verschiedene Möglichkeiten auf Teile eines Transparentes hinzuweisen:

- Sie können sich aus Pappe eine Lupe basteln, die Sie über wichtige Teile legen,
- Partysticker benutzen, die eine praktische Pfeilform besitzen.
- Eine andere Möglichkeit besteht darin, Haftnotizen über wichtige Teile zu kleben, um sie im richtigen Moment abzuziehen.
- Das klassische Überdecken wichtiger Teile mit einem Blatt Papier wird von den Zuschauern meist weniger geschätzt als vom Präsentierenden.

Ergänzungs- und Overlaytechnik

Wenn es darum geht, Informationen nach und nach zu zeigen und zu ergänzen, eignen sich Ergänzungs- und Overlaytechnik sehr gut. Weitere Vorteile ergeben sich, wenn dynamische Prozesse und Entwicklungen illustriert werden sollen.

Bei der Ergänzungstechnik werden Folienteile nach und nach auf eine unterliegende Folie gelegt. Hierbei können Bilder in vorgezeichnete Umrandungen bzw. Rahmen gelegt werden oder Textteile nach und nach ein Schema ergeben. Sie haben hier viele Möglichkeiten. Diese Technik ist für den Betrachter sehr viel attraktiver als die Aufdecktechnik. Möglicherweise liegt es daran, dass wir es lieber haben, wenn etwas nach und nach ergänzt wird und wächst, als darauf zu warten, einen weiteren Informationsteil aufgedeckt zu bekommen. So wird Neugierde geweckt und dem Gefühl der Unmündigkeit vorgebeugt. Praktisch ist es, die hinzugefügten Folienteile mit Klebeband zu befestigen, damit sie nicht verrutschen (denn Folie ist rutschig!).

Die Overlaytechnik ermöglicht einen sehr eindrucksvollen Einsatz von Folien.

Die Overlaytechnik funktioniert, indem Folienteile oder ganze Folien nach und nach übereinander gelegt werden. Theoretisch können Sie bis zu acht Folien übereinander legen, müssen dann aber sehr dünne Folie wählen, die durch Hitze schnell wellig wird.

Sie können die Overlaytechnik auch andersherum nutzen: Erst das Gesamtbild zeigen und dann nach und nach die Informationsmenge verringern.

Damit die Folienelemente beim Übereinanderlegen genau aufeinander passen, können Sie einen Heftstreifen benutzen. Auf diesen können Sie die gelochten Transparente passgenau stapeln. Alternativ ist es natürlich möglich, durch ein Zeichen auf jedem Transparent für die nötige Genauigkeit zu sorgen.

Bewegung auf der Folie

In einem gewissen Rahmen können Sie tatsächlich auch Bewegung auf die Folie bringen. So können Sie aus einem Transparent ein Puzzle schneiden, das von den Schülern zusammengelegt wird. Gerade im Sprachunterricht ist es eine attraktive Technik, Wort- oder Satzteile ausschneiden und zusammenfügen zu lassen. Hierbei sind Ihrer Fantasie keine Grenzen gesetzt, denn eigentlich kann alles, in dem Bewegung steckt oder das sich in eine Reihenfolge bringen lässt, beweglich dargestellt werden. Sie können diese Möglichkeiten nutzen, um ihre Präsentation zu „animieren" oder die Schüler Transparente ergänzen zu lassen.

Schülerarbeit mit Folien

Folien und Transparente eignen sich sehr gut, um Schüler bei der Präsentation von Arbeitsergebnissen oder Referaten zu unterstützen. So ist eine Folie oder ein Transparent als Begleitung der Gruppenarbeit auf unterschiedliche Arten hilfreich:

- Die Schüler werden unter einen positiven Druck gesetzt, da ihnen anhand der Folie verdeutlicht wird, dass sie ihre Arbeitsergebnisse vor der Klasse präsentieren sollen.
- Die Arbeitsergebnisse bekommen eine höhere Gewichtung, da ihre Präsentation sie sichtbar macht.
- Die Schülerarbeit bekommt einen „Hauch" von Professionalität, der zugegebenermaßen bei der Arbeit mit einem Präsentationsprogramm erheblich höher ist.
- Eine leere Folie ist für die Schüler nicht übermäßig anregend. Vielleicht macht es Sinn, ihnen stattdessen ein Transparent mit einer Überschrift, Linien für Text, vielleicht einen Rahmen für eine Zeichnung zu geben. Wenn Sie hierzu noch die Aufgabenstellung hinzufügen, ist der Aufforderungscharakter erheblich höher.

Sie können die Schülerarbeit noch auf eine andere Art durch Folien unterstützen, indem Sie einen Arbeitsauftrag durch ein Arbeitsblatt oder eine Beispielaufgabe auf einem Transparent erklären.

> Überlegen Sie sich für Ihr Fach, welche attraktive Nutzungsformen für Folien sich ergeben. Tragen Sie die hoffentlich zahlreichen Ergebnisse in Ihren Sammelordner ein.

7.5 Präsentationsprogramme und Beamer

Wenn Sie Glück haben und Ihre Schule über einen Beamer verfügt, ergeben sich für Sie einige besonders attraktive Nutzungsmöglichkeiten des Computers.

Wenn Sie eine einfache Webcam an den Computer anschließen, können Sie Dinge, die eigentlich zu klein sind, um sie allen Schülern zu zeigen, auf eine Leinwand

projizieren. Dies eignet sich zum Beispiel für Bilder aus dem Kunstunterricht oder für Versuchsaufbauten in den naturwissenschaftlichen Fächern. Sie können aber auch einfach Abbildungen aus Büchern oder Fotos in die Kamera halten.
Mit Hilfe von Präsentationsprogrammen können Sie mit akzeptablem Aufwand Präsentationen erstellen oder von den Schülern erstellen lassen. Eine Computerpräsentation hat verschiedene Vorteile:

- Eine größere Anzahl von Bildern lässt sich einfach und preiswert vorführen,
- aus der Kombination von Text, Bildern, Musik und Videos lassen sich einfache oder anspruchsvolle Multimediapräsentationen erstellen,
- Schüler werden motiviert, haben Erfolg, der von anderen anerkannt wird,
- Schüler werden an die Nutzung moderner Technik herangeführt.

Technische Nutzung von Präsentationsprogrammen und Beamer
Im Normalfall werden Sie Seiten, die Sie präsentieren möchten, nicht von Grund auf neu erstellen. Dies ist gar nicht nötig, da Sie auf Vorlagen zurückgreifen können, die Ihnen Präsentationsprogramme mitliefern.

Präsentationsprogramme liefern Vorlagen mit, die eine Gestaltung der Seiten sehr vereinfachen.

Bei diesen Vorlagen entscheiden Sie sich bei jeder Seite, welche Vorlage zum Inhalt passt, ob Sie also eine Seite nur mit Text oder mit einem Bild und mit Text oder Ähnlichem erstellen wollen. Die Vorlagen enthalten folgendes Präsentations-Know-how (vgl. Schiecke 2003, 178):

Text

- Text erscheint nur in kurzen Aufzählungen.
- Der Text wird mit einer gut lesbaren serifenlosen Schrift geschrieben.
- Die Überschriften sind mindestens 32 Punkt groß, normaler Text mindestens 20 Punkte.
- Es wird Blocksatz vermieden.
- Aufzählungen bestehen aus maximal 6 Punkten pro Folie, der Folientitel wird auf eine Zeile begrenzt.
- Für die Gliederung des Textes können Sie Symbole wie Pfeile oder Häkchen nutzen.

Bilder
Bei der Nutzung von Bildern und Animationen ist der bewusste und gezielte Einsatz wichtig:

- Hat ein zur Auswahl stehendes Bild Sinn an der vorgesehenen Stelle oder handelt es sich nur um eine nette Dekoration, die Aufmerksamkeit kostet?

- Wird die Aufmerksamkeit der Schüler durch das Bild auf den richtigen Punkt gerichtet?

Animationen

- Animationen ermöglichen es, Text und Bilder nach und nach auf einer Seite erscheinen zu lassen, um so den Informationsfluss gezielt zu steuern.
- Außerdem können Animationen die Aufmerksamkeit der Schüler erhöhen. Bewährt hat sich ein animierter Seitenwechsel (z. B. Bildrollen von rechts nach links) verbunden mit einem Ton, wie z. B. dem Klacken eines altmodischen Diaprojektors, um deutlich zu signalisieren, dass nun ein neuer Inhalt gezeigt wird.
- Anfänger übertreiben es mit dem Animieren schnell: Der Inhalt zählt, nicht der animierte Seitenwechsel!

Beteiligung der Schüler

Wenn Ihre Schule über die nötigen technischen Voraussetzungen verfügt, eignen sich Präsentationsprogramme sehr gut für die eigenständige Arbeit der Schüler. Grund hierfür ist die starke Vorstrukturierung des Inhalts durch die Vorlagen. Hierdurch wird für die Schüler deutlich, dass sie sich zuerst eine Überschrift überlegen müssen, dann z. B. einige Aufzählungspunkte formulieren und das Ganze mit einer aussagekräftigen Grafik ergänzen sollen. Dies verringert für die Schüler die „Leere-Blatt-Situation", die zum Beispiel durch die leere Seite einer Textverarbeitung gegeben wäre. Folgende technische, bzw. methodische Arbeiten können hierbei einbezogen werden:

- Komplexe Inhalte und Texte auf einige Aufzählungspunkte und Überschriften reduzieren,
- längere Texte sprechen, aufnehmen und der Präsentation hinzufügen,
- Herstellen oder Finden aussagekräftiger Grafiken und Bilder,
- Digitalisieren der Grafiken und Bilder (Scanner, Digitalkamera, digitales Zeichenbrett),
- Präsentation zusammenfügen, kontrollieren, vorführen.

Da jede Schulform und jedes Schulfach andere Ansprüche an die Visualisierung stellt, sollten Sie sich eventuell ein eigenes Visualisierungskonzept zurechtlegen. Hilfreich hierbei ist der Konzeptbogen, den Sie auf der CD finden.

7 / 1 Visualisierungskonzept für Ihre Unterrichtsfächer

Literatur

Die Fähigkeit, Inhalte gut zu visualisieren, erhöht den eigenen Spaß am Unterrichten. Haubrich macht darauf aufmerksam, dass das „Kunsthandwerk“ des Visualisierens für den beruflichen Erfolg eines Lehrers bedeutsam sein kann, denn Schüler werden es sehr anerkennen, wenn ihnen Inhalte z. B. durch gute Tafelbilder motivierend und anschaulich dargestellt werden (2000). Vielleicht haben Sie Lust einen Zeichenkurs zu besuchen oder sich mit einem Buch das Zeichnen selber beizubringen. Auch der Einsatz des Computers mit Hilfe von Präsentationsprogrammen ist ein Bereich, den Sie möglicherweise gerne weiterentwickeln.
Als Literaturtipp möchten wir Sie noch einmal auf das Buch „Tafelzeichnungen kann man lernen“ von Roland Bühs hinweisen.
Wenn Sie sich tiefer in professionelle Formen der Visualisierung einarbeiten möchten, ist der Titel „Visualisierung“ von Joachim Stary empfehlenswert.

Kapitel 8 Spannend unterrichten – Unterrichtsmethoden zur aktiven Einbindung der Schüler

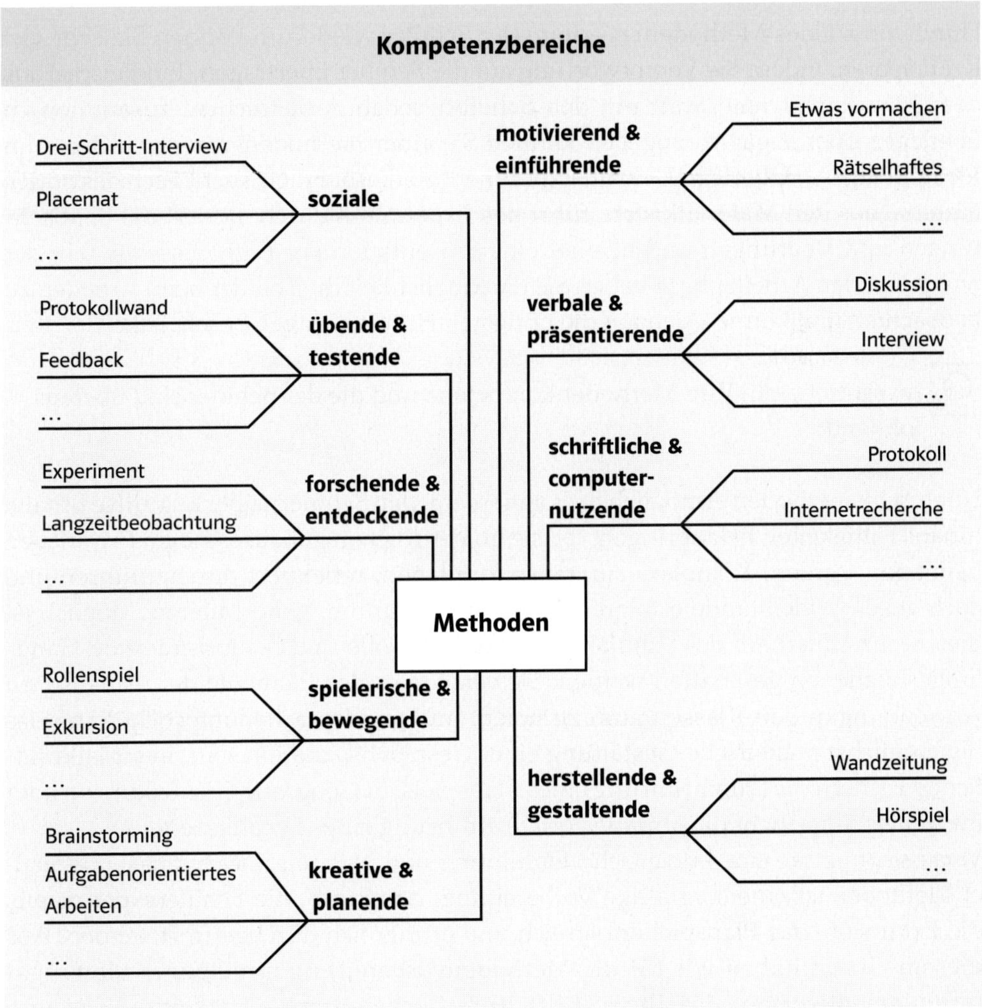

Es gibt zahlreiche Unterrichtsmethoden, die es ermöglichen, den Hauptpfad des in der Realität am meisten verbreiteten Unterrichtens zu verlassen, des Frontalunterrichts mit fragend-entwickelnden Unterrichtsgesprächen. Sie können Abwechslung, vielleicht sogar Alternativen bieten, die den Unterricht bewegen, ihm spielerische Elemente geben, die Kreativität in den Vordergrund stellen, das Forschen und Entdecken fördern oder den sozialen Umgang auf attraktive Weise entwickeln.

Ihr Methodenrepertoire gehört zu Ihrem Berufskapital: Es ist Voraussetzung für abwechslungsreichen und guten Unterricht!

8 / 1 Zur Erweiterung Ihres Sammelordners finden Sie auf der CD „Sammelblätter Unterrichtsmethoden".

Durch ein solides Methodenrepertoire der Schüler wiederum können Sie sehr viel Kraft sparen, indem Sie Verantwortung auf die Schüler übertragen. Ein Beispiel aus dem Physikunterricht: Statt mit den Schülern jeden Arbeitsschritt zusammen zu überlegen oder sogar vorzugeben können Sie einer methodenerprobten Klasse im Idealfall sagen: „Überlegt euch ein Experiment zu dieser Frage, sucht euch das nötige Material aus den Materialkisten, führt das Experiment durch, notiert die Beobachtungen und Deutungen und bereitet eine Präsentation der Ergebnisse vor". In der nun folgenden Arbeitsphase haben Sie die Möglichkeit die Schüler beim Arbeiten zu beobachten und können sich auf die nötigsten Hilfestellungen beschränken.

Investitionen in Ihre Methodenkompetenz und die der Schüler sind überaus lohnend.

Unterrichtsmethoden ermöglichen es außerdem, den Schülern über kognitive Inhalte hinaus Fähigkeiten beizubringen, die sie im beruflichen genauso wie im Privatleben benötigen werden. Komplexe Aufgaben zu planen, reflektiert durchzuführen und auch gegen Widerstände erfolgreich zu Ende zu führen, gehört hierzu. Möglich ist dies, wenn innerhalb des Schulalltags anspruchsvolle und herausfordernde Handlungssituationen geschaffen werden: Sie versuchen also Elemente der realistischen Anwendung in den Klassenraum zu holen. Im Fremdsprachenunterricht kann das die möglichst realistische Gestaltung einer Gesprächssituation sein, in sozialkundlichen Fächern die Durchführung eines Planspiels, in Geografie eine Exkursion oder im Deutschunterricht die improvisierte Aufführung einer Theaterszene.
Voraussetzung für eine erfolgreiche Einführung und Nutzung interessanter und neuer Methoden ist eine sorgfältige Vorbereitung, damit z. B. die Schülerexperimente, die Exkursion, das Planspiel erfolgreich und ertragreich durchgeführt werden. Aus diesem Grund haben wir für die Methodenvorbereitung ein eigenes Planungsformular entworfen, das Ihnen hilft, Ihre Vorbereitung zu strukturieren und Methoden erfolgreich zu nutzen. Unterrichtsmethoden müssen genauso sorgfältig eingeführt werden wie Unterrichtsinhalte. Machen Sie sich mit dem Formular einen Plan, wie Sie eine Unterrichtmethode Schritt für Schritt einführen, mit den Schülern üben, regelmäßig wiederholen, kontrollieren und benoten. Denn eine Methode beinhaltet keine eigene Qualität, erst die erfolgreiche Umsetzung im Unterricht kann diese schaffen.

8 / 2 Planungsformular: Aufbau von Methodenkompetenz

8.1 Motivierende & einführende Methoden

Es gibt eine große Anzahl einführender Unterrichtsmethoden, die das Ziel haben, die Schüler zu informieren und motivierend in ein Thema einzuführen. Hier können nur einige wenige vorgestellt werden, viele weitere Methoden finden Sie z. B. bei Greving, Paradies, 1997.

Beispiele: Impuls, Problemstellung, etwas vormachen vorzeigen, Rätselhaftes und Seltsames

Ein Impuls soll es ermöglichen, „dass das Problem, die Sache, dem Lernenden möglichst unmittelbar begegnet“ (Keck 1998,14). Im Idealfall führt der Impuls nicht nur in das Thema ein, sondern gibt dem weiteren Verlauf des Unterrichts eine Richtung und eine Struktur.

Etwas vormachen

Gerade als Unterrichtseinstieg eignet sich das „Vormachen“ ganz ausgezeichnet. Es ist wenig materialaufwändig und verlangt vor allem eins: Mut! Stellen Sie sich ruhig einmal in den Mittelpunkt und tragen etwas vor, machen eine Pantomime, singen oder erzählen eine Geschichte. Besonders wenn Sie von den Schülern selber eine anspruchsvolle Aufgabe oder Tätigkeit verlangen wollen, kann es sinnvoll sein, diese erst einmal selber vor- und darzustellen.

Etwas vorzeigen

Zu jedem Thema gibt es Gegenstände, die Sie mitbringen und vorzeigen können. Häufig werden Sie solche Realgegenstände in Ihrem eigenen Haushalt finden oder können sie ohne viel Aufwand organisieren und beschaffen. Wenn Sie schöne Dinge gefunden haben, die Sie vorzeigen möchten, helfen Ihnen möglicherweise folgende Fragen dabei, die Demonstration ergiebiger zu gestalten:

- „Soll der Gegenstand gezeigt, herumgegeben, vorgestellt, betastet, beschrieben, gezeichnet oder nachgebaut werden?
- Sind besondere Vorsichtsmaßnahmen zu treffen?
- Ist der Gegenstand bekannt oder soll zunächst geraten werden?
- Ist der Zweck seiner Nutzung unmittelbar einsichtig oder wird die Fantasie angeregt?
- Genügt eine kurze Aufmerksamkeitsphase oder wird der Gegenstand die Schülerinnen und Schüler über einen längeren Zeitraum beschäftigen“?
  (Greving / Paradies 1997, 47)

Ein Realgegenstand kann andere und intensivere Assoziationen bei den Schülern wecken als von Ihnen bezweckt wurden. Diese „Gefahr“ müssen Sie berücksichtigen, indem Sie Ihre Klasse einschätzen und eventuell versuchen die Reaktionen der Schüler zu beeinflussen und in die gewünschte Richtung wenden.

Rätselhaftes und Seltsames
Die Konstruktion eines **Widerspruchs** setzt voraus, dass den Schülern ein wesentlicher Baustein zum Verständnis eines Phänomens fehlt und der Lehrer diese Lücke ausnutzt, um die Schüler zum Nachdenken anzuregen.
Die **Verfremdung** lebt dagegen davon, dass die Schüler ein Konzept haben, das der Lehrer ins Wanken bringt. Es entsteht also eine Diskrepanz zwischen der Erwartungshaltung und dem vom Lehrer vorgestellten Phänomen.
Die **Verrätselung** eines Inhalts verbindet spielerische Elemente mit dem Grübeln, Forschen und Nachdenken, dem Versuch einem Phänomen auf die Spur zu kommen. Gerade im Zusammenhang mit einem Unterrichtseinstieg erhöht es die Intensität, mit der sich die Schüler mit einem neuen Inhalt beschäftigen.

8.2 Verbale & präsentierende Methoden

Das Sprechen spielt im schulischen Unterrichten eine überaus große Rolle. Besonders aus diesem Grund sollten Sie versuchen, Sprechsituationen abwechslungsreich zu gestalten und die Kompetenzen der Schüler hierbei kontinuierlich zu erweitern.

Beispiele: Diskussion, Befragung, Anhörung, Bericht, Interview, Schülerpräsentation, Referat halten, einen Text gut vorlesen, Fragen stellen, Lesekompetenz entwickeln, Aufgaben verstehen, auswendig lernen, mündliche Beiträge üben

Schülerpräsentationen
Die Präsentation von Arbeitsergebnissen z. B. nach einer Gruppenarbeitsphase durch die Schüler ist eine Unterrichtsmethode, die Sie regelmäßig einsetzen können und die für die Schüler einen großen Lernwert besitzt. Durch eine Präsentation bekommen die Schüler die Möglichkeit die erarbeiteten Informationen anzuwenden, sich eine Schlüsselqualifikation für ihre berufliche Zukunft anzueignen und in einem kontrollierten, überschaubaren Rahmen mit ihrer Nervosität umgehen zu lernen. Schülerpräsentationen müssen geübt werden! Nur sehr wenige Talente sind in der Lage, ohne besondere Übung eine Präsentation oder ein Referat durchzuführen. Vielleicht geben Sie Ihren Schülern etwas Zeit, ihre Präsentation auf dem Flur zu üben. Gegenüber einem Referat hat die Schülerpräsentation den Vorteil, kürzer zu sein und einen unmittelbaren Bezug zu der vorhergehenden Erarbeitungsphase, dem vorgegebenen Material zu haben.

- Erarbeiten Sie Regeln für eine erfolgreiche Präsentation.

- Verdeutlichen Sie die Bedeutung einer gelungenen Visualisierung und unterstützen Sie die Schüler mit den nötigen Materialien.
- Machen Sie den Schülern immer wieder deutlich, wie wichtig eine engagierte Sprechweise für die Vermittlung der Inhalte ist.
- Konzentrieren Sie sich bei der Nachbesprechung der Präsentationen auf maximal drei Kritikpunkte und entmutigen Sie die Schüler nicht, sie sind Anfänger!

Diskussion

Grundvoraussetzungen einer Diskussion sind eine eindeutig formulierte Fragestellung, die zum Diskutieren angeregt, von allen akzeptierte Gesprächsregeln und ein Diskussionsleiter, dessen Rolle allen bekannt ist. In der Diskussion wechseln Phasen des offenen Argumentierens mit Zwischenzusammenfassungen beziehungsweise einer Schlusszusammenfassung ab.

Ziel einer Diskussion ist es, dass die Schüler lernen eine eigene Argumentationslinie vorzubereiten und zu vertreten, aber ebenfalls die Meinung der anderen Diskussionsteilnehmer zu akzeptieren. Voraussetzung ist hierbei auch, dass der Umgangston unter den Diskutierenden in einem erträglichen Rahmen bleibt.

Fishbowl-Diskussion

Eine Fishbowl-Diskussion dient dazu, den Teilnehmern Gelegenheit zu geben, ihr Diskussionsverhalten zu überprüfen und zu verbessern. Die Teilnehmer sitzen in der Mitte des Raumes, diskutieren über ein Thema und werden dabei von den anderen Schülern beobachtet. Nach der Diskussion bekommen sie von den Beobachtern eine Rückmeldung zu ihrem Diskussionsverhalten.

Pro- und Kontra-Debatte

Grundlage einer Debatte ist eine Frage, über die abgestimmt werden kann. Ziel der diskutierenden Gruppen ist es, die Mehrheit von ihrem Standpunkt zu überzeugen. Nachdem die Pro- und Kontra-Gruppen (ca. fünf Teilnehmer pro Gruppe) ihre Argumente vorbereitet haben und ein Sprecher in das Thema eingeführt hat, erhält jeder Redner eine oder zwei Minuten Zeit, um die Argumente vorzutragen. Hierauf diskutiert die Gesamtgruppe mit Hilfe einer Rednerliste. Hilfsmittel sind eine Klingel für den Sprecher, falls es unruhig wird, und Stimmzettel für die abschließende Abstimmung.

Schüler unterrichten Schüler

In einer Klasse mit älteren Schülern (ab 8. Klasse) können Sie die Aufgabe des Unterrichtens zeitweilig auf die Schüler übertragen. In Gruppen bereiten die Schüler einen Teil des Unterrichts vor, sind für die entsprechende Unterrichtsstunde verantwortlich und erstellen möglicherweise auch Aufgaben für eine abschließende Leistungsüberprüfung. Durch diese Methode wird den Schülern viel Verantwortung übertragen, Selbstständigkeit verlangt und die Art des sozialen Umgangs positiv beeinflusst. Sie sollten sich darüber klar sein, dass dieses Verfahren zeitaufwändig ist und Sie viel Kontrolle aus der Hand geben. Überlegen Sie sich daher, ob die Schüler einer bestimmten Klasse mit dieser Situation verantwortungsvoll umgehen können. Die Schüler sollten Erfahrung mit dem Halten von Referaten und der Präsentation von Ergebnissen haben. Sie können für diese Unterrichtsmethode einen Ablaufplan erstellen, der die Arbeit der Schüler vorstrukturiert und vereinfacht. Geben Sie z. B. eine Stundenstruktur vor und beschreiben Sie Charakteristika jeder Stundenphase. Ergänzen können Sie diesen Ablaufplan mit einer Liste von möglichen Unterrichtsmethoden und einem Zeitplan für die Vorbereitung des Unterrichts.

Kugellager
Die Schüler sitzen sich in einem Innen- und einem Außenkreis gegenüber, beide entsprechen sich zahlenmäßig. Die sich Gegenübersitzenden oder -stehenden sprechen nach vorgegebenen Regeln miteinander: Die Schüler des Innenkreises informieren z. B. ihre gegenübersitzenden Partner drei Minuten lang über einen Inhalt, Eindruck oder ihre Meinung. Danach fasst das Gegenüber das Gehörte zusammen. Nun drehen sich die Kreise in entgegengesetzte Richtung, der neue Gesprächspartner wird über das Gehörte oder einen neuen Inhalt informiert.

8.3 Schriftliche & computernutzende Methoden

Auch wenn Schüler bereits lesen und schreiben können, haben sie noch einen hohen Bedarf, diese Fähigkeiten zu üben und in Spezialbereichen, wie dem Mitschreiben während des Unterrichts, auszuweiten.

Beispiele: Protokoll, Dokumentation, Mitschreiben, Zusammenfassung, Arbeitsbericht, Tafelarbeit, Textarbeit, Textinterpretation, Textanalyse, einen Sachtext erschließen, Arbeit mit dem Computer, Internetrecherche, Texte exzerpieren, Statistiken und Schaubilder interpretieren und gestalten, Tabellen gestalten, Zitieren, Lerntagebuch

Sachtexte zu verstehen und ihre wichtigsten Inhalte herauszuarbeiten, ist eine grundlegende Kompetenz, die Ihre Schüler lernen und beherrschen müssen. Folgende Tipps können Sie Ihren Schülern vermitteln:

- Vor dem Lesen herausbekommen, wovon der Text handelt.
- Überlegen, was man überhaupt wissen und erfahren möchte, jeden Absatz lesen und eine zusammenfassende Aussage aufschreiben.

- Beim Markieren von Textstellen vor allem die Struktur des Textes berücksichtigen und herausarbeiten (Textmarker!)
- Unbekanntes und Unverständliches klären.
- Den Text zusammenfassen: Mindmap, Flussdiagramm, Karteikarte oder Kurztext (Exzerpt).

Besprechen Sie mit den Schülern, welche Markierungszeichen Sie für welche Bedeutungen wählen: besonders wichtig, einleuchtend, unverständlich, Zusammenfassung, Literaturhinweis, Definition...

Während des Unterrichts mitschreiben

Je älter Ihre Schüler sind, desto wichtiger wird das effektive und kompetente Mitschreiben im Unterricht. Da Sie bei diesen Schülern die Mitschriften nicht mehr kontrollieren werden, können Sie im Rahmen Ihres normalen Unterrichts oder als gesonderte Einheit das Mitschreiben thematisieren. Ein einfaches Raster kann Ihren Schülern möglicherweise einen deutlich effektiveren Zugang zum Mitschreiben verschaffen.
Sie können mit den Schülern das Mitschreiben eines Kurzvortrags üben, in dem Sie besonders viel Wert auf die gliedernden Elemente (Advance Organizer, Zusammenfassungen etc.) legen.

Struktur: Schlagwörter, Titel	**Inhalt**	**Nachbearbeitung:** Fragen, Anmerkungen, Markierungen

Raster für Notizen im Unterricht (vgl. Heuermann, Krützkamp 2003)

Gutes Vorlesen

Möglicherweise gehört es zu den Basiskompetenzen, die Sie Ihren Schülern vermitteln sollten: das betonte und gelungene Vorlesen. Vier Tipps können Ihren Schülern dabei helfen (vgl. Mattes 2002):

- Vor Beginn des Vorlesens warten, bis die Mitschüler ruhig und aufmerksam sind.
- Ganz besonders deutlich und laut sprechen. Hierbei hilft es, aufrecht zu sitzen oder zu stehen, damit sich der Klang der Stimme in der Klasse ausbreiten kann.
- Langsam lesen, die Stimme z. B. in der Lautstärke variieren, bewusst betonen, Pausen einlegen.
- Den Blickkontakt zu den Zuhörenden suchen.

8.4 Herstellende & gestaltende Methoden

Es gibt eine große Anzahl von herstellenden und gestaltenden Unterrichtsmethoden, die auf die Herstellung von Produkten ausgerichtet sind. Ideen finden Sie in der Mindmap.

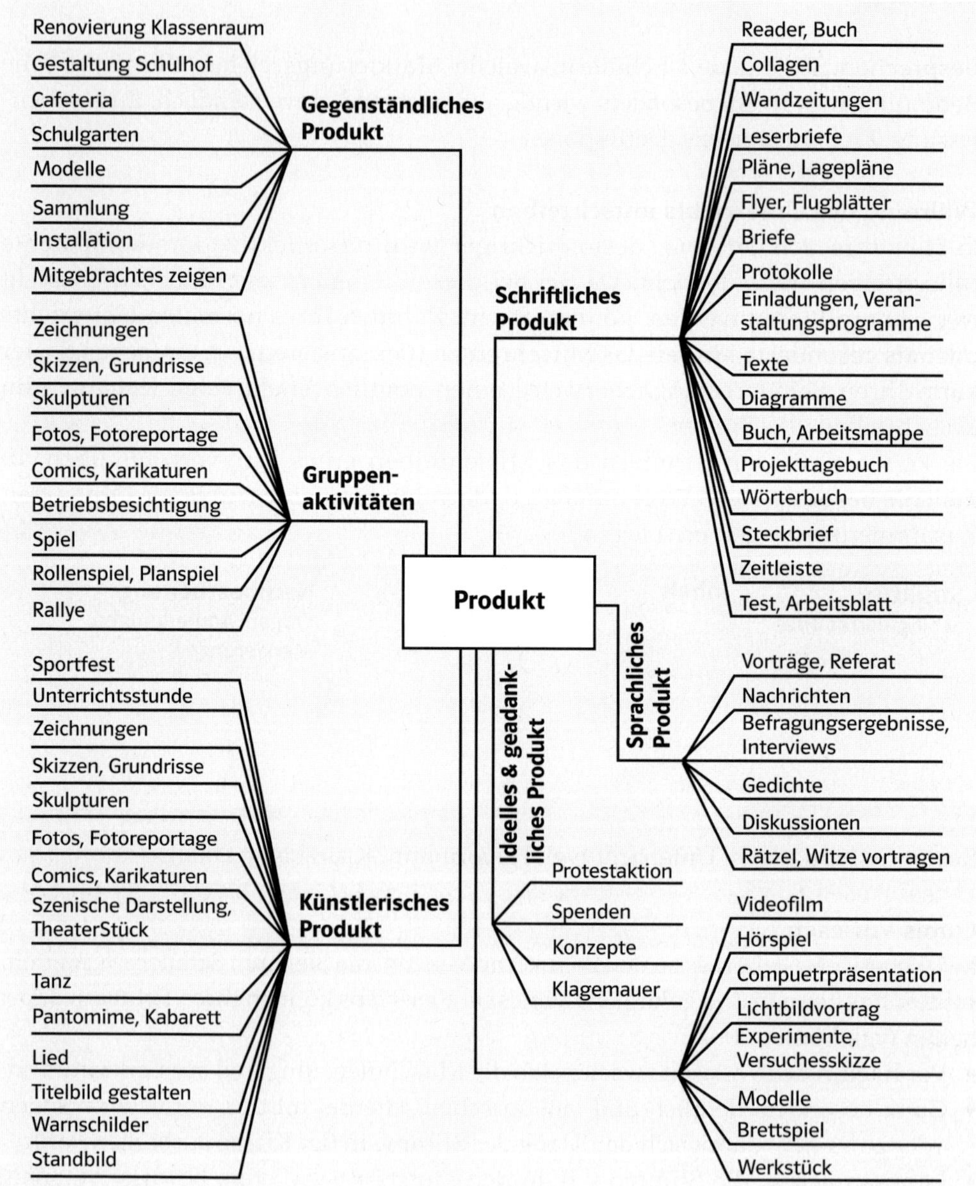

Produkte für herstellende und gestaltende Methoden

8.5 Kreative & planende Methoden

Mit wenig Aufwand ist es möglich, die Kreativität und die Fähigkeit der Schüler zu planen im Unterricht zu fördern. Neben den folgenden Methoden können hierzu auch einige der Unterrichtskonzepte des folgenden Kapitels eingesetzt werden.

Beispiele: Brainstorming, Fantasiereise, „Filme kreativ einsetzen" (Mattes 2003), Mindmap, Karikatur interpretieren, Lernstrategien vermitteln, Lösungsstrategien, Punktabfrage, Aufgabenorientiertes Lernen.

Brainstorming

Ein Brainstorming eignet sich gut um möglichst viele Ideen oder Vorschläge zu einem Inhalt zu sammeln. Wichtigste Regel ist hierbei, dass die Äußerungen während des Brainstormings nicht kommentiert oder kritisiert werden. Die Vorschläge können notiert und eventuell nach Abschluss des Brainstormings sortiert und bewertet werden. Die Methode kann nicht nur zu Beginn einer Unterrichtsreihe oder -stunde genutzt werden, sondern auch, um in einer Erarbeitungsphase Lösung- und Erklärungsvorschläge zu sammeln.

Punktabfrage

Jeder Schüler bekommt einen Klebepunkt, den er als Meinungsabgabe unter eine von mehreren Aussagen klebt. Ziel ist es, ein Stimmungsbild einzuholen oder durch ein die Meinung spaltendes Thema zu einem interessanten Gespräch zu kommen. Gerade im letzteren Fall ist es sinnvoll, die Schüler ihren Klebepunkt nach und nach und verdeckt (z. B. durch Nutzung der Klappelemente der Tafel) aufkleben zu lassen.

Karteikarten und Pinwand (Metaplanmethode)

Mit der Hilfe von Karteikarten, einer Pinwand und dicken Filzstiften können Sie die Schüler in die Unterrichtsplanung einbeziehen. Wenn Sie die Durchführung eines Unterrichtsthemas planen, das es ermöglicht, Vorschläge der Schüler mit einzubeziehen, können Sie mit Hilfe der Metaplanmethode das Vorwissen und die Interessen der Schüler abfragen. Hierzu verteilen Sie die Karteikarten und lassen die Schüler bekannte Begriffe, gewünschte Themenschwerpunkte oder Fragen zum Thema aufschreiben. Die fertigen Karten werden an der Pinwand auf sinnvolle Art und Weise angeordnet. Hieraus kann ein Plan entstehen, welche Inhalte durchgenommen werden sollen und wie die anstehende Arbeit strukturiert wird. Zum guten Gelingen trägt bei, wenn Sie den Schülern zeigen, wie die Karten lesbar beschriftet werden, nicht zu viele Karten verteilen, von Beginn an deutlich machen, warum manche Vorschläge eventuell nicht berücksichtigt werden können.

Zukunftswerkstatt

Die Zukunftswerkstatt ist eine komplexe Methode, die hier als Anregung vorgestellt wird. Wenn Sie mit dem Gedanken an eine Umsetzung spielen, finden Sie bei Peterßen (2001) oder Mattes (2003) etwas ausführlichere Darstellungen, eventuell empfiehlt sich aber auch eine Fortbildung zu diesem Thema.
Ausgangspunkt sind Themen wie Umweltschutz, Arbeitslosigkeit, Entwicklung der Menschheit, Zukunft für Kinder, Schulleben… Die Arbeit in der Zukunftswerkstatt wird in fünf Phasen aufgeteilt:

- **Vorbereitungsphase:** Das Thema wird vorgestellt oder gefunden.
- **Kritikphase:** Alles, was am derzeitigen Zustand zu kritisieren ist, wird genannt.
- **Fantasiephase:** Wie könnte es besser sein? In Gruppen werden Visionen aufgeschrieben, gezeichnet, durch Collagen dargestellt.
- **Verwirklichungsphase:** Es wird ein Plan für die Verwirklichung aufgestellt, der die Umsetzung der gefunden Lösungen möglichst anschaulich und exakt darstellt. Dies kann auch in kreativen Formen wie einer Wandzeitung und einem Rollenspiel stattfinden.
- **Nachberatungsphase:** Alle Produkte, die während der Arbeit an der Zukunftswerkstatt entstanden sind, werden vorgestellt. Die Erfahrungen mit der Zukunftswerkstatt, dem Vorgehen und dem Umgang miteinander werden besprochen.

Aufgabenorientiertes Lernen

Eine sehr empfehlenswerte Unterrichtsmethode für das Einüben von Planung, Durchführung und Kontrolle des eigenen Arbeitens ist das Aufgabenorientierte Lernen. Die Schüler informieren sich selbstständig über die Aufgaben, planen eine Lösung, arbeiten selbstständig an der Bewältigung der Aufgabe und kontrollieren ihre Ergebnisse (vgl. Peterßen 2001, 44). Die Aufgaben, die den Schülern gestellt werden, sollten komplex genug sein, um die Planung und das Kontrollieren notwendig zu machen und eventuell über die reine Papierarbeit hinausgehen.

8.6 Spielerische & bewegende Methoden

Spielen in der Schule, macht das überhaupt Sinn? Spiele können sehr anspruchsvolle Elemente des sozialen Lernens, der Kreativität und des Aufbaus von Selbstsicherheit enthalten. Rollen- oder Planspiele, Aufführungen oder Lernspiele sind Methoden, die das Lernen wirksam unterstützen.

Beispiele: Rollenspiel, Planspiel, Freies Spiel, Lernspiel, Szenisches Spiel, Aufführung, Vorführung, Vorspiel, Theater, Stegreifspiel, Figurentheater, Fantasiereise Bewegen im Unterricht, Erlebnispädagogik, Erkundungsgang, Exkursion, Wanderung

Planspiel
Das Planspiel ist ein Simulationsverfahren, in dem die Schüler als Mitglieder einer Interessengruppe agieren und argumentieren. Die Pro- und Kontra-Gruppen bearbeiten und diskutieren einen (Interessen-) Konflikt, zum Beispiel aus dem Umweltbereich, bis eine Lösung gefunden wird. Um ihre Standpunkte im Planspiel vertreten zu können, informieren sich die Gruppen und erstellen ihre eigenen Standpunkte. Reporter können Informationen sammeln und nach eigenem Ermessen weitergeben.

Einige Vorbereitungsschritte helfen dieses komplexe Verfahren erfolgreich durchzuführen:
1. Sie legen eine Ausgangssituation fest.
2. Die nötigen Gruppen oder Rollen werden festgelegt (zum Beispiel zwei Pro- und zwei Kontra-Gruppen).
3. Es wird eine Problemskizze entwickelt.
4. Es gibt Rollenanweisungen für die Gruppen.
5. Notwendige Materialien werden hergestellt.
6. Der Spielverlauf wird festgelegt, die Stundenverläufe geplant.

Fantasiereise
Die Schüler suchen sich eine entspannte Sitz- oder Liegeposition, schließen die Augen und werden von Ihnen auf eine angenehme und entspannende Reise mitgenommen. Sie können hierzu innere Bilder einer Fantasiereise durch schöne Landschaften und ferne Länder entstehen lassen. Eine sehr hilfreiche Unterstützung ist Hintergrundmusik, die die entspannende Wirkung verstärkt. Vor Beginn der eigentlichen Fantasiereise sollten Sie die Schüler dabei unterstützen, sich zu entspannen und ruhig zu werden („du liegst ganz ruhig und entspannt auf dem Boden, dein Körper ist schwer…“). Das Ende der Fantasiereise dient dazu, die Schüler in die Realität zurückkehren zu lassen. Bauen Sie deshalb eine inhaltliche Rückkehr in die Fantasiereise ein. Nach Abschluss der Fantasiereise sollten Sie den Schülern die Möglichkeit geben, sprachlich, spielerisch oder zeichnerisch das Erlebte zu verarbeiten.

Bewegen im Unterricht
Jüngere Schüler haben einen so großen Bewegungsdrang, dass auch der Unterricht Möglichkeiten und Anregungen zum Bewegen bieten sollte. Außerdem haben viele Grundschüler so große Defizite in den Bereichen Koordination, Ausdauer und Körpergefühl, dass eine Beschränkung des Bewegungsangebots auf Sportunterricht und Pause nicht sinnvoll erscheint.

Erlebnispädagogik
Erlebnispädagogischer Unterricht schafft abenteuerliche und herausfordernde

Problemaufgaben, die gemeinschaftlich bestanden und gelöst werden, sodass Erfolgserlebnisse entstehen und die Möglichkeit eines langfristigen Transfers gegeben ist. Bevor Sie mit den Schülern Klettern gehen, Kanutouren durchführen oder ein Survivaltraining machen, beginnen Sie vielleicht mit „kooperativen Abenteuerspielen“. In diesem Bereich finden sich unzählige verblüffende, einfach durchführbare Spiele, die ein weites Spektrum von Wahrnehmung fördernden bis abenteuerlichen Herausforderungen bieten. Viele gute Ideen finden Sie in dem Buch „Kooperative Abenteuerspiele 1“ von Gilsdorf / Kistner (2001).

Exkursion

Der Erfolg einer Exkursion lebt von der guten Vorbereitung. Die Schüler sollten bereits vor Durchführung der Exkursion genau wissen, welche Arbeits- und Beobachtungsaufträge sie durchführen sollen. Besonders die Dokumentation der Ergebnisse und Beobachtungen muss vorbereitet werden, damit sie unter erschwerten Bedingungen (Störgeräusche, Regen, Weitläufigkeit) erfolgreich durchgeführt werden kann.
Wenn die Exkursion von einem schulfremden Fachmann geleitet wird, sollten Sie mit ihm eine (telefonische) Vorbesprechung durchführen. Versuchen Sie hierbei die gewünschten Schwerpunkte, die Interessen und Leistungsfähigkeit der Schüler möglichst anschaulich zu beschreiben. Während der Exkursion müssen Sie versuchen dem Referenten gleichzeitig zuzuhören und ihn bei der Arbeit zu unterstützen, indem Sie bei Bedarf Schüler zum aufmerksamen und ruhigen Zuhören auffordern. Informieren Sie sich über die rechtlichen Grundlagen für eine Exkursion.

8.7 Forschende & entdeckende Methoden

Schüler etwas untersuchen zu lassen, um sie auf selbsttätige und selbstständige Weise zur Entdeckung von Zusammenhängen und Erklärung von Phänomenen anzuleiten, ist eine reizvolle aber auch anspruchsvolle Methode, die Ihren Unterricht bereichert.

Beispiele: Kartenarbeit, Experiment, Beobachtung, Langzeitbeobachtung, Beobachtungsdokumentationen, Recherche

Experiment

Das Experiment gibt den Schülern die Möglichkeit ein Phänomen auf sehr anschauliche Art und Weise kennen zu lernen (Lehrerexperiment) oder selber zu entdecken (Schülerexperiment). Im letzten Fall handelt es sich um eine handlungsorientierte Arbeitsweise, die den Schülern das Arbeiten in einer Forscherrolle ermöglicht. Experimente sind motivierend, können die Zusammenarbeit in Gruppen fördern und geben Anreize zu abstrahierenden und logischen Denkvorgängen. Experimente sind eine anspruchsvolle Unterrichtsmethode, da sie handwerkliches Geschick voraussetzen, Erfahrung mit Geräten u.ä., genaue Vorüberlegungen, wie eine Fragestellung zum Experiment überleiten kann und methodische Kompetenz der Schüler (Experiment überlegen und eventuell durchführen, Beobachtungen anstellen, Beobachtungen deuten und Ergebnisse dokumentieren). Wenn die nötige Methodenkompetenz bei den Schülern nicht komplett vorhanden ist, sollten nur Teile dieser Fähigkeiten verlangt werden, z. B. Konzentration auf die Beobachtung, während die Deutung erst einmal in den Hintergrund tritt.

Entdecken und Ausprobieren
Im Grundschulbereich macht es Sinn, eher von „Entdecken und Ausprobieren" zu sprechen als den wissenschaftlich besetzten Begriff „Experimentieren" zu nutzen. Zu groß ist der Unterschied zwischen der experimentellen Untersuchung eines naturwissenschaftlichen Phänomens und dem selbsttätigen Erkunden der Welt mit einfachen Versuchen durch die Schüler (vgl. Unglaube 2000, 7). In der Grundschule können Experimente häufig mit vertretbarem Materialaufwand eingesetzt werden, da es zahlreiche Versuche gibt, die mit einfachen Materialien aus dem Haushalt durchgeführt werden können. Gerade der Sachunterricht bietet sehr viele Möglichkeiten, verschiedene Themen durch Versuche zu ergänzen.
Experimentiertische werden von ca. vier Schülern gleichzeitig genutzt, um zum Beispiel an den Themen Wasser oder Luft zu arbeiten und Phänomene zu untersuchen. Dies hat den Vorteil, dass nicht die ganze Klasse gleichzeitig experimentiert, was Sie und die Schüler möglicherweise überfordern würde. Die Dokumentation der Versuche kann in einen Beobachtungsbogen eingetragen werden, der im Wesentlichen auf zeichnerische Darstellung der Beobachtungen zielt und weniger auf schriftliche.
Eigene Fragestellungen in Experimenten klären. Im Idealfall würden Schüler von sich aus Fragen stellen, die mit vorhandenen Materialien in Experimenten geklärt würden. Da dieser Glücksfall selten von allein auftreten wird, können Sie ihm auf die Sprünge helfen, indem Sie Material zur Verfügung stellen, ohne Fragen vorzugeben. Jüngere Schüler werden durch die Anregung des Materials schnell zu eigenen Fragestellungen gelangen, die untersucht und zumindest teilweise selbstständig geklärt werden können. Unterstützend wirkt, wenn Sie mit den Schülern nach der ersten Ausprobierphase eine Besprechungsrunde machen, in der die Fragen präzisiert werden. Es können sich nun Forschergruppen bilden, die einer bestimmten Frage genauer nachgehen, eventuell auch Sachbücher zur Klärung nutzen (vgl. Unglaube 2000, 24).

8.8 Übende & testende Methoden

Das Sichern, Üben und Wiederholen von Unterrichtsinhalten, Verhaltensweisen und Methoden hat eine äußerst hohe Bedeutung im täglichen Unterricht. Versuchen Sie unbedingt sich über die wenigen folgenden Hinweise hinaus in dieses Thema einzuarbeiten.
Ihre Arbeit als Lehrer beinhaltet nicht nur das Vermitteln von Inhalten, sondern auch die Untersuchung, ob die Schüler diese Inhalte verstanden haben und anwenden können. Dies kann informell geschehen, im Sinne von Checkpoints (vgl. Kapitel 5) und Schülerbeobachtungen oder offiziell durch Tests und Klassenarbeiten. Darüber hinaus können Ihnen Feedback durch die Schüler und Kontrolle des bisher Erreichten zusammen mit den Schülern wichtige Informationen für Ihren Unterricht geben.

> Beispiele: Aufsatz, Diktat, Klausur, Test, Klassenarbeit, Feedback zum Unterricht, Inhalte sichern und archivieren, Fehlerminimierung und Lücken füllen, Aufgaben verstehen und beantworten

Inhalte sichern und archivieren
Unterrichtsinhalte können auf abwechslungsreiche Weise dauerhaft festgehalten werden. Bönsch macht hierzu verschiedene Vorschläge (1988):

- Ein Dauertagebuch, das in einem (attraktiv gestalteten) Exemplar der Klasse zur Verfügung steht und in jeder Stunde von einem anderen Schüler weitergeführt wird.
- Eine Protokollwand, die Stundenprotokolle enthält und zur schnellen Orientierung zu einer Unterrichtsreihe und der letzten Unterrichtsstunde dient.
- Ein Sachdiktat am Ende der Stunde, das die wichtigsten Informationen enthält und eventuell zu Hause übertragen und durch Zeichnungen ergänzt wird.
- Ein Berichterstatter erhält die Aufgabe, sich sorgfältige Notizen zu machen und zu Beginn der nächsten Unterrichtsstunde eine Zusammenfassung zu geben.
- In besonders ereignisreichen Unterrichtsreihen können regelmäßig Fotos gemacht werden, die zum Ende der Reihe aufgeklebt, mit Wäscheklammern an einer Leine befestigt, als Dia- oder Computershow gezeigt werden.
- Basistexte, die einen systematischen Überblick über die wichtigsten Inhalte ermöglichen, werden über das ganze Schuljahr gesammelt.
- Kernbegriffe und Beispielaufgaben können herausgehoben werden und über einen längeren Zeitraum gesammelt zur schnellen Orientierung und Wiederholung dienen.
- Merkstrukturen, z. B. als Inhaltsverzeichnis oder Mindmap, die es ermöglichen, die Struktur komplexer Unterrichtsreihen parallel zu den Inhalten zu archivieren.

Fehler minimieren und Lücken füllen

Fehler und Lücken gehören zum Lernen! Sie können Ihren Schülern dabei helfen, vor allem zum Ende einer Unterrichtsreihe die letzten Lücken zu füllen und Fehlerquellen zu beseitigen. Häufig passiert dies erst in der Berichtigung einer Klassenarbeit, doch ist es dann relativ nutzlos, da für die Schüler der Spannungsbogen einer Unterrichtsreihe mit dem abschließenden Test beendet ist.

Um den Schülern zu helfen Lücken zu füllen, geben Sie ihnen am besten schriftliche Übersichten, mit denen jeder Schüler kontrollieren kann, was er kann und was er können sollte.

Für die Fehlerminimierung können Sie einen Fehler-Such-Durchgang machen, in dem mit Beispielaufgaben geklärt wird, welche Inhalte ein Schüler beherrscht und welche nicht.

Aufgaben verstehen und beantworten

Eine Voraussetzung für das erfolgreiche Bearbeiten und Bestehen von Klassenarbeiten und Tests ist das Verstehen der Aufgabenstellung. Da jeder Lehrer hierbei unterschiedliche sprachliche Eigenheiten hat, können Sie mit den Schülern eine kurze methodische Einheit zum Verständnis von Fragen in Klassenarbeiten durchführen.

Sie können mit den Schülern typische Aufgabenstellungen für Ihr Fach durchgehen und sie auf die Zuordnung zu den verschiedenen Anforderungsbereiche hin untersuchen (Reproduktion, Reorganisation, Problemlösung). Hierzu bietet es sich an, typische Formulierungen und Schlüsselworte zu besprechen (erläutern, erklären, untersuchen etc.) und die Unterschiede herauszuarbeiten.

Feedback zur Unterrichtsqualität geben

Sie sind sicherlich sehr gespannt, was die Schüler von Ihrem Unterricht halten. Nutzen Sie die Möglichkeit ein Feedback einzuholen, um sich hierüber genauere Informationen zu verschaffen. Hierzu eignen sich Feedbackbögen mit detaillierten Fragen. Für Sie hat das den Vorteil, von Stärken und Mängeln Ihres Unterrichts direkt von den Betroffenen zu erfahren. Die Schüler werden sich außerdem hierdurch ernst genommen fühlen und es kommt möglicherweise zu einer Verbesserung der Unterrichtsatmosphäre. Für die Besprechung der Ergebnisse können Sie sich ruhig etwas Zeit mit den Schülern lassen und eventuell Rückfragen stellen.

8.9 Soziale Methoden

Die im Folgenden dargestellten Methoden des „Kooperativen Lernens“ sind darauf ausgelegt, die Sozialkompetenzen und die Teamfähigkeit der Schüler systematisch zu erweitern. Aus diesem Grund erfüllen die Methoden den Anspruch, Schülern die

Zusammenarbeit zu erleichtern und darüber hinaus Herausforderungen in diesem Bereich zu geben (vgl. Kagan 1990).
Bei der Zusammenarbeit in Paaren oder Kleingruppen werden verschiedene Anforderungen an die Teilnehmer gestellt: Auf kurzer räumlicher Distanz leise miteinander sprechen, sich gegenseitig für gute Ergebnisse loben, Verantwortung für die Ergebnisse übernehmen, effektive Arbeit aller Teilnehmer. Diese Sozialkompetenzen müssen den Schülern systematisch vermittelt werden.

Numbered Heads together
Die Schüler einer Kleingruppe geben sich Nummern, der Lehrer stellt eine Frage, die Schüler erarbeiten eine Lösung, der Lehrer ruft eine Nummer auf, ohne zu wissen, welcher Schüler dieser zugeordnet ist. Stellvertretend für die ganze Gruppe beantwortet der Schüler die Frage oder stellt Arbeitsergebnisse vor.

Think-Pair-Share
Nach dem Stellen einer Aufgabe oder einer Frage denken die Schüler erst einmal allein über die Lösung nach. Nach einer gewissen Zeit tauschen sich jeweils zwei Schüler über ihre Ergebnisse aus. Eine Möglichkeit besteht darin, die bearbeiteten Lösungen hiernach im Klassenunterricht zu nutzen und zu besprechen.

Drei-Schritt-Interview
Schüler interviewen sich gegenseitig zu einer Fragestellung: Ein Schüler stellt die Fragen, einer antwortet und der dritte fasst die Antworten schriftlich zusammen.

Placemat
Jede Arbeitsgruppe bekommt ein Arbeitsblatt, die Fragestellung wird von der Lehrkraft erläutert. Im Außenbereich hat jeder Gruppenteilnehmer Platz um seine Antworten zu notieren, jedes Gruppenmitglied schreibt mit einer anderen Farbe. Die Gruppenmitglieder beginnen gleichzeitig zu schreiben und wenn sie fertig sind, drehen sie das Blatt, um ihre Antworten zu vergleichen und zu besprechen.

Placemat für vier bzw. drei Teilnehmer

Pairs Check
In einer Kleingruppe von vier Teilnehmern bilden sich zu Beginn zwei Paare. Ein Schüler stellt vorgegebene Fragen zum Unterrichtsstoff und kontrolliert die Antworten seines Partners. Nach richtiger Beantwortung der ersten Frage werden die Rollen getauscht.

Literatur

Einen kompakten Zugang zu einer Vielzahl von Unterrichtsmethoden bietet das Buch „Methoden für den Unterricht: 75 kompakte Übersichten für Lehrende und Lernende" von Wolfgang Mattes. Es bietet im ersten Teil kurz gehaltene Methodenkarten für den Lehrer, die im zweiten Teil durch Methodenkarten für die Schüler ergänzt werden.
Für die Arbeit in der Sekundarstufe II bietet das Buch „Selbst-, Methoden- und Sozialkompetenz. Bausteine für die Sekundarstufe II" von Alfons Heuermann und Marita Krützkamp nicht nur Ideen für die methodische Arbeit, sondern auch sehr genaue Umsetzungsvorschläge, die durch Kopievorlagen ergänzt werden.
Wenn Sie die Zusammenarbeit der Schüler als Schwerpunkt Ihrer Arbeit betrachten, wird Ihnen „Kooperatives Lernen im Unterricht. Das Arbeitsbuch" von Margit Weidner eine hilfreiche theoretische Grundlage und viele gelungene Umsetzungsideen liefern.

Kapitel 9 Unterrichtskonzepte – von Frontalunterricht bis Freiarbeit

Kompetenzbereiche

- Frontalunterricht (Direktes Unterrichten, Vier-Stufen-Konzept, Fragend-entwickelnder Unterricht, Methodenmix)
- Handlungsorientierter Unterricht
- Projektunterricht
- Stationenlernen
- Freiarbeit

Die Vielzahl der Unterrichtskonzepte kann schnell etwas unübersichtlich wirken; als angehender Lehrer denkt man natürlich auch, man müsse sich besser mit ihnen auskennen als man es tatsächlich tut. Diese Unsicherheit ist gar nicht notwendig, da die verschiedenen Unterrichtskonzepte unterschiedlichen logischen Organisationsformen von Unterricht entsprechen.

Unterrichtskonzepte als Organisationsstrukturen

Wenn Sie z.B. in einer Unterrichtsstunde den Unterrichtsstoff vermitteln, vorgeben, welche Phasen und Arbeitsschritte aufeinander folgen, führen Sie Frontalunterricht durch, der möglicherweise durch eigenaktive Abschnitte der Schüler aufgelockert wird. Wenn Ihnen die handelnde Erarbeitung von Unterrichtsinhalten besonders wichtig ist und Sie den Unterricht innerhalb eines größeren Sinnzusammenhanges durchführen möchten, bietet Ihnen handlungsorientierter Unterricht den richtigen Rahmen.
Die Arbeit der Schüler kann aber auch durch ein größeres Ziel, das zusammen erreicht werden soll, eine Richtung erhalten. Um dieses Ziel zu erreichen, muss zusammen mit den Schülern ein Plan aufgestellt werden, der nach und nach, von verschiedenen Kontrollmechanismen begleitet, in die Tat umgesetzt wird. Projektarbeit hat viel mit dem Arbeiten in der nachschulischen Situation zu tun und vermittelt deshalb Kompetenzen, die im Arbeitsleben wichtig sind.
Der Unterricht kann aber auch dadurch strukturiert werden, dass Material und Arbeitsaufträge an mehreren Lernstationen den Schülern vorgeben, welche Arbeiten sie durchführen sollen. Bei Stationenarbeit handelt es sich deshalb um eine stark strukturierte, aber offene Unterrichtsform. Sehr viel mehr Verantwortung übergeben Sie Ihren Schülern, wenn diese aus einem Materialpool oder mitgebrachten Materialien auswählen können und selbstständig entscheiden, wann sie welchen Inhalt bearbeiten. Freiarbeit ist deshalb ein Konzept, das langfristig eingeführt werden muss.

Projektunterricht

Handlungsorientierter Unterricht

Frontalunterricht

Stationenlernen

Gruppenarbeit

Unterricht zwischen traditioneller Wissensvermittlung im Frontalunterricht und schülerorientierten Unterrichtskonzepten

Feinanpassung der Unterrichtskonzepte an die Schüler

Wenn Sie sich für ein Unterrichtskonzept entschieden haben, gibt es für Sie außerdem noch viele Möglichkeiten, eine Feinanpassung an die Bedürfnisse Ihrer Schüler durchzuführen:

- Innerhalb des Rahmens eines Unterrichtskonzeptes können Sie entscheiden, wie stark Sie die Arbeit vorstrukturieren,
- wie intensiv der handelnde Umgang mit Inhalten berücksichtigt wird,
- welchen Stellenwert die soziale Interaktion zwischen den Schülern hat,
- ob moralische und emotionale Aspekte Bedeutung erhalten,
- welche Rolle die kognitive Herausforderung, das kognitive Erfolgserlebnis erhält,
- in welchem Ausmaß der Unterricht geöffnet wird.

Vielleicht möchten Sie in Ihrer Klasse ein neues Unterrichtskonzept einführen. Vermutlich werden Sie sich in diesem Fall besonders für die organisatorischen Aspekte des entsprechenden Unterrichtskonzeptes interessieren: Wie führt man das neue Konzept ein, wie organisiert man die Arbeit der Schüler, wie führt man die Reihe zu einem erfolgreichen Abschluss? Deshalb werden wir uns auf diese Punkte konzentrieren und es dabei in Kauf nehmen, auf einige interessante Aspekte (z. B. historischer Hintergrund, theoretische Begründung) zu verzichten. Checklisten auf der CD können Ihnen bei der Umsetzung helfen.

9/1 Checklisten und Qualitätsmerkmale für die einzelnen Unterrichtskonzepte

Lehrerzentrierte Unterrichtskonzepte

Guter lehrerzentrierter Unterricht ist guter Unterricht. Haben Sie kein schlechtes Gewissen, wenn Sie Frontalunterricht durchführen! Es handelt sich hierbei um eine effektive und unverzichtbare Unterrichtskonzeption, die Ihnen und Ihren Schülern erfolgreichen Unterricht ermöglichen kann. Lernen Sie also guten Frontalunterricht zu planen und durchzuführen. Doch was heißt guter Unterricht in diesem Zusammenhang?

- Der Unterricht ist klar strukturiert, interessant und anregend.
- Sie geben den Schülern genug Zeit und Möglichkeiten zur Einübung des Stoffes.
- Sie unterstützen die Schüler beim Lernen auf anregende und motivierende Art.
- Sie können sich so weit durchsetzen, dass die Schüler sich nicht selber vom Lernen abhalten.
- Der Unterricht ist abwechslungsreich und schwungvoll genug, um die Aufmerksamkeit und Motivation der Schüler zu erhalten.
- Sie nutzen die Unterrichtszeit effektiv zum Arbeiten und nicht für Nebensächlichkeiten. (vgl. Ditton 2002, 281; Gudjons 2003, 239)

Wenn in der Schulform, in der Sie arbeiten, Frontalunterricht eine große Bedeutung hat, können Sie die folgenden vier Konzepte des Frontalunterrichts nach und nach ausprobieren und auf ihre Vor- und Nachteile hin untersuchen. Und wenn Sie dies getan haben, wird es Zeit, dass Sie sich den schülerzentrierten Unterrichtsformen zuwenden!

9.1 Frontalunterricht: Direktes Unterrichten

Direktes Unterrichten basiert auf der Grundannahme, dass man Schülern am besten zu Beginn einer Unterrichtsstunde mitteilt, was sie lernen werden, ihnen die Inhalte so deutlich wie möglich erklärt, um sie dann so lange üben zu lassen, bis die Schüler die Inhalte problemlos beherrschen.

Wodurch wird Direktes Unterrichten strukturiert?
Den Schülern werden die zu vermittelnden Inhalte am Anfang einer Stunde mitgeteilt, evtl. auch visualisiert. Hierdurch wird ihnen die Struktur der Unterrichtsstunde am Anfang deutlich gemacht. In der Vermittlungsphase überwiegt die Präsentation der Inhalte durch den Lehrer; er versucht die notwendigen Informationen in aufnehmbaren „Portionen" und so klar wie möglich darzustellen. Nachdem diese Informationen vermittelt wurden, beginnt eine Phase des Übens unter Anleitung. Sie basiert auf dem Stellen vieler relativ kurzer Fragen, die an alle Schüler gerichtet werden. Grell betont hierbei, wie wichtig es ist, ein zügiges Tempo vorzulegen und aufzupassen, dass alle Schüler aufgerufen werden (vgl. 2002, 42). Die dritte und letzte Phase stellt das selbstständige Üben dar: Hierbei können die Schüler in Stillarbeit das neue Wissen zu einer automatisierten Fertigkeit weiterentwickeln.

Handeln, Einbeziehen der Sinne, Teamentwicklung?
Das Direkte Unterrichten beschränkt sich auf ein wesentliches Ziel: den Schülern in relativ kurzer Zeit einen Inhalt sicher beizubringen. Aus diesem Grund kommen die Prinzipien offenen Unterrichts nicht zum Zug. Handelnde Elemente, Sinnliches Lernen und Entwicklung der Sozialkompetenz sind in diesem Unterrichtskonzept nicht vorgesehen. Dies müssen Sie allerdings nicht als Nachteil betrachten, da Sie durch dieses Unterrichtskonzept Zeit gewinnen, die Sie mit offenen Unterrichtsformen sinnvoll nutzen können. Betrachten Sie deshalb das Direkte Unterrichten als einen Teil Ihres Methodenrepertoires und nicht als einzige Unterrichtsform!
Wenn Sie dieses Konzept mehrfach in einer Klasse angewandt haben, können Sie die informierende Einstiegsphase nutzen, um den Schülern Raum für kritisches Hinterfragen und die Darstellung eigener Vorschläge zu geben.

Chancen und Risiken für Ihren Unterricht

Chancen

Schüler freuen sich, wenn sie viel lernen! Es ist ihnen wichtig am Ende einer Unterrichtsstunde zu wissen, dass sie sich nicht umsonst angestrengt und bemüht haben, ihr Lernen erfolgreich war. Hieraus ergibt sich ein motivierender Effekt, den Sie nicht unterschätzen dürfen. Aus diesem Grund sollten Sie das Unterrichtskonzept Direktes Unterrichten einige Male ausprobieren. Achten Sie dabei auf:

- eine klare Stoffvermittlung zu Beginn der Stunde,
- eine große Anzahl von Übungsfragen für den Mittelteil,
- konsequente Arbeit der Schüler im selbstständigen Übungsteil am Ende der Stunde.
- Berücksichtigen Sie den motivierenden Effekt eines zügigen Vorgehens, der von Ihnen die Vermittlung von Energie, Engagement und Motivation verlangt.

Risiken

Zu Ihren Aufgaben als angehender Lehrer gehört es ohne Frage, Schülern in begrenzter Zeit ein großes Stoffpensum sicher zu vermitteln. Schrecken Sie also nicht vor Unterrichtskonzepten zurück, die sich hierauf konzentrieren. Seien Sie aber vorsichtig dabei, sich bei einem Unterrichtsbesuch allein auf diese Funktion des Unterrichtens zu beschränken. Sie sollten deshalb wissen, dass Direktes Unterrichten in der didaktischen Diskussion auf viel Kritik stößt, da es sich auf die Stoffvermittlung beschränkt.

Probieren Sie dieses Konzept doch einmal aus, wenn Sie besonders viel Stoff vermitteln möchten. Besonders ältere Schüler werden diese Form des „schnörkellosen" Unterrichts schätzen.

9.2 Frontalunterricht: Vier-Stufen-Konzept

Ein etwas komplexeres Konzept, das auf vier Stufen basiert, wird von Wiechmann für den Frontalunterricht empfohlen (2002, 20 ff.). Im ersten Schritt wird den Schülern das notwendige Wissen direkt oder indirekt vermittelt, daraufhin wird das neu Gelernte konstruktiv durchgearbeitet, um danach in einer Übungsphase wiederholt und abschließend problemorientiert angewandt zu werden.

Wie sieht die Struktur dieses Konzeptes aus?

Darbieten
Wiechmann unterscheidet in dieser ersten Stufe zwischen problemorientiertem und informierendem Darbieten. Als den effektiveren Weg betrachtet er die Einführung eines Themas in der Form eines Problems. Dieses Problem soll für die Schüler relevant sein und einen Sachverhalt durch den Prozess der Problemlösung nach und nach vermitteln. Hierbei empfiehlt er, den Schülern bei der Problemlösung weniger durch Fragen als durch Zusammenfassungen, Hinweise, Veranschaulichungen, also durch nondirektive Impulse zu helfen (2002, 24).
Als Alternative nennt er die Möglichkeit den Schülern einen Inhalt direkt mitzuteilen und somit die Form des informierenden Darbietens zu nutzen. Hier würden Sie einen Inhalt also durch einen Kurzvortrag einführen.

Konstruktives Durcharbeiten
In diesem Schritt wird der vermittelte Inhalt durch viele kurzschrittige Fragen in den „kognitiven Strukturen der Schülerinnen und Schüler integriert“ (ebd. 26). Ziel ist es, den Inhalt durch eine große Anzahl von Fragen immer wieder aus unterschiedlichen Perspektiven durchzuarbeiten. Es ist hierbei sinnvoll alle Schüler gleichmäßig aufzurufen.

Übendes Wiederholen
Damit sich ein Inhalt von Ihren Schülern dauerhaft abspeichern lässt, sollten Sie nun eine Übungsphase einbauen. Empfehlenswert ist es hierbei, den Schülern Übungsmaterial in verschiedenen Schwierigkeitsstufen anzubieten, aus dem sie selber auswählen können. Da es kontraproduktiv ist, wenn sich die Schüler in dieser Phase falsche Lösungsstrategien einprägen, ist es ideal, Übungsmaterial mit der Möglichkeit zur Selbstkontrolle anzubieten. Ihr Ziel sollte es sein, dass die meisten Schüler die Übungsaufgaben richtig beantworten können.

Problemorientiertes Anwenden
Ihr Ziel, einen Inhalt nicht nur dauerhaft, sondern auch flexibel einsetzbar zu vermitteln, erreichen Sie durch problemorientiertes Anwenden. In diesem wichtigen

abschließenden Schritt werden die Schüler in die Lage versetzt, das Gelernte in neuen Kontexten einzusetzen. Wichtig ist hierbei, dass der gelernte Inhalt auch tatsächlich zur Problemlösung führt. In dieser Phase ist es gut möglich, die Schüler zu zweit arbeiten zu lassen, damit sie gemeinsam Problemlösungen finden.

Handeln, Einbeziehen der Sinne, Teamentwicklung?
Das beschriebene Konzept ist im Wesentlichem geeignet, um den Schülern Inhalte nachhaltig und relativ flexibel anwendbar zu vermitteln. Bis auf die Möglichkeit beim problemorientierten Anwenden Partnerarbeit durchzuführen, sieht es keine Elemente des Handelns, des Einbezugs der Sinne und der Teamentwicklung vor. Sie können Ihre pädagogische Freiheit aber natürlich nutzen, um entsprechende Elemente in Ihren Unterrichtsstunden einzubauen.

Chancen und Risiken für Ihren Unterricht

Chancen
Es handelt sich um ein übersichtliches und klar strukturiertes Konzept, mit dem Sie eine wesentliche Funktion des Unterrichtens mit einiger Übung in die Tat umsetzen können: gelungene Stoffvermittlung.

Risiken
Dieses Konzept verlangt von Ihnen eine genaue Analyse des Unterrichtsinhaltes und sorgfältige Vorbereitung in Bezug auf folgende Aspekte:
- Finden eines Problems für einen problemorientierten Einstieg,
- sorgfältige Strukturierung eines Kurzvortrags,
- Notieren vieler Fragen für das konstruktive Durcharbeiten,
- genug Übungsmaterialien in unterschiedlichen Schwierigkeitsstufen,
- sinnvolle Umsetzung beim problemorientierten Anwenden.

9.3 Frontalunterricht: Fragend-entwickelnder Unterricht

Wenn Sie in Ihrem Unterricht einen Inhalt durch ein Aneinanderfügen von Fragen entwickeln, führen Sie Fragend-entwickelnden Unterricht durch. Diese Unterrichtsmethode gehört zu den am häufigsten genutzten an deutschen Schulen und wird Ihnen als Schüler regelmäßig begegnet sein. Die Vertreter gehen von der Idee aus, dass jedes Problem bereits die Lösung in sich trägt und die Schüler so „nur" Unterstützung benötigen um das Ergebnis selber zu finden. Diese Unterstützung erhalten die Schüler in Form der Fragen.

Wodurch wird Fragend-entwickelnder Unterricht strukturiert?

Auch diese Unterrichtsform wird durch die unterschiedlichen Unterrichtsphasen einer Stunde strukturiert. Eine Feinstrukturierung findet darüber hinaus durch die Wahl und den Einsatz der Lehrerfragen statt. Dies ist möglicherweise einer der Gründe, weshalb Fragend-entwickelnder Unterricht bei Lehrern so beliebt ist: Die Struktur einer Unterrichtsstunde kann durch die Lenkungsfunktion der Fragen flexibel angepasst werden. Diese Lenkungsfunktion erleichtert es darüber hinaus, das Unterrichtsziel zu erreichen.

Handeln, Einbeziehen der Sinne, Teamentwicklung?

Fragend-entwickelnder Unterricht ist ein auf verbale Äußerung beschränktes Konzept und kann deshalb die in der Überschrift genannten Aspekte nicht umsetzen.

Chancen und Risiken für Ihren Unterricht

Chancen

Fragend-entwickelnder Unterricht kann sehr interessant und motivierend sein, eine Bereicherung für Ihr Methodenrepertoire darstellen. Voraussetzung für die erfolgreiche Durchführung ist:

- Es gibt tatsächlich ein Phänomen oder zumindest eine bedeutungsvolle Frage, die durch intensives Nachdenken, Fragen und Antworten geklärt werden kann und von den Schülern geklärt werden will.
- Die Schüler sind auch in der Lage eine Lösung zu entwickeln und müssen nicht durch mühsames, kleinschrittiges Vorgehen auf das Ergebnis gestoßen werden. Ihre Schüler müssen also über das nötige grundlegende Wissen und den erforderlichen Denkhorizont verfügen.
- Der Unterricht findet in einer dynamischen und anregenden Atmosphäre statt.

Risiken

- Das Konzept des Fragend-entwickelnden Unterrichts wird gern als Allzweckmittel eingesetzt, unabhängig davon, ob sich ein Thema hierfür eignet oder nicht.
- Die Entwicklung eines Inhalts durch Fragen und Antworten kann das Verständnis erschweren, da es zu einem wenig strukturierten und schwer durchschaubaren Unterrichtsablauf führen kann. Petersen geht so weit, dass er von der Nutzung bei der Erarbeitung von Sachverhalten abrät und einen sinnvollen Einsatz allein in der Förderung der Sprachfähigkeit und Begriffsbildung sieht (Petersen / Sommer 1999, 104).
- Den Schülern werden die Antworten auf suggestive Weise in den Mund gelegt; sie raten eher, was Sie von ihnen hören möchten, als dass sie selber eine Antwort suchen und finden. Die den Fragen innewohnende Lenkungsfunktion wird hierbei übertrieben stark genutzt.

Seien Sie misstrauisch, wenn Ihr Unterricht sehr häufig „fragend-entwickelnd“ abläuft. Es gibt attraktive Alternativen!

9.4 Frontalunterricht: Methodenmix

Sie können Frontalunterricht auch als eine Art Container betrachten, in dem Sie die verschiedensten methodischen Elemente unterbringen können. Um ein Beispiel zu nennen: Sie beginnen eine Unterrichtsstunde mit einem interessanten Impuls, nutzen die Beiträge der Schüler, um sie zu einer Gruppenarbeitsphase zu leiten, in der jede Gruppe einen Themenaspekt bearbeitet, jede Gruppe stellt abschließend ihre Ergebnisse mit verschiedenen Materialien vor und Sie beschließen die Stunde, indem Sie eine entsprechende Hausaufgabe aufgeben. Für solche häufig genutzten variablen Unterrichtsformen gibt es erstaunlicherweise keinen eigenen Begriff. Auch Frontalunterricht ist hier eine unbefriedigende Bezeichnung, da nur ein Teil des Unterrichts „frontal“ durchgeführt wird.

Wodurch wird Frontalunterricht als Methodenmix strukturiert?
Vermutlich werden Sie Frontalunterricht, den sie als Methodenmix durchführen, meist durch eine Einstiegsphase, eine Erarbeitungs- und eine Sicherungsphase strukturieren. Gerade durch den lockeren Rahmen, den dieses Unterrichtskonzept bietet, können Sie hierbei aber auch variieren und z. B. zwei aufeinander aufbauende Erarbeitungsphasen einplanen.

Handeln, Einbeziehen der Sinne, Teamentwicklung?
Frontalunterricht als Methodenmix kann von Ihnen sehr variabel mit handlungsorientierten Phasen, ganzheitlich sinnlichem Erleben und anspruchsvollen Elementen der Teamarbeit gefüllt werden. Vor allem die Erarbeitungsphase im Mittelteil einer Unterrichtsstunde bietet sich an, schüleraktiv gestaltet zu werden, sodass Sie sich aus einer dominanten Lehrerrolle zurückziehen können. Die meisten Handlungsmuster des vorhergehenden Kapitels lassen sich im Frontalunterricht, der als Methodenmix durchgeführt wird, problemlos unterbringen.

Kapitel 8: Spannend unterrichten – Unterrichtsmethoden zur aktiven Einbindung der Schüler)

Chancen und Risiken für Ihren Unterricht

Chancen

Diese Form des Unterrichts gibt Ihnen die Möglichkeit attraktive Handlungsmuster auszuprobieren, ohne dass Sie ein ganz neues Unterrichtskonzept wie z. B. Projektarbeit in einer Klasse einführen müssen. So können Sie Ihren Unterricht nach und nach öffnen, um eventuell später vom Muster des Frontalunterrichts abzuweichen. Sie haben außerdem die Möglichkeit Ihre Unterrichtskonzeption sehr genau dem Thema, Ihrem Ziel und den Schülern anzupassen.

Risiken

Der gute Vorsatz, Unterricht mit einem attraktiven Methodenmix durchzuführen, muss Tag für Tag in die Tat umgesetzt werden und birgt die Gefahr nach einiger Zeit am Widerstand des „inneren Schweinehunds" zu scheitern. Wappnen Sie sich dagegen, indem Sie Ihre Sammlung von guten Einfällen und Unterrichtsmethoden, Materialien und Fragen für Ihre Fächer ständig erweitern.

Dieses Unterrichtskonzept ist sehr variabel und eignet sich deshalb für jede Altersstufe und alle Unterrichtsfächer.

Schülerorientierte Unterrichtskonzepte

Die Wahl eines schülerorientierten Unterrichtskonzeptes bedeutet für Sie, dass Sie eine vom Frontalunterricht abweichende Lehrerrolle einnehmen. Der Unterricht ist nicht auf Sie konzentriert, sondern wird von Ihnen begleitet, phasenweise sogar nur beobachtet. Von offenen Unterrichtskonzepten können Sie sich langfristig verschiedene positive Auswirkungen im Sozialverhalten und in der Persönlichkeitsentwicklung der Schüler erhoffen:

- das friedliche Lösen von Konflikten,
- das gegenseitige Geben von Hilfestellung (Kooperativität),
- eine positive Einstellung zur Schule und zum Lehrer,
- eine Verbesserung der Kreativität,
- Verbesserung der Selbstständigkeit und des Selbstbildes.

Sie können sich wahrscheinlich vorstellen, dass Unterricht, der besonderen Wert auf diese Kompetenzen legt, bei den Schülern auch tatsächlich positive Auswirkungen in diesen Bereichen zur Folge hat. Auf der anderen Seite lässt sich vermuten, dass Unterricht, der mehr Wert auf soziale Interaktion legt und weniger auf die

Wissensvermittlung, den Schülern tatsächlich weniger kognitive Inhalte beibringt. Verschiedene Untersuchungen haben diese Einschätzung bestätigt (Gage / Berliner, 1996; Frey, 1993; Einsiedler 1990).

9.5 Handlungsorientierter Unterricht

Wenn es Ihr Ziel ist, Ihren Schülern neben einem Wissenszuwachs auch Handlungsfähigkeit und Selbstständigkeit „beizubringen", benötigen Sie ein Unterrichtskonzept, in dem das selbstständige Handeln einen zentralen Stellenwert erhält.
„Handlungsorientierter Unterricht ist ein ganzheitlicher und schüleraktiver Unterricht, in dem die zwischen dem Lehrer / der Lehrerin und den Schülerinnen und Schülern vereinbarten Handlungsprodukte die Gestaltung des Unterrichtsprozesses leiten, so dass Kopf- und Handarbeit der SchülerInnen in ein ausgewogenes Verhältnis zueinander gebracht werden können" (Meyer 1994, 354).
Meyer nennt außerdem sieben Aspekte des handlungsorientierten Unterrichts: Er ist ganzheitlich, schüleraktiv, sieht die Herstellung eines Handlungsproduktes vor, geht von den subjektiven Schülerinteressen aus, beteiligt die Schüler in allen Unterrichtsphasen an der Unterrichtsorganisation, öffnet die Schule nach innen und außen und verbindet Kopf- und Handarbeit (1994, 355).

Wodurch wird handlungsorientierter Unterricht strukturiert?
Die folgende Einteilung in Einstiegsphase, Erarbeitungsphase und Auswertungsphase bezieht sich auf die ganze Unterrichtsreihe und nicht auf eine einzelne Unterrichtsstunde.

Einstiegsphase
In dieser ersten Phase werden die Schüler über den inhaltlichen und methodischen Ablauf der neuen Unterrichtsreihe informiert. Wenn die Schüler motiviert und interessiert am geplanten Thema und der geplanten Vorgehensweise sind, kann dies durch einen sachlichen Überblick geschehen. Falls Sie davon ausgehen, die Schüler erst einmal für das Thema und Vorgehen gewinnen zu müssen, empfiehlt es sich, mit einem motivierenden Unterrichtseinstieg zu beginnen. Dieser Einstieg sollte die Schüler möglichst intensiv in das Zentrum des Themas und die handlungsorientierte Arbeitsweise einführen.
Als Abschluss dieser ersten Unterrichtsphase ist es sinnvoll, zusammen mit den Schülern zu besprechen, welche Handlungsergebnisse als Ziel der Unterrichtsreihe geplant werden.

Erarbeitungsphase

Im Idealfall können Sie die Planung der anstehenden Arbeit zusammen mit den Schülern durchführen und mit ihnen einen genauen Arbeitsplan aufstellen. Beenden Sie die Planungsphase damit, die geplanten Arbeitsschritte kritisch durchzugehen und die Schüler in Bezug auf Realisierbarkeit, Sicherheit, zeitlichen und finanziellen Aufwand zu beraten.
Nun geht es darum, den Arbeitsplan in die Tat umzusetzen. Wenn möglich, können Sie die Schüler selbstständig arbeiten lassen und ihnen nur auf Nachfrage helfen. Auf der anderen Seite sind vielleicht auch trainings- oder lehrgangsmäßige Unterrichtsphasen notwendig, um den Schülern das notwendige Hintergrundwissen, bzw. die notwendigen Fertigkeiten zu vermitteln.
Im Kapitel zu den Unterrichtsmethoden haben Sie eine Mindmap gefunden, die eine Vielzahl von möglichen Produkten darstellt. Wenn Sie also Schwierigkeiten haben, handlungsorientierte Arbeitsideen zu finden, schauen Sie dort nach.

↷ Kapitel 8: Spannend unterrichten – Unterrichtsmethoden zur aktiven Einbindung der Schüler

Auswertungsphase

Zu Beginn der Auswertungsphase müssen natürlich erst einmal die Arbeitsergebnisse und Produkte gewürdigt werden. Falls die Schüler gute Arbeit geleistet haben und dennoch von ihren Produkten enttäuscht sind, sollten Sie ihnen deutlich machen, dass der Planungs- und Herstellungsprozess einen hohen Stellenwert hat. Dennoch ist es natürlich sinnvoll, die Arbeitsergebnisse mit der ursprünglichen Planung zu vergleichen, um zu sehen, wie weit man gekommen ist. Auch der Arbeitsprozess selber wird Anlass zur Reflexion geben (vgl. Meyer 1994).

Kognitive Herausforderung, Lernen und Handeln

Handeln, Lernen mit allen Sinnen und eine ganzheitliche Herangehensweise sind selbstverständlicher Bestandteil des handlungsorientierten Unterrichts. Interessant ist, wie diese Bestandteile des Unterrichtskonzeptes mit dem kognitiven Lernen verbunden werden. Hier verbirgt sich die größte Herausforderung handlungsorientierter Arbeitsweisen. Wenn Sie erste Erfahrungen mit diesem Unterrichtskonzept gemacht haben, sollten Sie sich immer stärker auf diesen Aspekt konzentrieren. Nur wenn Sie die Ansprüche an Kognition und Handeln von den ersten Schritten der Themenfindung an gemeinsam betrachten, werden Sie eine Unterrichtsreihe entwickeln, die Sie zufrieden stellt und die nicht nur schön aussieht.

Vorbereitung von handlungsorientiertem Unterricht

- Sie entscheiden sich für ein attraktives Thema, das eine Vielzahl von handelnden Arbeitsweisen ermöglicht.
- Sie untersuchen das Thema in Bezug auf Richtlinien, Fachdidaktik, Struktur und Begrifflichkeit.
- Sie versuchen die vielen organisatorischen Aspekte, die eine handlungsorientierte Unterrichtsreihe mit sich bringt, vorherzuplanen (z. B. Materialbeschaffung, -lagerung, -finanzierung).
- Sie informieren sich und machen sich zu einem Fachmann für das Thema.
- Sie überlegen sich die Lernvoraussetzungen Ihrer Schüler, Sie geben den Schülern einige Tage vorher eine „Programmvorschau".
- Sie planen den Ablauf der Reihe zusammen mit den Schülern.
  (vgl. Meyer 1994, 363)

Chancen und Risiken für Ihren Unterricht

Chancen

Handlungsorientierter Unterricht ist ein flexibles Konzept. Sie können für jede Phase der Unterrichtsreihe entscheiden, wie frei Ihre Schüler arbeiten und wie viel Unterstützung sie von Ihnen benötigen. Da das Konzept auch das Einüben von nötigen Fähigkeiten und lehrgangsmäßige Phasen ermöglicht, können Sie eine Unterrichtsreihe durchführen, die klassische Unterrichtsmethoden sinnvoll einbindet. Unterricht, der handlungsorientiert durchgeführt wird, kann viel Spaß machen, Schülern die Freude am Lernen zurückgeben und Ihnen Erfolgserlebnisse beim Unterrichten geben.

Risiken

Die handelnden Tätigkeiten im Unterricht sind für die Schüler wahrscheinlich eine willkommene Abwechslung. Sie bergen aber die Gefahr ziellos und unergiebig zu verlaufen, wenn sie nicht zu einem erfahrbaren und befriedigenden Lern- oder Kompetenzzuwachs führen. Versuchen Sie deshalb eine handlungsorientierte Unterrichtsreihe zum Methodenlernen zu nutzen. Weitere Risiken:

- Wenn Sie und Ihre Schüler von der Komplexität dieses Konzeptes überfordert sind, kann Chaos ausbrechen. Versuchen Sie dies bei der Planung unbedingt zu berücksichtigen, indem Sie mit überschaubaren handlungsorientierten Reihen beginnen.
- Ein Problem kann die Finanzierung der benötigten Materialien darstellen.
- Sie müssen ein neues Lehrerverhalten entwickeln, das dem widerspricht, was Sie selber über 13 Jahre kennen gelernt haben.

Handlungsorientierter Unterricht ist das flexibelste schülerorientierte Unterrichtskonzept. Schrecken Sie nicht davor zurück, diese Unterrichtsform auch mit älteren Schülern und z. B. am Gymnasium durchzuführen.

9.6 Projektarbeit

Hinter dem spröden Begriff Projektarbeit verbirgt sich eine sehr praktische und einfache Vorstellung von Unterricht: Wie im normalen Leben arbeitet eine Gruppe an einem größeren (selbst gestellten) Auftrag, für den sie sich einen Zeitplan macht und die Arbeit aufteilt, um ein angestrebtes Produkt bis zu einem bestimmten Zeitpunkt herzustellen. Probleme im Arbeitsablauf oder bei der Zusammenarbeit werden in der Gruppe gemeinsam besprochen um eine Lösung zu finden.
Ihre Aufgabe als Lehrer wird vor allem darin bestehen, diese einzelnen Arbeitsschritte zu unterstützen und teilweise anzuleiten. Dementsprechend unterscheidet sich Ihre Lehrerrolle deutlich von der traditionellen Arbeit als Wissensvermittler.
Es ist etwas schwierig, die Begriffe handlungsorientierter Unterricht, projekt-orientierter Unterricht, Projektunterricht und Projektarbeit voneinander abzugrenzen. Sie können Projektarbeit als eine besonders komplexe und ausgereifte Form des handlungsorientierten Unterrichts betrachten. Von Projektunterricht sollten Sie nur sprechen, wenn tatsächlich alle Kriterien eines Projektes erfüllt werden. Solange dies nicht der Fall ist, können Sie dieses Risiko mit der Bezeichnung Projektorientierter Unterricht vermeiden.
Wir möchten im Folgendem Bestandteile beschreiben, die zum Gelingen einer projektorientierten Unterrichtsreihe beitragen können.

Wodurch wird Projektarbeit strukturiert?

Finden eines Projektziels

Wichtige und anspruchsvolle Aufgabe für das Gelingen eines Projektes ist es, ein sinnvolles Arbeitsziel zu finden. Dieses Ziel wird entscheidend dazu beitragen, die Motivation der Schüler bis zum Ende der Reihe aufrechtzuerhalten. Außerdem wird sich die Struktur der Arbeit häufig aus dem Ziel ableiten lassen.
Um zusammen mit den Schülern ein gutes Thema und Ziel zu finden, können Sie mit der Suche frühzeitig beginnen. Achten Sie über einen längeren Zeitraum darauf, welche Themen den Schülern Spaß machen, für welche Fragen sie sich interessieren, welche Hobbys sie haben. Vielleicht ergeben sich bereits hieraus erste Möglichkeiten Themen zu sammeln.

Der Erfolg eines Projektes ist eng mit der Attraktivität und Erreichbarkeit eines Produktes verbunden. In Kapitel 8 finden Sie auf Seite 107 viele denkbare Produkte, die Sie möglicherweise auf eine Erfolg versprechende Idee bringen.

Aufstellen eines Arbeitsplans

Vermutlich werden Sie für Projektarbeit zusammen mit den Schülern einen Arbeitsplan aufstellen. In diesem Plan steht, wer welche Aufgaben bis wann erledigt. Auf der CD finden Sie einen einfachen Vordruck. Als Alternative können Sie den Plan natürlich auch als großes Plakat in die Klasse hängen.

9 / 2 Vorlage Arbeitsplan Projekt

Für die Erstellung eines Arbeitsplans ist es notwendig, erst einmal Ideen zu sammeln und Arbeitsschritte zu finden. Hierfür eignen sich die Kreativtechniken aus dem Planungskapitel, z. B. die Clustermethode oder das Mindmaping.

Fixpunkte als Regelschaltstellen der Arbeitsorganisation

Gerade wenn ein Projekt gut läuft, werden die einzelnen Schüler bzw. Schülergruppen sehr selbstständig und für sich arbeiten. Es wird allerdings notwendig sein, die gesamte Gruppe von Zeit zu Zeit zu versammeln, um das bisher Erreichte zu erörtern und das weitere Vorgehen zu besprechen.

Zwischengespräche zur Besprechung der Zusammenarbeit

In den Zwischengesprächen werden vor allem die sozialen und persönlichen Seiten der Projektarbeit besprochen. Probleme der Zusammenarbeit werden aufgearbeitet. (vgl. Frey 1993)

Chancen und Risiken für Ihren Unterricht

Lassen Sie sich nicht von den extrem hohen Ansprüchen verunsichern, die in der Literatur teilweise an Projektthemen und Projektarbeit gestellt werden. Sie sollten Begriffe wie „gesellschaftliche Praxisrelevanz" (Gudjons 1997) oder das Ziel einer „Verbesserung der Gesellschaft" (Hänsel 1997) nicht zu absolut betrachten, damit sich Ihre möglichen Projektthemen nicht auf wenige Bereiche wie Umwelt- und Friedenserziehung beschränken. Allerdings muss ein Projekt auch so gestaltet sein, dass die Schüler tatsächlich etwas lernen und anspruchsvolle Arbeiten ausführen können.

Spätestens, wenn in Ihrer Schule eine Projektwoche durchgeführt wird, sollten Sie auf dieses Unterrichtskonzept zurückgreifen.

9.7 Freiarbeit

„Kinder wählen innerhalb einer bestimmten Unterrichtszeit aus einem zunächst von der Lehrerin / dem Lehrer ausgewählten und gut eingeführten Angebot an Lern- und Übungsaufgaben (...), was sie (be)arbeiten möchten. Dabei haben sie neben der inhaltlichen Auswahlmöglichkeit auch weitgehende Freiheit in der Wahl des Arbeitsplatzes und der Sozialformen. Der Schwierigkeitsgrad und das Lerntempo richten sich nach den individuellen Fähigkeiten, wobei die Kinder sich von der Lehrerin beraten und helfen lassen" (Gervé 1998, 11).

Wodurch wird Freiarbeit strukturiert und organisiert?
Freiarbeit ermöglicht es Ihnen, den Schülern die Strukturierung der Arbeit in starkem Maße zu überlassen. Dies möchten Sie zu Beginn vermutlich teilweise einschränken, um die Schüler nicht zu überfordern oder möglicherweise das Erreichen der Lernziele zu erschweren. Aus diesem Grund finden Sie hier einige Möglichkeiten, Freiarbeit unterschiedlich stark zu strukturieren:

- Durch die zur Verfügung stehenden Arbeitsmaterialien kann die Aufgabe der Strukturierung durch schriftliche Arbeitsaufträge vom Lehrer auf das Arbeitsmaterial übertragen werden. Dies kann durch Symbole für den Schwierigkeitsgrad ergänzt werden.
- Die Menge und Bandbreite des Materials strukturiert die Arbeit ebenfalls. Je größer das Angebot ist, desto stärker werden die Auswahl und damit die Strukturierung der Arbeit den Schülern überlassen.
- Durch Vor- und Nachbesprechungen kann die Strukturierung und Organisation gemeinsam von Klasse und Lehrer intensiviert werden.
- Durch genaue Beobachtungen kann der Lehrer die Vorgehensweise einzelner Schüler feststellen und beratend eingreifen.
- Die Schüler können ein Lerntagebuch erstellen.
- In Phasen freier Freiarbeit oder im Freispiel können die Schüler die Organisation ihrer Arbeit komplett übernehmen.
- Durch einen Wochenplan kann eine gute Mischung aus vorgegebenen Arbeiten und freier Entscheidung getroffen werden. Die Schüler können hiermit überblicken, welche Arbeiten sie innerhalb der Woche erledigen müssen, und welche Freiräume ihnen bleiben. Durch Abstempeln oder Abzeichnen erledigter Aufgaben bleibt Ihnen und den Schülern der Überblick darüber erhalten, was erledigt wurde und was noch erledigt werden soll.

Handeln, Einbeziehen der Sinne, Teamentwicklung?
Freiarbeit ist in erster Linie eine besondere Form Unterricht zu organisieren und zu strukturieren. Ob hierbei in besonderem Maße die Sinne oder das handelnde

Arbeiten einbezogen werden, hängt davon ab, ob Sie die Aufgaben und Materialien entsprechend gestalten können. Handlungsorientierte Phasen setzen voraus, dass die Schüler in der Lage sind, die entsprechenden Handlungen (z. B. Experimente) selbstständig durchzuführen. Die Qualität der Freiarbeit hängt u. a. davon ab, ob Sie Arbeitsaufträge finden, die über eine Arbeitsblattbearbeitung hinausgehen.
Im besten Fall können Sie den Schülern die Entscheidung überlassen, ob sie allein, mit einem Partner oder in kleinen Gruppen zusammenarbeiten möchten. Durch Ihre Beobachtungen während der Freiarbeit werden Sie erkennen, ob manche Schüler ständig alleine arbeiten oder sich immer wieder in der Gruppenarbeit „durchmogeln“. Wenn die Schüler mit der freien Wahl der Sozialform überfordert sind, können Sie auf den Arbeitsaufträgen entsprechende Anweisungen (z. B. durch Symbole) geben.

Chancen und Risiken für Ihren Unterricht

Chancen

Als Referendar macht es normalerweise wenig Sinn, auf eigene Faust Freiarbeit in einer Klasse einzuführen. In diesem Fall könnten Sie vermutlich auf wenig Methodenkompetenz der Schüler aufbauen und wären hier in der Rolle eines Pioniers. Möglicherweise ist Ihr Mentor allerdings erfreut, wenn Sie zusammen mit ihm und mit Hilfe seiner Unterstützung Freiarbeit einführen, die er dann später fortführen kann. Aber auch in diesem Fall sollten Sie aufpassen sich nicht zu übernehmen und mit kleinen Schritten beginnen.
In dem Fall, dass in Ihrer Klasse bereits Freiarbeit durchgeführt wird, können Sie sich glücklich schätzen und versuchen, Ihren Teil zur Entwicklung dieser Unterrichtsform in Ihrer Klasse beizutragen.

9.8 Stationenlernen

„Die Schüler […] erarbeiten das in verschiedene Teilaspekte differenzierte Thema im Rahmen von Lernstationen weitgehend selbstständig. Die für die verschiedenen Stationen vorgesehenen Lernziele sind so aufeinander abgestimmt, dass die übergreifenden Lernziele des Unterrichts erreicht werden können. Jede Lernstation muss dazu neben den erforderlichen Arbeitsmaterialien auch die entsprechenden Arbeitsaufträge anbieten“ (Hegele 2002, 58). Begriffssynonyme sind Lernen an Stationen und Werkstattunterricht.

Wodurch wird Stationenlernen strukturiert und organisiert?

- Die Stationen selber strukturieren das Thema und die Arbeit stark vor.

- Die Verweildauer an den Stationen kann den Schülern freigestellt oder vorgegeben werden und durch ein Zeichen mitgeteilt werden. Entscheidend hierfür ist der organisatorische Aspekt (wie viele Schüler können an einer Station arbeiten?) und die Fähigkeit der Schüler sich ihre Arbeitszeit einzuteilen.
- Das Schwierigkeitsniveau der Arbeitsaufträge kann durch mehrere Angebote differenziert werden.
- Die Sozialform kann den Schülern überlassen oder vorgegeben werden.

Handeln, Einbeziehen der Sinne, Teamentwicklung?

Bei der Umsetzung von Stationenarbeit wird es Ihnen vermutlich wichtig sein, zumindest an einigen Stationen eine handelnde, die Sinne einbeziehende Arbeitsweise zu ermöglichen. Mit etwas Übung werden Sie vermutlich schnell auf Ideen kommen, wie Sie diese Aspekte in einem bestimmten Thema umsetzen können.
Ein Vorteil der Stationenarbeit liegt in der Möglichkeit der feinen Differenzierung der Sozialformen. Sie können sich bei jeder Station überlegen, welche Sozialform für die Aufgabenlösung geeignet ist. Außerdem haben Sie die Möglichkeit den Anteil von Einzel-, Partner- und Gruppenarbeit an die Bedürfnisse und Fähigkeiten Ihrer Schüler anzupassen.

Chancen und Risiken für Ihren Unterricht

Chancen

Stationenarbeit ist eine sehr strukturierte „offene" Unterrichtsform. Sie eignet sich deshalb gut, um die Methodenkompetenz der Schüler zu erweitern und auf freiere Unterrichtsformen hinzuarbeiten. Bei Referendaren ist die Stationenarbeit aus verschiedenen Gründen für Unterrichtsbesuche beliebt:

- Sie können die Position des Beobachters und Lernbegleiters einnehmen und fühlen sich möglicherweise wohl dabei, weniger im Vordergrund zu stehen.
- Die Arbeit der Schüler wird klar strukturiert und hat dennoch eine sehr freie Wirkung.
- Durch aufwändige Vorbereitung des Materials und der Stationen können Sie viele Qualitätskriterien modernen Unterrichts erfüllen.

Risiken

- Sie müssen ein Thema finden, das sich in Teilaspekte differenzieren lässt, die nicht hierarchisch aufeinander aufbauen.
- Im Prinzip muss für jede Lernstation feststehen, welche Lernziele erreicht werden sollen.
- Hoher Zeitbedarf der Materialvorbereitung

Literatur

Herbert Gudjons hat eine sehr fundierte und praxisorientierte Monografie zum Thema Frontalunterricht geschrieben, in der die Einbettung in schülerorientierte Unterrichtskonzepte im Vordergrund steht: „Frontalunterricht – neu entdeckt. Integration in offene Unterrichtsformen".
In dem bekannten Buch „Unterrichtsmethoden – II Praxisband" von Hilbert Meyer finden Sie u. a. eine Vielzahl praktischer Hinweise zu Frontalunterricht, Gruppenunterricht und Handlungsorientiertem Unterricht.
Als ein Klassiker zum Thema „Projektunterricht" gilt „Die Projektmethode: Der Weg zum bildenden Tun" von Karl Frey. Hier wird ein fundierter theoretischer Unterbau mit einem praktischen Konzept der Umsetzung verbunden.
In den Bereichen Freiarbeit, Wochenplan und Stationenlernen sind in den letzten Jahren so viele Bücher erschienen, dass Sie sich problemlos für Ihren Schwerpunkt das richtige Werk heraussuchen können.
Zwölf Unterrichtsmethoden werden in dem von Jürgen Wiechmann herausgegebenen Buch „Zwölf Unterrichtsmethoden: Vielfalt für die Praxis" dargestellt. Teilweise sind die Einzeldarstellungen sehr hilfreich, teilweise nicht sehr praxisorientiert.

Kapitel 10 Die Verantwortung für eine Schulklasse übernehmen – Gruppenleitung

Kompetenzbereiche
- Arbeitsatmosphäre gestalten
- Ungestörtes Arbeiten ermöglichen
- Lernen erleichtern

Die Rolle eines Gruppenleiters macht einen Teil des Reizes und der Attraktivität des Lehrerberufs aus. Verantwortlich zu sein für eine große Schulklasse, den Teamgeist innerhalb dieser Gruppe über einen längeren Zeitraum zu stärken und zu sehen, wie die Schüler sich positiv entwickeln, ist eine faszinierende Erfahrung. Voraussetzung hierfür ist, dass Sie die Rolle als Gruppenleiter annehmen und sie bewusst einplanen und einsetzen.

Ihre Aufgaben als Gruppenleiter verlangen von Ihnen, scheinbar gegensätzliche Dinge miteinander zu verbinden:
- Die ganze Gruppe im Blick haben, aber dem Einzelnen gerecht werden.
- Sorgfältig und strukturiert vorgehen, aber flexibel auf Unerwartetes reagieren.
- Gelassen, freundlich und humorvoll mit den Schülern umgehen, aber konsequent auf der Einhaltung vereinbarter Regeln bestehen.
- Die Klasse souverän führen und zu effektiver Lernarbeit leiten, aber den Schülern Raum zur Entwicklung von Selbstständigkeit und Selbstvertrauen geben.
- Den Schülern Methoden- und Teamkompetenz vermitteln, aber dafür sorgen, dass ein hoher Zeitanteil einer Unterrichtsstunde zum aktiven Lernen, für das Erreichen von Lernfortschritten genutzt wird.

Das Gleichgewicht zwischen diesen scheinbar widersprüchlichen Aspekten des Lehrerverhaltens muss in jeder Klasse, teilweise in jeder Stunde neu austariert werden. In der einen Klasse kann z. B. der freundliche und humorvolle Umgang mit den Schülern im Vordergrund stehen, in einer anderen dagegen die konsequente Durchsetzung der festgelegten Regeln.

In diesem Kapitel gehen wir von drei wichtigen Zielen für erfolgreiches Unterrichten aus. Wir vermuten, dass Ihnen eine **anregende und angenehme Arbeitsatmosphäre** als Wunschvorstellung vorschwebt, um mit den Schülern effektiv und menschlich befriedigend zusammenarbeiten zu können. Um dies zu erreichen, ist es nötig, für ein **ungestörtes und konzentriertes Arbeiten** zu sorgen. Hierfür ist es wesentlich, den Schülern **das Lernen zu erleichtern**. Wenn Sie sich nach und nach dieser drei Ziele annehmen und sie mit wachsendem Erfolg in die Tat umsetzen, haben Sie die Grundlage geschaffen, um einen erfolgreichen und zufriedenstellenden Unterricht

durchzuführen. Wir versuchen Ihnen dabei zu helfen, indem wir zu jedem Ziel mehrere Ansatzpunkte nennen und erläutern. Jeder Ansatzpunkt für sich benötigt Zeit und Mühe, bis er im täglichen Unterricht unbewusst und selbstverständlich umgesetzt wird. Haben Sie Geduld mit sich selbst und geben Sie sich die nötige Zeit, um einen oder einige wenige Ansatzpunkte zu erlernen!
Auf der CD finden Sie dennoch eine Tabelle, mit der Sie alle Ansatzpunkte, die im Folgenden genannt werden, für Ihre Arbeitssituation durchgehen können. Das Durcharbeiten dieses Kapitels wird sehr viel effektiver für Sie sein, wenn Sie diese Tabelle nebenher bearbeiten.

10 / 1 Arbeitsblatt: Gruppenleitung

10.1 Arbeitsatmosphäre gestalten

Eine anregende und angenehme Arbeitsatmosphäre ist vermutlich das Ziel jedes Lehrers. Wenn Sie in den Unterricht einer fremden Klasse kommen, werden Sie innerhalb weniger Minuten feststellen können, wie die Atmosphäre in dieser Klasse beschaffen ist: Herrscht Respekt zwischen Lehrer und Schülern? Gehen die Schüler in einer mehr oder weniger freundlichen Art miteinander um? Kann der Unterricht ohne übermäßige Störungen und in einer gewissen Ruhe ablaufen? Herrscht eine motivierende und motivierte Arbeitsstimmung? Hat der Lehrer das Geschehen im Griff?
Die Arbeitsatmosphäre kann kurz- und langfristig beeinflusst werden. Wir konzentrieren uns auf Möglichkeiten, die eher kurz- und mittelfristig angelegt sind, da Sie während des Referendariats im Normalfall nur einige Wochen in einer Klasse bleiben werden.

Ansatzpunkt 1: Sie sind ein Positivfaktor in der Gruppe!
Sie sind das wichtigste Mitglied der Gruppe, in der Sie unterrichten! Wenn Sie sich überlegen, wer am meisten redet, am besten zu sehen ist und die meisten Möglichkeiten hat, die Gruppe zu beeinflussen, dann sind Sie das. Sie sollten Ihre Bedeutung für die unterrichtete Gruppe also nicht aus falscher Bescheidenheit unterschätzen, da sich hieraus im Wesentlichen Verpflichtungen für Sie ergeben.
Sie sollten ein **Positivfaktor** in der Gruppe „Schulklasse" sein! Durch eine positive Ausstrahlung, Humor und ein angenehmes Auftreten haben Sie die Chance, die Atmosphäre in Ihrem Unterricht positiv zu beeinflussen. Ihre Funktion als Positivfaktor wird durch Ihre Sprache, Körpersprache und Äußerlichkeiten wie der Kleidung transportiert. Aus diesem Grund haben wir in Kapitel 6 viel Wert auf diese Dinge gelegt, arbeiten Sie also weiter an einem positiven Auftreten vor der Klasse und im Umgang mit den Schülern.

Kapitel 6: Kommunikation im Klassenraum

Um ein Positivfaktor innerhalb Ihrer Schulklasse zu sein, reichen die verschiedenen Arten einer positiven Ausstrahlung nicht aus. Sie müssen durch eine sinnvolle Form der Autorität ergänzt werden. Vermitteln Sie Ihren Schülern die Botschaft, dass Sie ernst genommen werden müssen. „Bei Hospitationen beeindruckt immer wieder, wie Lehrer allein schon durch ihre Person, ihre Sprache, ihren Nachdruck im Auftreten und ihre Zielstrebigkeit, mit der sie eine Stunde beginnen, die Führung im Unterricht praktizieren oder verspielen" (Apel 2002, 113). Der Unterschied, ob die Schüler bereits nach wenigen Minuten einer Unterrichtsstunde konzentriert und motiviert mitarbeiten, hat viel mit Ihrer Autorität innerhalb der Klasse zu tun.
Wie erreicht man Autorität bei den Schülern?

- Nachdrücklichkeit in Auftreten und Sprache, Zielstrebigkeit in der Durchführung von Unterrichtsstunden,
- unterrichtliche Kompetenz (methodische Vielfalt, Strukturiertheit etc.),
- Fachkompetenz,
- die Fähigkeit Unterricht ruhig und konzentriert zu gestalten,
- menschliche Fähigkeiten (Charakter, sozialer Umgang).

Möglicherweise haben Sie durch Ihre Unterrichtserfahrung mittlerweile den Eindruck gewonnen, dass das Gewinnen von Autorität für Sie von entscheidender Bedeutung ist. In diesem und im nächsten Kapitel finden Sie deshalb noch viele Hinweise, die Ihnen hierbei helfen sollten. Beachten Sie auch die Literaturtipps am Ende dieses Kapitels.

Ansatzpunkt 2: Gewinnen Sie die Schüler für sich!

Schüler, die bereit sind, sich von Ihnen leiten zu lassen und mit Ihnen zusammenzuarbeiten, sind eine Voraussetzung für gelingenden Unterricht. Wie kann man Schüler in einer neuen Klasse für sich gewinnen? Im Prinzip bestehen hier keine großen Unterschiede zu ähnlichen Alltagssituationen. Vielleicht veranschaulichen Sie sich die folgenden Prinzipien aus der Unterrichtsforschung, indem Sie sich vorstellen, wie Sie z. B. auf einer Party versuchen, einen fremden Menschen für sich zu gewinnen.
Enthusiasmus gegenüber dem (Unterrichts-)thema und den Schülern kann als Oberbegriff betrachtet werden: „anregende Unterrichtsführung, Eingehen und bewegliche Reaktion auf Schüleraussagen (Flexibilität), Energie in der Durchführung des Unterrichtes, Augenkontakt, Gesten, Gesichtsausdruck, Betonung in der Sprache sowie Wortwahl, wobei alle diese Verhaltensweisen natürlich (d. h. nicht übertrieben) sein und mit dem Geschehen im Unterricht übereinstimmen sollen" (Dubs 1995, 69).
Wertschätzung der Schüler ergänzt den beschriebenen Enthusiasmus: „Wertschätzung wird zum Ausdruck gebracht, wenn sich die Lehrkraft für den Lernerfolg ihrer

Schülerinnen und Schüler persönlich verantwortlich fühlt und positive Erwartungen für jeden einzelnen Lernenden hat" (ebd.).
Enthusiasmus und Wertschätzung können durch folgende Verhaltensweisen gezeigt werden:

- Lob und Anerkennung,
- Aufgreifen und Verwendung von Schülergedanken,
- vorsichtiger und überlegter Einsatz von Kritik,
- erwischen Sie die Schüler dabei, wenn sie sich gut verhalten (loben!),
- Verständnis und Empathie für die Schüler,
- verhalten Sie sich so, wie man es von den Schülern wünscht (bzw. wie man seine eigenen Kinder behandelt wissen will),
- berechenbares Verhalten,
- Ermutigung,
- Optimismus,
- Freundlichkeit,
- Höflichkeit.

(Dubs 1995, 70f.)
Eine gute Beziehung zu den Schülern lebt von sehr individuellen Faktoren und Eigenheiten. Überlegen Sie sich möglichst genau, welche Möglichkeiten Ihnen Ihre Persönlichkeit gibt, um diese Beziehungen positiv zu gestalten. Teilen Sie mit Ihren Schülern spezielle Interessen? Liegt Ihre Stärke in der Rolle des kompetenten Fachmanns? Haben Sie eine charmante und humorvolle Art im Umgang mit anderen Menschen? Beobachten Sie gut und können diese Informationen nutzen um besonders intensiv auf einzelne Schüler einzugehen?
Es gibt sehr viele Möglichkeiten Ihre speziellen Anlagen für den Beziehungsaufbau zu nutzen. Auch wenn Sie ein zurückhaltender Mensch sind, können Sie (indirekte) Zugänge zu Ihren Schülern finden. Z.B. ermöglichen außergewöhnlich gelungene Medien oder Methoden ein positives Verhältnis zu den Schülern aufzubauen. Sprechen Sie mit Menschen, die Sie gut kennen darüber, worin sie Ihre besonderen Möglichkeiten sehen. Auch ein Mentor, zu dem Sie Vertrauen haben, kann Ihnen hierbei helfen.
Grundlage des Aufbaus einer positive Beziehung zu Ihren Schülern ist im Wesentlichen das Zeigen Ihrer positiven Einstellungen jedem Einzelnen gegenüber: „Wenn ich Sympathie gewinnen möchte, darf ich den anderen in seiner Persönlichkeit nicht in Frage stellen, sondern muss ihn zunächst bestätigen und verstärken. Das bedeutet nicht, dass ich niemals Kritik üben darf. Aber wenn ich mein Gegenüber erziehen möchte, muss ich zunächst investieren und eine Brücke bauen" (Lohmann 2003, 96).
Vielleicht sind Sie sich zu Beginn des Referendariats noch nicht sicher, was für eine Art von Verhältnis Sie zu den Schülern aufbauen sollen. Wichtig ist: Die Schüler benötigen Sie nicht als Freund, Freunde haben sie hoffentlich genug in ihrem

eigenen Alter. Ihre Funktion als zukünftiger Lehrer besteht darin, Schülern erfolgreiches Lernen zu ermöglichen. Eine zu starke Betonung der Beziehungsebene kann hierbei sogar hinderlich werden. Legen Sie also nicht zu viel Wert darauf, von den Schülern gemocht zu werden! Sie sollten sich eher freuen, wenn ein gewisser Lerneifer die Klasse erfasst und die Schüler gut miteinander arbeiten.

Ansatzpunkt 3: Fördern Sie positive Interaktion in der Klasse!
Ein weiterer Ansatzpunkt für Ihre Tätigkeit als Gruppenleiter sind die Interaktionsmuster in Ihrem Unterricht. Die Art und Weise, wie die Schüler untereinander und mit Ihnen kommunizieren, hat eine entscheidende Bedeutung für Atmosphäre und Arbeitserfolg in Ihrer Klasse. Darüber hinaus hat das Erlernen von positiven Interaktionsmustern für die Zukunft Ihrer Schüler eine kaum zu überschätzende Bedeutung.
Für Sie ist es wichtig, einen Blick dafür zu entwickeln, welche vielfältigen Möglichkeiten sich in jeder Unterrichtsstunde für die Förderung der Kommunikation ergeben. Ein Schülerexperiment im Physikunterricht, Gruppenspiele im Sportunterricht, anspruchsvolle Diskussionen im Deutschunterricht – in jedem Schulfach finden Sie hierfür besondere Möglichkeiten und Ansatzpunkte. Auf der CD finden Sie einen Beobachtungsbogen, mit dem Sie die Interaktionsmuster in Ihrem Unterricht oder beim Hospitieren beurteilen können. Hierbei wird unterteilt zwischen positiven Interaktionsmustern (zuhören, loben, zusammenarbeiten) und negativen (streiten, hänseln, ignorieren, behindern).

10 / 2 Beobachtungsbogen Interaktionsmuster

Die Förderung einer positiven Kommunikation kann während des normalen Unterrichts stattfinden:

- Sie dienen als Vorbild,
- weisen Schüler auf positive und negative Beispiele hin,
- verstärken die positiven,
- ignorieren oder sanktionieren die negativen Interaktionsmuster,
- bieten Arbeitsformen an, die eine Weiterentwicklung der Kommunikation ermöglichen.

Wenn Sie dauerhafte Probleme mit der Kommunikation in Ihrer Klasse haben, können Sie auch immer wieder kürzere oder längere Gesprächsrunden einschieben, in denen Sie zusammen mit den Schülern Probleme der Kommunikation besprechen und die Auswirkungen auf die private, schulische und berufliche Zukunft darstellen.
In Kapitel 8 finden Sie verschiedene Unterrichtsmethoden, die gezielt auf die Förderung der Interaktionsmuster ausgerichtet sind.

Kapitel 8: Unterrichtsmethoden

Ansatzpunkt 4: Geben Sie Handlungsspielräume, die sinnvoll genutzt werden können!

Die Qualität der Zusammenarbeit in einer Gruppe hängt damit zusammen, dass alle Gruppenmitglieder die Möglichkeit haben, zumindest hin und wieder ihre Meinungen einzubringen und Entscheidungen zu treffen. Für Sie geht es darum, den Schülern Handlungsspielräume zu geben, die Möglichkeit, Freiräume selbstständig zu nutzen, das eigene Handeln selbst zu bestimmen. In den Kapiteln zu Unterrichtsmethoden und Unterrichtskonzepten finden Sie viele Ansätze, wie Sie den Schülern diese Handlungsspielräume geben können.

10.2 Ungestörtes Arbeiten ermöglichen

Es ist sicherlich der Traum eines jeden Lehrers: ungestörte und konzentrierte Arbeit mit den Schülern! Sie finden im folgenden Abschnitt einige Ansatzpunkte, die als grundlegende Techniken für den Umgang mit Störungen und die Durchführung eines flüssigen Unterrichts geeignet sind. Da dieses Thema gerade für Sie als Anfänger eine große Bedeutung hat, ist aber auch das ganze nächste Kapitel diesem Thema gewidmet.

Ansatzpunkt 1: Einen flüssigen Unterricht durchführen

Jacob S. Kounin hat nach Beobachtung vieler Unterrichtsstunden grundlegende Fähigkeiten herausgefiltert, die es einem Lehrer ermöglichen, flüssigen Unterricht durchzuführen (vgl. Gage / Berliner 1995, 525):

Allgegenwärtigkeit: Der Lehrer bekommt alles mit, was in der Klasse passiert, er erweckt den Eindruck selbst im Hinterkopf Augen zu haben.

Überschneidungen: Der Lehrer kann neben der Gesamtsituation auch ein oder zwei Verhaltensprobleme regeln.

Arbeitsschwung: Der Arbeitsschwung der Klasse bleibt erhalten, da Verhaltensprobleme kurz und knapp geregelt werden.

Störungsfreiheit: Der Lehrer lässt sich nicht ablenken und lenkt die Schüler nicht ab; so bleibt die Kontinuität des Unterrichts erhalten.

Gruppenaufmerksamkeit wecken: Der Lehrer ist in der Lage die Aufmerksamkeit der ganzen Gruppe im Unterrichtsgespräch über einen längeren Zeitraum zu erhalten.

Ansatzpunkt 2: Wiederkehrende Abläufe (Rituale) organisieren

In jeder Schulstunde, an jedem Schultag gibt es zahlreiche wiederkehrende Abläufe, die organisiert und strukturiert oder auf eine chaotische und unbefriedigende Art ablaufen können. Wenn Sie zum Beispiel mit Ihrer Klasse während der Unterrichtszeit von Ihrem Klassenraum durch das Schulgebäude zu einem anderen Raum wie der Turnhalle oder dem Informatikraum gehen müssen, ist dies ein Gang, der geordnet und leise oder ungeordnet und lärmend ablaufen kann. Weitere Beispiele

für wiederkehrende Abläufe: sich melden, Arbeitsblätter verteilen, Hefte einsammeln, Tafeldienst, Betreten des Raums, während der Stunde auf die Toilette gehen. Wichtig ist für Sie natürlich, auf welche Art Ihr Mentor diese Abläufe normalerweise organisiert. Beobachten Sie ihn hierbei bzw. fragen Sie ihn. Achten Sie hierbei auf die Details: Müssen die Schüler auf dem Weg zur Turnhalle an besprochenen Punkten des Schulgebäudes stehen bleiben? Gibt es Schüler, die hierbei besonders im Blick behalten werden müssen? Gibt es Absprachen, wie sich die Schüler nach Ankunft an der Turnhalle verhalten sollen?
Solche Abläufe werden Sie mit Ihren Schülern besprechen und üben müssen, sie sind ein wichtiger Teil des Unterrichtens und müssen auch tatsächlich unterrichtet werden. Immer wieder sollten Sie die Einhaltung des besprochenen Vorgehens kontrollieren und einfordern, gerade bei jüngeren Schülern ist es möglicherweise nötig, diese Abläufe wiederholt zu üben. Besonderes Augenmerk verdienen die Abläufe, die Probleme schaffen oder Probleme schaffen könnten.
Auch für Sie gibt es wiederkehrende Abläufe, die Sie gut organisieren können, um den Unterricht flüssiger und ungestörter zu machen. Was machen Sie zum Beispiel mit dem Material für Schüler, die eine oder mehrere Unterrichtsstunden versäumt haben? Geben Sie die Arbeitsblätter einem anderen Schüler zur Aufbewahrung oder gibt es hierfür eine Ablage?

Ansatzpunkt 3: Für Aufmerksamkeit und Ruhe sorgen
Wahrscheinlich werden Sie sich für den Punkt „für Aufmerksamkeit und Ruhe sorgen“ besonders interessieren. Sie können sich die folgenden Interventionsmöglichkeiten als eine Abfolge mit steigender Intensität vorstellen. Achten Sie darauf, dass Sie Störungen in ihrer Entstehung erfassen (ein Schüler spricht mit seinem Nachbarn), bevor sie sich ausbreiten und verstärken (viele Schüler sprechen durcheinander). Solange Sie die ersten Störungen noch durch Blickkontakt, Gesten und Mimik unterbinden können, bleibt der Unterricht im Fluss.

1. **Blickkontakt:** Schüler mit Blicken zur Teilnahme ermuntern oder zu Ruhe auffordern.
2. **Gesten:** Deutliche Gesten können den Blickkontakt und die Mimik unterstützen.
3. **Namen nennen:** Einfaches Nennen des Namens, eventuell gefolgt von einer Aufforderung, kann sehr wirkungsvoll sein, da der eigene Name für jeden Menschen eine große Bedeutung hat.
4. **Körperliche Nähe:** Stellen Sie sich neben einen Schüler, der stört oder sich nicht konzentrieren kann, und helfen Sie ihm so ruhig zu arbeiten.
5. **Unterbrechung:** Unterbrechen Sie für einen kurzen Moment den Unterricht, blicken Sie dabei den Schüler an, der stört.
6. **Ruhige und deutliche Aufforderungen:** Einen einzelnen Schüler können Sie besser mit ausgesprochen ruhiger und sachlicher Stimme ermahnen oder auffordern als durch eine Überreaktion. Leise gesprochene Worte können sehr wirksam sein!

Kounin hat festgestellt, dass eindeutig und mit Nachdruck vorgetragene Ermahnungen wirksamer sind als ärgerlich-schimpfende Vorwürfe.

Realistische Verhaltenserwartungen

Grundlegend für eine effektive und funktionierende Klassenleitung sind realistische Vorstellungen von dem zu erwartenden Verhalten der Schüler. Wie lange können die Schüler stillsitzen, können sie Gruppenarbeit ohne Streit oder andere negative Begleiterscheinungen durchführen, ...? Überprüfen Sie Ihre Verhaltenserwartungen regelmäßig, damit Sie Ihren Unterricht eventuell anpassen können.

Ansatzpunkt 4: Die Gruppe als Publikum verstehen

Eine wichtige Rolle für das Verhalten der einzelnen Schüler spielt die Klasse als Publikum. Dieses „Publikum" kann positive Auswirkungen haben (Erfolge der Mitschüler verstärken, ermuntern) oder negative (Leistungsbereitschaft verurteilen). Falls diese Rolle als Publikum im Wesentlichen negative Auswirkungen hat, sollten Sie sich fragen, ob frontal durchgeführter Klassenunterricht in dieser Klasse eine sinnvolle Unterrichtsform ist. Das Verhalten als ablehnendes Publikum wird häufig von einigen dominanten Schülern bestimmt. Möglicherweise ergibt sich für Sie hier ein Ansatzpunkt, indem Sie mit diesen Schülern Einzelgespräche nach dem Unterricht führen oder nach Möglichkeiten suchen, sie für Einzelstunden auf andere Art zu beschäftigen.

Ansatzpunkt 5: Die Gruppe verstehen und durchschauen

In Schulklassen werden Lernende zusammengefasst, deren Haltungen, Sozialkompetenz, Selbstkonzept und Leistungsfähigkeit weit auseinander liegen können. Aus diesem Grund entwickeln sich in einer Klasse sehr unterschiedliche Gruppierungen mit stark voneinander abweichendem Arbeits-, Lern- und Sozialverhalten. Für Sie kann es wichtig sein, diese Gruppen zu identifizieren, um Ihren Unterricht und Ihr Lehrerverhalten darauf auszurichten.

Wenn es in Ihrer Klasse oder im Umgang mit der Klasse Probleme gibt, an denen Sie über einen längeren Zeitraum arbeiten möchten, werden Sie vermutlich den Wunsch haben, sich zunächst eine ausreichende Informationsbasis zu verschaffen. Hierfür eignen sich Beobachtung und Befragung der Schüler. Die besonderen Bedingungen des Referendariats mit den Unterrichtsbesuchen und Prüfungen, aber auch Chancen durch Hospitationen erhöhen die Bedeutung dieser Informationsbeschaffung. Je genauer Sie die Schüler kennen lernen, desto besser können Sie gerade Unterrichtsbesuche vorbereiten.

Ansatzpunkt 6: Die optimale Sitzordnung für Ihren Unterricht finden
Besonders bewährt hat sich die Hufeisen-Form, in der die Schüler in einem großen U sitzen. Optimal ist es, wenn die Mittelfläche leer bleiben kann, da sich dann alle Schüler ansehen und somit auf die Beiträge ihrer Mitschüler eingehen können.
Die verbreitete Block-Sitzordnung, in der die Schüler wie im Kino sitzen, hat den Nachteil, dass die Schüler komplett auf den Lehrer konzentriert sind und die (offizielle) Kommunikation zwischen den Schülern erschwert ist.
Wenn Sie manchmal innerhalb einer Stunde die Sitzordnung ändern, zum Beispiel eine Phase im Stuhlkreis einschieben, sollten Sie dies mit den Schülern üben, damit es schnell und ohne Rempeleien abläuft. Unterschiedliche Sitzordnungen auszuprobieren ist Teil einer guten Vorbereitung für die perfekten Stunden, die Sie halten werden, wenn das Examen näher rückt.

10.3 Lernen erleichtern

Wenn Sie sich eine Veranstaltung vorstellen, einen Vortrag, eine Diskussion oder eine Seminarveranstaltung, die relativ zäh und langsam abläuft und deren Ziel Ihnen nicht so recht klar ist, wissen Sie, was passiert: Die Teilnehmer fangen an sich zu unterhalten, machen lustige Späße oder geben sich Tagträumen hin. Genauso geht es Ihren Schülern! Um die Aufmerksamkeit Ihrer Schüler aufrecht zu erhalten, muss Ihr Unterricht einigen recht selbstverständlichen Kriterien gerecht werden:

- Die Schüler müssen wissen, was sie warum lernen sollen,
- der Unterricht läuft zügig aber ruhig ab,
- die Schüler stellen einen Lernzuwachs fest, der eine gelungene Vermittlung und genügend Übungsphasen voraussetzt,
- der Unterricht ist abwechslungsreich.

Ihre Verantwortung als Gruppenleiter bezieht sich also auch auf Ihren Unterrichtsstil; wenn Ihr Unterricht nicht einigen Grundvoraussetzungen entspricht, sind Störungen unausweichlich. Guter Unterricht ist die wichtigste präventive Maßnahme, um Schüler und Lehrer als funktionierende Gruppe zusammenarbeiten zu lassen.

Ansatzpunkt 1: In Ihrem Unterricht wird intensiv gearbeitet!
Sie sollten deutlich machen, dass Sie von jedem Schüler Engagement und Arbeitseinsatz verlangen. Dies müssen Sie den Schülern nicht unbedingt verbal mitteilen, sondern können es indirekt deutlich machen:

- Sie beginnen den Unterricht pünktlich und verlangen Pünktlichkeit von Ihren Schülern,

- Sie kontrollieren den Arbeitseinsatz und Arbeitserfolg während der Gruppen- oder Stillarbeitsphasen,
- Sie kontrollieren die Hausaufgaben,
- geben den Schülern ein Feedback zu ihrem Arbeitseinsatz,
- machen deutlich, warum sich die Anstrengung lohnt.

Sie sollten sich selbst deutlich machen, dass die Lernanstrengung der Schüler und die unterm Strich genutzte Lernzeit pro Unterrichtsstunde für den Lernerfolg entscheidend sind: „Denn es ist immer wieder festzustellen, dass die Ausnutzung der Unterrichtzeit bei den einzelnen Lehrern sehr unterschiedlich ist. Und es ist ebenso festzustellen, dass eine effektivere Zeitausnutzung – oder eine effektivere Vermeidung von Zeitverschwendung – mit höheren Leistungen der Schüler eng verbunden ist" (Gage / Berliner 1995, 571).

Ansatzpunkt 2: Die Inhalte, die Sie vermitteln, sind wichtig!
Die Vermittlung wichtiger Inhalte ist die eine Sache, gleichzeitig sollten Sie deutlich machen, warum diese Inhalte denn wichtig sind. Welche Bedeutung oder welchen Stellenwert hat ein Inhalt zum Beispiel innerhalb der Wissenschaft? Für welche praktischen Anwendungen ist ein Inhalt nützlich? Inwieweit stellt er die Basis für hierauf aufbauende Inhalte dar?
Besonders älteren Schülern können Sie deutlich machen, dass sie in Ihrem Unterricht über die reine Inhaltsvermittlung wichtige Fähigkeiten für die Zukunft lernen: z. B. Teamkompetenz, Präsentieren, selbstständiges Arbeiten. Machen Sie deutlich, warum diese Fähigkeiten für die Schüler später wichtig sein werden!

Ansatzpunkt 3: Sie aktivieren und motivieren die Schüler!
Schüler zu aktivieren und zu motivieren bedeutet nicht, jede Stunde mit einem Gag zu beginnen. Vielmehr geht es darum, einen Unterricht durchzuführen, der „dazu anregt, Fragen zu stellen, Vermutungen zu formulieren, Zusammenhänge zu entdecken, Ergebnisse zu überprüfen, Vorgänge zu beurteilen, das Lernen selbst zu planen und durchzuführen" (Apel 2002, 151). Wie können Sie diesen guten Vorsatz in die Tat umsetzen? Drei Ebenen bieten einen Ansatzpunkt:
Detailebenen: Sie sammeln gute Ideen, Impulse, Veranschaulichungen, Abbildungen usw., um Interesse bei den Schülern zu schaffen und wach zu halten.
Unterrichtsmethoden: Sie überlegen, welche Unterrichtsmethoden besonders zur Aktivierung der Schüler geeignet sind. Das Methodenkapitel, aber auch viele Methodenbücher können Ihnen dabei helfen.
Unterrichtskonzepte: Ist es sinnvoll ein neues Unterrichtskonzept auszuprobieren? Seien Sie mutig und schauen Sie einmal über den Tellerrand, warum nicht z. B. auch einmal im Gymnasium Stationsunterricht ausprobieren?

Ansatzpunkt 4: Der Unterricht ist abwechslungsreich und strukturiert!
Wenn Unterricht langweilig und unstrukturiert ist, kommt es zu Störungen! Überprüfen Sie einmal selbstkritisch die letzten Unterrichtsstunden, in denen es zu deutlichen oder massiven Störungen gekommen ist, auf diesen Aspekt: War der Unterricht abwechslungsreich und strukturiert? Befragungen von Schülern machen immer wieder deutlich, dass diese nicht möglichst viel Freiheit im Unterricht erleben möchten, sondern eine klare Struktur erwarten: „Die Schülerinnen und Schüler der Positivklassen empfinden Ihren Unterricht als geordneter und strukturierter, erleben ihn als weniger sprunghaft und chaotisch, erfahren zwar weniger Mitbestimmung, dafür aber mehr Diagnose und Zuwendung durch Beratung" (Gruehn 1996, 41). Wenn Sie in diesem Bereich einen Ansatzpunkt für die Verbesserung Ihres Unterrichts sehen, können Sie die entsprechenden Stellen im Kapitel zur Planung von Unterricht nachlesen.

Ansatzpunkt 5: Sie steuern über Materialien und Methoden!
Die Unterrichtsmethoden und Materialien, die Sie für eine Klasse auswählen, können einen positiven oder negativen Einfluss auf das Verhalten der Schüler haben. Überlegen Sie sich deshalb genau, in welche Richtung Sie das Verhalten der Schüler auf diese Art indirekt steuern. Methoden und Materialien, die von den Schülern als zu schwierig, kindisch oder albern betrachtet werden, steuern das Verhalten in eine unerwünschte Richtung. Außerdem verlangen neue Unterrichtsmethoden nach neuen organisierten Abläufen. Überlegen Sie sich also, ob die Schüler in der Lage sind, diese Abläufe durchzuführen: Viele Störungen finden während weniger strukturierter und organisierter Phasen statt.

Ansatzpunkt 6: Sie integrieren schüchterne und schwächere Schüler in den Unterricht und aktivieren sie!
Heidemann empfiehlt gerade bei schüchternen und vorlauten Schülern, sich ihnen zu nähern, um sie aus der Anonymität der Gruppe herauszuholen. Besonders wenn Sie sich in die Augenhöhe eines Schülers begeben „werden Sie allmählich zu seinem vertrauten Partner, mit dem der Schüler sozusagen Seite an Seite eine an der Tafel stehende Aufgabe gemeinsam löst" (1999, 98).
Eine wichtige Voraussetzung für die Aktivierung dieser Schüler kann ein diagnostisches Vorgehen in Verbindung mit der Sammlung von Informationen seien: Warum meldet sich ein Schüler nicht mehr? Gibt es familiäre Ursachen hierfür? Stört ein Schüler, weil er sich in der Klasse nicht mehr wohl fühlt?

Literatur

Es gibt verschiedene Konzepte und Ansätze, um aus einer Schulklasse eine effektiv arbeitende und harmonisierende Gruppe zu formen. Da Sie im Moment noch nicht an einer langfristigen Gruppenentwicklung arbeiten können, empfehlen wir Ihnen den Titel: „Mit Schülern klarkommen. Professioneller Umgang mit Unterrichtstörungen und Disziplinkonflikten" von Gerd Lohmann. Hier finden Sie sowohl für die kurzfristige Arbeit und Bewältigung von Problemen Hinweise als auch ein langfristig angelegtes Konzept.
„Teamentwicklung im Klassenraum" von Heinz Klippert ist vermutlich das bekannteste und meistgenutzte Buch in diesem Bereich. Da es sich vorrangig auf einen Projektwochen ähnlichen Kurs stützt, in dem die Teamentwicklung eingeübt wird, ist es fraglich, ob es sich mit den äußeren Bedingungen Ihres Referendariats verbinden lässt. Dennoch werden Sie viele praktische Ideen und Anwendungsbeispiele finden, die sich direkt umsetzen lassen.
Besonders, wenn Sie nach dem Referendariat als Klassenlehrer arbeiten, wird das Konzept von Gene Stanford: „Gruppenentwicklung im Klassenraum und anderswo" für Sie interessant. Stanford bezieht sich auf das Konzept der „Gruppendynamik", um das Ziel einer produktiven Arbeitsgemeinschaft zu erreichen.

Kapitel 11 „Hier haben Sie das Sagen!" – Disziplin im Klassenraum

Einem gutem Vortragsredner gelingt es, das Publikum durch seine Ausführungen in seinen Bann zu ziehen. Alle folgen ihm gespannt, lauschen ruhig und konzentriert. Damit hat er es zweifelsohne einfacher als ein Lehrer vor einer Klasse – aus zwei Gründen: Zum einen entscheiden die Zuhörer – in der Regel – freiwillig, ob sie sich einen Vortrag anhören oder nicht. Zweitens findet dies nicht jeden Tag, sondern nur gelegentlich statt. Als Lehrer sucht man sich sein Publikum genauso wenig aus, wie andersherum die Schüler Einfluss auf die Wahl des „Vortragenden" haben. Umso wichtiger sind Verhaltensweisen und Regularien, die die gemeinsame Kommunikation fördern. Und das kann erstaunlich gut funktionieren – Tag für Tag.
Damit dies allerdings geschehen kann, muss man – müssen Sie! – einige Verhaltensregeln, Tipps und Tricks berücksichtigen. Auch wenn manche Situationen zunächst etwas unangenehm erscheinen mögen, wird es sich langfristig für Sie auszahlen.

Als Referendar begegnet Ihnen das Thema „Disziplin" zum einen im Ausbildungsunterricht, den Sie entweder hospitieren oder aktiv gestalten, sowie in Ihrem eigenen selbstständigen Unterricht. Darüber hinaus gibt es in der Schule sicherlich noch weitere Gelegenheiten, bei denen dieses Thema relevant wird (Pausenaufsichten, Vertretungsstunden, Wanderungen usw.). Viele Referendare fragen sich: „Wie schaffe ich es, dass die Schüler mir zuhören? Bin ich wirklich souverän? Was mache ich, wenn keiner auf mich hört? ...".

Auch hier gilt: Schauen Sie sich möglichst viel bei Ihren Mentoren ab. Achten Sie immer wieder bewusst darauf, wie Ihre Kollegen für Ruhe in der Klasse sorgen, wie sie einzelne Schüler ermahnen, wie sie dabei vorgehen und wie die Klasse und der Einzelne darauf reagieren.

↷ Kapitel 2: Aktives Hospitieren

11.1 Den Anfängen wehren – Das Drei-Säulen-Modell

Disziplin fußt auf den drei Säulen „Regeln", „Kontinuität" und „Konsequenz" und funktioniert letztlich nur, wenn ein vorgegebenes Regelwerk dauerhaft und unmissverständlich durchgesetzt wird.

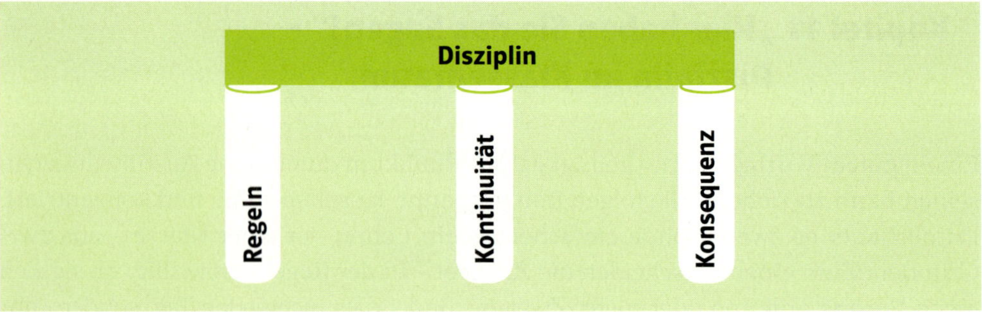

Die erste Säule – Regeln

Wenn Sie den Schülern nicht Ihre Regeln für Ihren Unterricht verraten, geben Sie ihnen keine Chance, sich so zu verhalten, wie Sie es gern hätten. Disziplin gibt Sicherheit und Orientierung. Doch woran sollen sich die Schüler orientieren, wenn sie keinen Rahmen dafür geboten bekommen. Beachten Sie dafür folgende Aspekte:
Regeln müssen eindeutig und für die Schüler klar formuliert werden. Sie müssen allgemeine Gültigkeit haben, sich also nicht auf Spezialfälle, beispielsweise Gruppenarbeit beschränken, und es sollten nach Möglichkeit wenige Regeln sein, die Sie festsetzen. Ganz richtig: festsetzen! Was Ihnen für Ihren Unterricht wichtig ist, sollten Sie nicht zur Diskussion stellen, sondern einfordern. Die Praxis zeigt, dass Schüler in der Regel mit diesem Vorgehen klarkommen und die aufgestellten Regeln akzeptieren. Natürlich können Sie ergänzend mit der Klasse gemeinsame Regeln entwickeln. Je nach Wahl der Arbeits- und Sozialform kann es unter Umständen hilfreich sein, zusätzliche Regeln einzuführen bzw. abzusprechen. Hervorzuheben wäre hier das Thema „Gruppenarbeit'. Für das alltägliche Arbeiten im Unterricht sind allerdings klare Vorgaben empfehlenswert. Bedenken Sie, dass Sie sich vor der Klasse behaupten müssen.

 Fünf Regeln reichen aus.

Damit Ihr Regelwerk kein unverständlicher Katalog wird, beschränken Sie sich auf wenige Regeln. Hier sind es fünf! Jeder Finger einer Hand steht für eine Regel. Sagen und zeigen Sie (mit der ausgestreckten Hand und gespreizten Fingern) der Klasse, dass Sie jetzt fünf Regeln nennen werden. Letztlich müssen Sie Ihre eigenen Regeln finden. Doch was macht man, wenn man noch überhaupt keine hat? Die folgenden fünf Regeln haben sich in der Praxis bewährt. Vielleicht funktionieren sie auch bei Ihnen. Versuchen Sie es und modifizieren Sie bei Bedarf.

Regel 1: „Wenn ich (Lehrer) spreche, seid ihr bitte ruhig!“
Hier ist keine weitere Erklärung nötig. Sollte ein Schüler das direkt kommentieren, dann ermahnen Sie ihn sofort, dass er gerade gegen die erste Regel verstoßen habe. Bleiben Sie aber freundlich dabei, das entspannt die Situation für Ihre Schüler, aber auch für Sie.

Regel 2: „Wenn jemand von euch etwas fragen oder sagen will, dann macht er das wie ...?“
An dieser Stelle empfiehlt es sich, die Regel nicht selbst zu vervollständigen, sondern auf die Reaktion der Schüler zu warten und darauf einzugehen. Manche Schüler platzen lauthals hervor „durch Melden!“. Seien Sie dankbar für diesen kleinen Regelverstoß und entgegnen Sie mit einem milden Lächeln und einem Kopfschütteln.

Sofort werden sich andere Schüler finden, die genau das machen, was Sie letztlich wollen: sich melden und abwarten, bis Sie sie drannehmen. Nun kann der Schüler die Regel vervollständigen: „melden und warten, bis er drankommt". Geben Sie den Schülern zu verstehen, dass auch Sie ruhig sind, wenn ein Schüler etwas sagt. Damit zeigen Sie, dass Ihre Regeln auch von Ihnen selbst eingehalten werden.

Regel 3: „In meinem Unterricht wird kein Kaugummi gekaut, nicht gegessen und getrunken ...!"

Diese Regel ist Teil eines Katalogs allgemeiner Verhaltensmaßnahmen, der vom Lehrerkollegium vereinbart worden ist. Dazu zählen in manchen Schulen noch weitere Regeln, etwa über das Tragen von Schirmmützen etc.. Sie müssen sich also im Vorfeld darüber informieren, welche allgemeinen Verhaltensregeln für den Unterricht an Ihrer Schule gelten. Denken Sie aber nicht, dass diese automatisch von den Schülern in Ihrem Unterricht eingehalten werden. Sie müssen sie noch einmal explizit nennen. Verständlicherweise wollen Schüler diese Regeln manchmal diskutieren: „Kaugummi kauen fördert doch die Durchblutung des Kopfes und ist damit doch auch gut fürs Gehirn", ist ein häufiges Argument. Jetzt müssen Sie hart bleiben. Insbesondere in höheren Klassen wird man Ihnen schildern wollen, bei welchem Kollegen man auch Kaugummi kauen dürfe. Lassen Sie sich auf keine Diskussion ein, sondern bestehen Sie auf Ihrer Regel als Teil einer allgemeinen Verabredung innerhalb der Schule.

Regel 4: „Ich lege Wert auf einen höflichen Umgangston im Unterricht."

Eigentlich eine Selbstverständlichkeit, aber sind das nicht auch die ersten drei Regeln? Weisen Sie noch einmal explizit darauf hin, dass Sie keine Beschimpfungen unter den Schülern dulden und dass Wörter wie „bitte" und „danke" durchaus ab und zu benutzt werden dürfen. Hier zeigt die Praxis, dass Lehrern, die ihren Schülern höflich und respektvoll begegnen, auch ein freundlicher und höflicher Umgangston von ihren Schülern entgegengebracht wird.

Regel 5: „Macht Fehler!"

Wenn Sie jetzt selbst einen Moment stutzen, dann können Sie sich ja ungefähr vorstellen, wie es Ihren Schülern ergehen mag, wenn sie das hören. Natürlich wollen Sie nicht, dass Ihre Schüler Fehler machen – schon gar nicht bewusst.

Warten Sie ruhig einen Augenblick ab. Für gewöhnlich entsteht für eine gewisse Zeit Unruhe, weil die Schüler teils belustigt, teils verunsichert reagieren. Über diese letzte Regel können Sie mit Ihren Schülern ins Gespräch kommen. Das scheint zwar der obigen Anweisung, Regeln nicht zu besprechen, zu widersprechen. Doch mit dieser „Regel" sollen die Kinder aufgefordert werden, sich mündlich zu beteiligen, auch wenn sie unsicher sind, ob ihre Antwort richtig ist. Es empfiehlt sich, die Schüler zu fragen, was denn nun eigentlich mit dieser Regel gemeint sei. Neben der inhaltlichen Diskussion können Sie bereits erkennen, ob sich die Schüler daran halten, sich zu melden und abzuwarten, bis sie drangenommen werden. Weisen Sie bei Bedarf ruhig noch einmal freundlich darauf hin, dass die übrigen Regeln bereits gelten.

Regeln in Kurzform	
Regel 1:	„Wenn ich (Lehrer) spreche, seid ihr bitte ruhig!"
Regel 2:	„Wenn jemand von euch etwas fragen oder sagen will, dann meldet ihr euch und wartet, bis ihr drankommt."
Regel 3:	„In meinem Unterricht wird kein Kaugummi gekaut, nicht gegessen und getrunken…!"
Regel 4:	„Ich lege Wert auf einen höflichen Umgangston im Unterricht."
Regel 5:	„Macht Fehler!"

11 / 1 Meine Regeln für den Unterricht

Vielleicht denken Sie jetzt: „Alles schön und gut, aber wie bekomme ich die Klasse am Anfang der Stunde überhaupt dazu, dass sie ruhig wird?" In manchen Schulformen – insbesondere den Grundschulen und den Unterstufenklassen der weiterführenden Schulen – gibt es besondere Rituale dafür, dass Ruhe in die Klasse einkehren soll. Ein deutlich nach oben gestreckter Arm, der andere mit dem Zeigefinger zum Mund ist wohl das bekannteste „Ruhe-Zeichen". Manche Lehrer lassen ihre Schüler zu Beginn der Stunde aufstehen. Das hat nichts mit militärischem Drill zu tun, sondern ist ebenfalls ein verabredetes Ritual. Die Schüler wissen „jetzt geht es los". Wenn Sie derartige Rituale als hilfreich und praktisch ansehen, dann ist nach der Bekanntgabe der Regeln der geeignete Zeitpunkt, diese einzuführen.

Rituale platzieren

Vielleicht haben Sie ja während Ihrer Hospitation hierzu Tricks sammeln können. Schauen Sie doch noch einmal auf Ihre Liste „Hilfreiche Tipps". Vielleicht haben Sie während Ihrer Hospitation auch erlebt, dass ein Kollege sehr laut wird. Das funktioniert sicher mal, sollte aber für Sie nicht zum gängigen Prinzip Ihres Unterrichts werden. Mit Lärm erzeugt man ebenso wenig Ruhe wie mit Flüstern Krach. Wer es leise haben will, sollte daher nicht laut werden.

Damit den Schülern verständlich wird, wann und wie bei Ihnen zukünftig der Unterricht beginnen wird, müssen Sie ihnen das mitteilen. Scheuen Sie sich nicht, diesen Ablauf mit ihnen einmal zu üben. Je deutlicher Sie in der ersten Stunde Akzente setzen, desto klarer ist der Rahmen, den Sie den Schülern bieten. Und umso einfacher werden Sie es in den folgenden Stunden haben. Sie sollten aber darauf achten, dass Sie ruhig und freundlich mit den Schülern reden. Ein „Kasernenhof-Ton" ist dabei in der Regel kontraproduktiv.

Die zweite und dritte Säule – Kontinuität und Konsequenz

Die beiden folgenden Säulen stellen die eigentliche Herausforderung dar. **Kontinuität** bedeutet in diesem Zusammenhang, dass Sie Ihre Regeln mit den Schülern **einüben,** sie daran **erinnern**, gegebenenfalls **ermahnen** und **ermuntern**. Etwas mühsam kann dies bei unruhigeren großen Klassen und teilweise auch bei Grundschülern sein, die sich erst an Schulregeln gewöhnen müssen. Es ist sicherlich nicht immer leicht, daran zu erinnern, dass die Schüler sich melden müssen, nicht einfach reinrufen, die anderen ausreden lassen etc. Gerade diese Klassen aber brauchen einen besonders klaren Orientierungsrahmen, innerhalb dessen sie sich bewegen. Mit der kontinuierlichen Einübung ist die konsequente Handhabung – die dritte Säule – verbunden. **Konsequenz** bedeutet hier **Regeln vorzuleben** (eine Art der Selbstdisziplin für den Lehrer). Loben Sie Ihre Klasse oder einzelne Schüler für ihr gutes Verhalten. Beim Thema „Disziplin" wird häufig vergessen, dass es genauso wichtig ist, Schüler zu loben. Außerdem wirkt es motivierend auf Schüler, damit weiterzumachen. Während man beim Loben ruhig etwas allgemeiner vorgehen darf, etwa derart: „Ich wollte euch einmal sagen, dass ich es toll finde, wie ihr euch an die Regeln haltet", sollte eine Ermahnung dagegen nicht allgemein bleiben: „Ihr da hinten, seid mal ruhig". Wer ist denn „ihr da hinten"? Während man sich bei einem allgemeinen Lob sehr schnell mit angesprochen fühlt, bewirkt eine unspezifische Ermahnung nur, dass „die Anderen" gemeint sind. Wenn Sie jemanden ermahnen wollen, weil er des öfteren gegen eine oder mehrere Regeln verstößt, müssen Sie ihn namentlich ansprechen. „Ihr seid jetzt ruhig!" wirkt weit weniger verbindlich als folgende Ermahnung: „Thomas und Matthias, Ihr seid jetzt ruhig!". Erst durch die namentliche Anrede fühlen sich die Schüler direkt angesprochen. Es ist daher wichtig, dass Sie möglichst schnell die Namen Ihrer Schüler lernen. Wie bereits erwähnt, ist es hilfreich, Klassenfotos zu erstellen und auf diesen die Namen einzutragen. Legen Sie sich diese Bilder in den ersten Stunden ruhig auf Ihren Lehrertisch und schauen Sie bei Bedarf darauf.

Loben Sie das gute Verhalten eines Schülers oder der gesamten Klasse. Ermahnen Sie einen Schüler immer namentlich. Nur so fühlt sich der Schüler direkt angesprochen.

Gerade in den ersten Unterrichtsstunden in einer neuen Klasse ist eine konsequente Regeleinhaltung entscheidend. Wenn die Schüler erst einmal verinnerlicht haben, dass Sie wirklich auf der Einhaltung bestehen, haben Sie es in den nachfolgenden Stunden leichter.

Gerade junge Lehrer begehen häufig den Fehler, dass sie erst einmal locker auftreten und einen netten Eindruck bei den Schülern hinterlassen möchten. Damit unterschätzen sie allerdings die Urteilsfähigkeit ihrer Schüler. Sie trauen den Schülern nicht zu, dass sie auch einen Lehrer mit Regeln nett finden können. Außerdem haben es diejenigen Lehrkräfte viel schwerer, nachträglich – wenn es zu konkreten Störungen gekommen ist – Regeln in der Klasse zu etablieren. Regeln nachträglich zu modifizieren oder noch neue einführen zu wollen, ist sehr viel schwieriger und wirkt beliebig in der Festsetzung, Ausübung und Einhaltung.

In Fortbildungen fragen Referendare und junge Lehrer häufig, wie sie sich zusätzlich noch Respekt vor der Klasse verschaffen können. Grundvoraussetzung ist ein souveränes, vor allem aber authentisches Auftreten. Es reicht nicht aus, eine Rolle zu spielen. Sie müssen von Ihren Ansichten und Vorstellungen überzeugt sein, erst dann kann es Ihnen gelingen, diese auch überzeugend darzustellen. Schüler haben in der Regel ein Gespür dafür, ob ein Lehrer sicher auftritt oder nur eine Rolle spielt. Scheuen Sie sich also nicht, zu Hause einmal exemplarisch eine Stunde durchzuspielen. Schreiben Sie sich Ihre Regeln auf eine Karteikarte, damit Sie im Unterricht nichts vergessen. Üben Sie die Regelbekanntgabe zu Hause vor dem Spiegel, wenn Sie sich noch etwas unsicher fühlen. Sie müssen selbst entscheiden, ob Ihnen ein solches Vorgehen liegt oder nicht.

In der Praxis werden Sie immer wieder in Situationen geraten, in denen Sie im Nachhinein nicht sicher sein können, ob die eine oder andere Ermahnung oder Bestrafung ungerecht war. Leider gibt es keine Kochrezepte und keinen Dienstplan, die man in solchen Fällen heranziehen kann. Auch das hier vorgestellte Konzept kann sich für Sie persönlich als nicht ausreichend bzw. nicht praktikabel erweisen. Aber auch diese Erkenntnis basiert auf Erfahrungen, die Sie selbst sammeln müssen.

Schreiben Sie sich Ihre Regeln auf eine Karteikarte, damit Sie sie griffbereit haben.

Fragen Sie auch Ihre erfahrenen Kollegen, welche Tricks und Kniffe sie anwenden, um gerade in der ersten Stunde in einer neuen Klasse deutlich zu machen, wer das Sagen hat.

11.2 Unterrichtsstörungen – trotz Regeln?

Das Einführen und Einhalten von Regeln ist noch lange kein Garant dafür, dass Unterrichtsstörungen ab jetzt in Ihrem Unterricht ausbleiben. Dazu ist es wichtig, zunächst zu hinterfragen, wie Unterrichtsstörungen entstehen können.

Dieter H. ist Referendar am Gymnasium. Er unterrichtet eigenverantwortlich u.a. eine 8. Klasse in Physik. Da ihm die Klasse immer etwas unruhig und lustlos erscheint, möchte er in der nächsten Stunde mit einem Schülerexperiment für mehr Interesse und Motivation bei den Schülern sorgen.
Inhaltlich geht es um die Lichtbrechung an Grenzflächen. Damit alles reibungslos im Unterricht klappt, tüftelt er am Vortag zu Hause an einem möglichst einfachen Versuchsaufbau. Hierfür hat der Referendar gelbes Wasser vorbereitet, mit dem man die Ausbreitung und Brechung des Lichtbündels besonders gut sichtbar machen kann. Er versieht eine Taschenlampe mit verschiedenen Klebestreifen, um ein möglichst schmales Lichtbündel zu erzeugen, das er dann schräg auf die Wasseroberfläche strahlen kann. Nach kurzer Zeit funktioniert alles – der Versuch steht!
Weil in der Unterrichtsstunde alles gut klappen soll, kommt Dieter H. am nächsten Tag früher in die Schule und stellt alle Materialien zusammen.
Die Stunde beginnt und Dieter H. nimmt kurz Bezug auf die vergangene Unterrichtsstunde, bevor er das heutige Thema einleitet. Die Schüler sind ruhig und hören ihm zu. Damit die Schüler seine Erklärungen direkt nachvollziehen können, gibt er den Auftrag, dass sie sich zunächst das Material holen sollen und sie dann gemeinsam die einzelnen Schritte besprechen: „Ihr nehmt euch jetzt die Materialien hier vom Tisch, die ich vorbereitet habe, und dann fangen wir an."
Natürlich möchte jeder Schüler an das Material, sodass bereits nach kürzester Zeit ein Engpass am Materialwagen entsteht. Die ersten Schüler drängen – mit allen Materialien beladen – zurück zu ihren Plätzen, die übrigen zielstrebig nach vorn. Schon passiert es: Die ersten Schüler haben die gelbe Flüssigkeit auf ihrer Kleidung und fangen sofort lauthals an, andere dafür verantwortlich zu machen. Der Lärmpegel steigt – auch, nachdem alle wieder an ihren Plätzen sitzen und die Materialien vor ihnen liegen. Die ersten fangen an, die Taschenlampen auszutesten, die nächsten versuchen, mit Taschentüchern die übergeschwappten Pfützen auf den Tischen zu beseitigen. Mit lauter Stimme fängt der Referendar nun an, gegen den Lärmpegel anzukommen und die weiteren Vorgehensschritte zu nennen. Hier und da ermahnt er einen Schüler. Ein Blick auf die Uhr verrät ihm, dass er bereits deutlich hinter seinem Zeitplan herhinkt. Damit die Schüler überhaupt arbeiten und zu einem Ergebnis kommen, geht er nun von Versuchstisch zu Versuchstisch und muss immer wieder von neuem erklären, was die Schüler eigentlich machen sollen.

> Während die ersten mit ihren Versuchen fertig sind, ist Dieter H. bei den letzten Tischen angelangt und erklärt die Vorgehensweise. Der zwischenzeitlich etwas gesunkene Lärmpegel brandet nun wie eine Welle von vorn wieder auf.
> Unvermittelt klingelt es. Frustriert und erschöpft räumt er die Utensilien zusammen.
> Gut gelaunt kommt ein Kollege aus der Nachbarklasse vorbei und fragt, ob alles geklappt hätte. „Hmmm", sagt er. „Gar nichts hat geklappt", denkt er. „Was ist bloß schief gelaufen? Warum kriege ich hier keine Ruhe in die Klasse?"

Das geschilderte Szenario lässt sich auf eine Vielzahl von Unterrichtssituationen übertragen. Es zeigt, dass für die vermeintlich von den Schülern ausgehende Unruhe häufig der Lehrer (mit-)verantwortlich ist. Oder etwas provokanter ausgedrückt: Die Unterrichtsstörung geht oft vom Lehrer selbst aus. Und die Unterrichtsstörungen beginnen oft nicht in der Stunde selbst, sondern meist viel früher, am Schreibtisch während der Planung (bzw. Fehlplanung) der Stunde.
Der Referendar hätte gut daran getan, sich nicht nur auf die Vorbereitung des Versuchs zu konzentrieren, sondern ebenso genau die Arbeitsabläufe und Aufgabenstellungen zu berücksichtigen. Gerade letzteres wird allzu oft versäumt. Wichtig wären hier zum Beispiel klare Vorgaben für die Schüler, wie die Abholung und der weitere Umgang mit dem Material ablaufen sollen. Doch an diese Vorgaben können sich Schüler natürlich nur halten, wenn sie ihnen bekannt sind. Auch das bedeutet Disziplin im Unterricht.

Als Referendar befindet man sich stärker als jeder andere Kollege in dem Dilemma, dass man noch nicht sehr viele Erfahrungen mit Unterrichtsstörungen hat und es daher schwer sein kann, angemessen zu reagieren. Was „angemessen" im Einzelfall bedeutet, können letztlich nur Sie für sich selbst entscheiden.
Es kommt häufig vor, dass Referendare sehr viel Zeit auf die Unterrichtsgestaltung verwenden. Grundsätzlich ist das auch zu begrüßen. Sie dürfen nur eines dabei nicht vergessen: Ihr Unterricht hängt entscheidend davon ab, dass die Schüler genau wissen, was sie zu tun haben. Selbst wenn Sie es durch die oben angeführten Hilfestellungen geschafft haben, Disziplin in Ihre Klasse zu bekommen, schützt Sie das nicht vor Unterrichtsstörungen.

Wichtig für das Vermeiden von Unterrichtsstörungen ist daher eine gute Arbeitsorganisation. Dazu gehört es ebenfalls, der Klasse Arbeitsaufträge so zu präsentieren, dass alle Schüler aufmerksam sind und die Arbeitsaufträge verstehen. Dies kann mündlich oder schriftlich (Arbeitsblatt, Tafel) erfolgen. Gerade bei jüngeren und lernschwächeren Schülern empfiehlt sich eine Kombination aus mündlichen und schriftlichen Anweisungen. Es ist ratsam, die Arbeitsaufträge noch einmal gemeinsam durchzugehen, um Missverständnisse zu vermeiden und Fragen auszuschließen.

Dabei gilt: Es ist ruhig im Klassenraum! Dies hört sich sehr einfach an, erfordert aber manchmal Geduld. Warten Sie, bis es wirklich ruhig geworden ist, bis keiner mehr mit dem Nachbarn „quatscht". Achten Sie auch darauf, dass die Schüler nicht „ganz nebenbei" mit irgendwelchen Gegenständen herumspielen oder bereits mit der Bearbeitung der Aufgaben anfangen. Weisen Sie diese Schüler mit ruhiger und bestimmter Stimme an: „Julian, leg' bitte den Bleistift hin. Lisa, du auch!". Natürlich dauert dies ein wenig und es kann Ihnen endlos erscheinen. Aber: Investieren Sie lieber ein oder zwei Minuten in Ruhe und Aufmerksamkeit für die Arbeitsanweisungen, als später zehn Minuten dafür zu opfern, jedem Schüler einzeln zu erklären, was er tun soll und was nicht. (siehe Praxisbeispiel am Anfang des Kapitels)

Investieren Sie lieber eine Minute in Ruhe, als später 10 Minuten für Erklärungen zu opfern.

Vergewissern Sie sich durch Nachfragen, ob alle Kinder die Aufgaben- und Fragestellung verstanden haben. Für die älteren Klassen der Grundschule und für die weiterführenden Schulen ist es sinnvoll und hilfreich, Zeitvorgaben für die Erarbeitung zu machen: „So, ihr habt jetzt zehn Minuten Zeit, dann besprechen wir die Ergebnisse." Damit geben Sie den Schülern einen zeitlichen Orientierungsrahmen – setzen also einen definierten Anfangs- und Endpunkt. Die Schüler wissen dadurch, dass sie nicht beliebig viel Zeit haben. Falls Sie feststellen, dass Ihre Zeitvorgabe zu knapp angesetzt war, können Sie immer noch ein paar Minuten hinten anhängen. Anders ist es, wenn Sie urplötzlich bekannt geben, dass die Schüler nur noch ein oder zwei Minuten Zeit haben. Nicht selten äußern Schüler hier Protest, weil sie von vornherein über den zeitlichen Verlauf im Unklaren gelassen wurden. Also: Arbeitszeiten bekannt geben.

Arbeitszeiten bekannt geben!

So kann es auch laufen:

Dieter H. ist Referendar am Gymnasium. Er unterrichtet eigenverantwortlich u. a. eine 8. Klasse in Physik. Zu Beginn seines Unterrichtes hat er der Klasse einige Regeln mitgeteilt, die für seinen Unterricht und auch für das spezielle Arbeiten bei Experimenten gelten. Damit alles reibungslos im Unterricht klappt, tüftelt er am Vortag zu Hause an einem möglichst einfachen Versuchsaufbau. Nach kurzer Zeit funktioniert alles – der Versuch steht! Nun überlegt sich der

Referendar noch den genauen Ablauf der Stunde und macht sich Gedanken über die Formulierung der Arbeitsaufträge.
Damit in der Unterrichtsstunde alles gut läuft, kommt Dieter H. am nächsten Tag früher in die Schule und stellt alle Materialien zusammen.
Nachdem er die Schüler begrüßt hat und diese sich wieder gesetzt haben, nimmt er kurz Bezug auf die vergangene Unterrichtsstunde, bevor er das heutige Thema einleitet. Die Schüler sind ruhig und hören ihm zu. Dieter H. verteilt ein Arbeitsblatt und lässt die Arbeitsaufträge noch einmal vorlesen. Nachdem keine Fragen mehr bestehen, gibt er das Signal für die „Materialholer" der einzelnen Tische. Da jeder Schüler weiß, was er zu tun hat, kann zügig mit dem Experimentieren begonnen werden.
Nach dem Experimentieren räumen die Schüler ihre Materialien eigenständig zurück – so, wie Dieter H. es mit ihnen eingeübt hat. Ungefähr nach der vorgesehenen Zeit sind alle fertig und die Auswertung beginnt. Nachdem die Ergebnisse an der Tafel festgehalten, von den Schülern abgeschrieben sind und die Hausaufgabe benannt ist, klingelt es. Gut gelaunt kommt ein Kollege aus der Nachbarklasse vorbei und fragt, ob alles geklappt hätte. „Ja", – sagt Dieter H., „hat echt Spaß gemacht!"

Literatur

Bezüglich der Thematik „Unterrichtsstörungen" informiert die gleichlautende Ausgabe der Zeitschrift Pädagogik (Heft 1/Januar 2000). Hier kommen Praktiker zu Wort, die sich auf interessante Art mit diesem Thema auseinander setzen.

Kapitel 12 Vom ersten Unterrichtsbesuch bis zur Examensprüfung

„Machen Sie eine ganz normale Stunde, bloß nichts Aufwändiges. Ich will auch keine ‚Schaustunde' sehen. Ich will mir ja erst einmal einen Eindruck von Ihnen machen und Sie als Lehrperson kennen lernen."

Es ist sicherlich richtig, dass sowohl Fach- und Hauptseminarleiter als auch Schulleiter im ersten Unterrichtsbesuch kein Feuerwerk an didaktischen und methodischen Raffinessen erwarten. Es verlangt auch keiner von Ihnen, dass Sie als Drahtseilartist mit Bällen jonglieren und Einrad fahrend den Kopf in ein Löwenmaul stecken, um Interesse zu wecken. Doch was meint eigentlich ein Fachleiter, wenn er von einer „ganz normalen" Stunde redet? Gerade diesen Personen werden permanent Stunden präsentiert, die – so sollte es zumindest sein – sehr genau geplant und überdurchschnittlich lange vorbereitet wurden. Was heißt also „normal"? Gerade aus diesem Grund sollten Sie sich nicht in falscher Sicherheit wiegen und denken: „Ach, dann mach ich auch nichts Besonderes".

Wie Ihnen die Balance zwischen Aufwand und Erfolg bei Unterrichtsbesuchen und insbesondere in der Examenslehrprobe gelingen kann, schildert dieses Kapitel. Gleiches gilt für die Staatsexamensarbeit und das Kolloquium. Darüber hinaus leistet der Abschnitt „Krisengespräche" erste Hilfe, wenn es mal nicht so gut läuft und Sie mit jemandem offen über Ihre Probleme reden möchten.

Sehen Sie jeden Unterrichtsbesuch als Herausforderung. Warum erst beim zweiten oder dritten Besuch loslegen? Stellen Sie sich vor, Sie würden Ihrer Klasse vor einer Klassenarbeit raten, sich bloß nicht groß vorzubereiten, weil Sie einfach mal sehen wollen, was jeder Schüler so spontan kann. Klingt absurd? Ist es auch!
Also, zögern Sie nicht, sondern zeigen Sie, was Sie können!

12.1 Unterrichtsbesuche

Unterrichtsbesuche bzw. Lehrproben (der unterschiedliche Sprachgebrauch rührt daher, dass im Sek. I/II-Bereich von Lehrproben, im sonderpädagogischen und Primarbereich sowie im übrigen Sek. I-Bereich von Unterrichtsbesuchen gesprochen wird) laufen in der Regel nach einem festen Schema ab:

1. Terminvereinbarung mit dem Fach-, Hauptseminar- bzw. Schulleiter
2. Planung und Konzeption der Stunde
3. Erstellung des Unterrichtsentwurfes
4. Durchführung der Stunde
5. Nachbesprechung der Stunde.

Zeitliche Planung eines Unterrichtsbesuchs

Bevor Sie einen Termin für eine Lehrprobe vereinbaren, sollten Sie Gewissheit darüber haben, dass Sie einigermaßen mit der Lerngruppe zurecht kommen. Sofern möglich, sollten Sie einen Themenbereich auswählen, in dem Sie sich möglichst gut auskennen und sicher fühlen bzw. in den Sie sich problemlos einarbeiten können. Da die Terminabsprachen zum Teil weit im Vorfeld der eigentlichen Stunde vorgenommen werden, sollten Sie Ihren Terminkalender gut kennen, um den Zeitpunkt für den Besuch zu bestimmen. Planen Sie am besten direkt ein oder zwei Alternativtermine ein und erkundigen Sie sich frühzeitig, ob Klassenarbeiten, Schulaktionen, Fahrten oder dergleichen geplant sind. Dieser planerische Weitblick hilft Ihnen, auf Alternativvorschläge direkt reagieren zu können und bei eventuellen Terminüberschneidungen rasch eine Lösung zu finden.

Kapitel 3: Zeitmanagement

Tragen Sie sich den Termin in Ihren Monats- bzw. Wochenplan ein. Zählen Sie die Stunden des verbleibenden Unterrichts zusammen. Für die weitere Planung ist es wichtig, dass Sie diese Zeit im Blick behalten. Strukturieren Sie die letzten zwei bis drei Tage vor dem Unterrichtsbesuch zeitlich sehr genau durch. Schreiben Sie detailliert auf, welcher Schritt bis wann erledigt sein soll, etwa wann Sie den Unterrichtsentwurf fertig gestellt haben möchten.

Inhaltliche Planung

Erfahrungsgemäß lassen sich Unterrichtsbesuche leichter planen, wenn Sie bereits frühzeitig eine konkrete Vorstellung von den Inhalten dieser Stunden haben. So können Sie planerisch agieren, in dem Sie die „Weiche" in Ihrer Unterrichtsgestaltung frühzeitig richtig stellen und müssen nicht reagieren, indem Sie erst einmal abwarten müssen, wie weit Sie im Unterricht kommen. Haben Sie frühzeitig eine Vorstellung, wissen Sie auch, was Ihre Schüler bis zu diesem Zeitpunkt inhaltlich und methodisch kennen und können müssen. Sie sollten keine Skrupel haben, unmittelbar vor der Lehrprobe die Unterrichtsinhalte und das methodische Vorgehen auf Ihre Belange hin abzustimmen. Außerdem erleichtern Sie sich die Materialsuche und -aufbereitung erheblich, wenn Sie genügend Zeit im Vorfeld dafür haben.

Kapitel 4: Die ersten eigenen Unterrichtsstunden

12/1 Planungshilfe 3 x 3 – für einen Unterrichtsbesuch

Nehmen Sie sich die „Planungshilfe 3 x 3" zu Hilfe. Setzen Sie Ihre Besuchsstunde in die Mitte (= 2. Stunde) und überlegen Sie für die vorhergehende und nachfolgende Stunde die Hauptinhalte. In der Stunde davor müssen Sie alle „Weichen" stellen, damit Sie problemlos in Ihre Lehrprobe gehen können. Die Stunde danach sollten Sie schon allein deswegen mitberücksichtigen, damit Sie sowohl in der schriftlichen Planung als auch in der Nachbesprechung einen Ausblick geben können und so Ihre Planungskompetenz dokumentieren. Es ist daher nicht ratsam, eine völlig isolierte Lehrprobenstunde zu planen, die keinen Bezug zum Reihenkontext erkennen lässt.

Wie bei den übrigen Stundenplanungen auch, sollten Sie zunächst den Inhalt der Unterrichtsstunde in den Mittelpunkt stellen und erst danach überlegen, wie Sie diese Inhalte methodisch umsetzen können. Vereinfacht lässt sich das in folgendes

Schema einbetten: die inhaltlichen Ziele definieren und daran anschließend das methodische Vorgehen festlegen. Die Einführung einer neuen Methode kann natürlich auch das Ziel einer Stunde sein. Bedenken Sie aber: Methoden sind immer Hilfsmittel, niemals Selbstzweck. Sie sollten also genau begründen können, warum und wofür Sie die Einführung bzw. den Einsatz einer bestimmten Methode ins Zentrum Ihrer Stunde stellen wollen.
Es scheint ebenfalls „verführerisch", neue Inhalte mit einer neuen Methode einführen zu wollen. Doch davon sollten Sie Abstand nehmen. Für Sie sollte gelten: neue Inhalte nicht mit einer neuen Methode verbinden! Die Erfahrung in der Praxis zeigt, dass Schüler damit in der Regel überfordert werden, da sie sich zunächst mit der für sie unbekannten Methode vertraut machen müssen, bevor sie sich die neuen Inhalte erarbeiten. Bedenken Sie: Weniger ist mehr!

Neue Inhalte nicht mit einer neuen Methode einführen

Unterrichtsentwurf

Unterrichtsentwürfe unterscheiden sich natürlich zunächst inhaltlich. Darüber hinaus enthalten sie Angaben – etwa zur Lerngruppe, zum Stunden- und Reihenthema oder dem inhaltlichen und methodischen Schwerpunkt – und unterscheiden sich hinsichtlich des formalen und strukturellen Aufbaus voneinander. Dies liegt vor allem daran, dass sich die Gestaltungsvorgaben von Seminar zu Seminar oder sogar von Fachleiter zu Fachleiter unterscheiden. Es kann also gut sein, dass einer Ihrer Fachleiter den Verlauf in tabellarischer Form wünscht, der andere Fachleiter dagegen einen Fließtext erwartet. Fragen Sie daher frühzeitig vor einer Lehrprobe nach dem gewünschten Schema. Sollte sich Ihr Fachleiter diesbezüglich etwas „bedeckt" halten – was zu Beginn der Seminare nicht selten der Fall ist –, finden Sie auf der beigefügten CD Vorschläge und Masken, die Sie verwenden bzw. nach Ihren eigenen Bedürfnissen abwandeln können.

Je nach Schulform unterscheiden sich die Entwürfe noch einmal voneinander. Insbesondere im sonderpädagogischen Bereich wird sehr viel Wert auf eine differenzierte Analyse der Lerngruppe mit Förderschwerpunkten gelegt. Eine derart genaue Betrachtung der Lerngruppen wird in allgemeinbildenden Schulen – allein schon wegen der Klassengrößen – in der Regel nicht durchgeführt.

Als grundsätzliche Elemente für einen Unterrichtsentwurf (auch Bausteine oder Module genannt) sind folgende zu nennen:

- Titelblatt mit allgemeinen Angaben
- Thema und Inhalt der Stunde

- Reihenkontext
- didaktische Kommentare
- Unterrichtsverlauf (Skizze)
- fachspezifische Aspekte (und entwicklungsspezifische Aspekte im Sonderschulbereich)
- Literatur, Quellen, Medien
- Unterrichtsmaterialien / Arbeitsblätter

Das Titelblatt muss sich jedoch nicht auf den ersten Baustein beschränken. Die Bausteine zwei und drei können ebenfalls mit aufgeführt werden. Erfahrungsgemäß mögen es Fach- und Hauptseminarleiter gern kompakt. Folgende Elemente sollten berücksichtigt werden:

- Name und Fach des Referendars; Datum
- Name der Schule
- Seminar
- Name des Fach- bzw. Hauptseminarleiters
- Mentor
- Lerngruppe (Jahrgangsstufe; Anzahl der Schüler; Mädchen / Jungen)
- Unterrichtsstunde (mit Zeitangabe)
- Anzahl der bereits durchgeführten Stunden (hospitiert und unterrichtet)
- Thema der Unterrichtsstunde
- Thema der Unterrichtsreihe
- Einbettung der Stunde in den Reihenkontext.

Wahrscheinlich ist die erste Seite damit bereits ausgefüllt. Im Anschluss daran sollten die Intentionen bzw. Ziele formuliert werden. In der Regel werden neben fachlichen, das heißt inhaltlichen Zielen, auch methodische – und im Sonderschulbereich auch entwicklungsbezogene – Ziele erwartet. Während Sie die Ziele kürzer darstellen sollten, werden der Reihenkontext und die didaktischen Kommentare ausführlicher dargestellt. Ein Praxisbeispiel dafür finden Sie auf der CD.

12 / 3 Beispiele für Unterrichtsentwürfe

Achten Sie darauf, dass sowohl das Thema der Stunde als auch der Reihe an das jeweilige Sprachniveau Ihrer Schüler angepasst ist. Das hier vorliegende Beispiel auf der CD hat als Thema der Stunde „Jedes Vogelküken braucht ein Zuhause" und als Reihenthema „Vögel im Frühling". Nicht angemessen wäre es beispielsweise, das Stundenthema für diese Primarstufen-Klasse folgendermaßen zu formulieren: „Die Nistwahl europäischer Vögel und das artspezifische Aufziehen der Jungvögel".

Zur ausführlicheren Darstellung der Reihe und der Lehrprobenstunde gehört auch eine Begründung des fachlichen Vorgehens. Mit einer bloßen Schilderung der bereits durchgeführten Stunden vertun Sie sich die Chance, Ihre Planungskompetenz durch gezielte Erläuterungen unter Beweis zu stellen. Die didaktischen Kommentare sollten darüber hinaus eine Kombination aus inhaltlichen, methodischen und medialen Aspekten sowie Arbeits- und Sozialformen bilden. Sie müssen damit verständlich machen, warum, wie und womit Sie Ihre Lerninhalte anbringen wollen.

Der Unterrichtsverlauf (Skizze) wird in der Regel tabellarisch erstellt. Das erhöht die Übersichtlichkeit. Die einzelnen Unterrichtsphasen sollten klar gegliedert werden. Eine zeitliche Einteilung – etwa Einleitung (3 Min.) – kann sich als hilfreich erweisen, kann allerdings auch dazu führen, dass Sie sich zu sehr einengen und weniger flexibel reagieren. Für Ihre eigene Planung ist allerdings eine zeitliche Voreinteilung der Phasen zwingend notwendig. Neben der Phaseneinteilung sind die dafür geplanten Unterrichtsaktivitäten, die zugehörigen Medien und geplanten Sozialformen zu benennen. Im sonderpädagogischen Bereich kommen noch zusätzliche Aspekte wie Förderschwerpunkte oder Mitarbeitereinsatz hinzu.

Vorbereitung und Durchführung der Lehrprobe

Je genauer Ihre Vorbereitungen sind, desto weniger Probleme werden während des Unterrichtsbesuches auftreten. Falls Sie Sorge haben während der Lehrprobe etwas zu vergessen, dann machen Sie sich einen kurzen Verlaufsplan oder nehmen den aus Ihrem Entwurf. Schreiben Sie sich ruhig Ihre Fragen auf Karteikarten, damit Sie sie notfalls parat haben. Sie sollten versuchen den Unterrichtsraum so gut wie möglich vorzubereiten – am besten bereits am Tag zuvor. Da Unterrichtsproben jedoch nicht immer in der ersten Stunde stattfinden, müssen Sie flexibel reagieren können, indem Sie sich alle benötigten Materialien, Geräte und Medien auch noch unmittelbar vor Ihrer Stunde zurechtlegen. Sollte ein größerer Umbau des Klassenzimmers notwendig sein (Gruppentisch, Lernstationen usw.), ist es sinnvoll, den Raum bereits für die Stunde davor zu reservieren, damit Sie in Ruhe agieren können. Dies erfordert manchmal einiges an logistischer Vorarbeit, da der Raum eventuell belegt sein könnte und ein Ersatzraum zur Verfügung gestellt werden muss. Teilen Sie solche Wünsche frühzeitig in Ihrer Schule dem verantwortlichen Kollegen mit. Gleiches gilt für Ihre Unterrichtsstunden. Unmittelbar vor und nach der Lehrprobe sollten Sie keinen anderen Unterricht haben (Vorbereitungen und Nachbesprechung). Sorgen Sie auch hier frühzeitig für möglichen Ersatz.
Auch wenn eine Lehrprobe keine Theatervorführung sein soll, ist es notwendig, Ihre „Bühne" rechtzeitig zu gestalten. Eine saubere Tafel gehört genauso dazu wie ein ordentlicher und sauberer Klassenraum, zusätzliche Tische und Stühle für Ihre Gäste, einwandfrei funktionierende Geräte und Medien, Kreide in der Tafelablage

sowie bereitgelegte Materialien für Ihre Schüler. Benutzen Sie hierfür die bereitgestellte Checkliste und ergänzen Sie diese im Laufe Ihrer Ausbildung.

12/2 Checkliste: Vorbereitungen für den Unterrichtsbesuch

Für die Durchführung der Lehrprobe gilt: „Planerfüllung ist wünschenswert, aber nicht oberstes Ziel!"
Was heißt das genau? Keine andere Stunde ist so gut geplant wie eine Lehrprobenstunde. In der Regel gliedert sie sich in eine interessante und motivierende Einstiegsphase, eine logisch daran anknüpfende Erarbeitungs- sowie eine Sicherungsphase. Natürlich ist man bestrebt, diese Stunde entsprechend der eigenen Planung durch- und vorzuführen. Dennoch sollten Sie dies nicht mit allen Mitteln anstreben. Wenn Ihre Schüler beispielsweise durch einen Arbeitsauftrag oder ein Arbeitsblatt überfordert sind, werden sie sehr viel mehr Zeit benötigen als ursprünglich dafür angesetzt. Es kann auch sein, dass Sie erst noch eine zusätzliche Hilfestellung für alle Schüler geben müssen, damit sie weiterarbeiten können. Langsam merkt man nun, dass einem die Zeit davonläuft und der Plan ins Wanken gerät. Entweder Sie entscheiden sich nun trotzdem nach Plan vorzugehen, was meist in einer lehrerzentrierten Ergebnissicherung mündet, oder Sie weichen von Ihrer Planung ab. Das allerdings erfordert Mut und Selbstvertrauen. Aber trauen Sie sich! Legen Sie Wert auf ein fachlich, methodisch und didaktisch schülerorientiertes Vorgehen. Kann dies aus welchem Grund auch immer nicht gewährleistet werden, sollten Sie flexibel reagieren. Sie haben in der anschließenden Nachbesprechung Gelegenheit, auf Ihre Planabweichung einzugehen.

Nachbesprechung der Lehrprobe

Erfahrungsgemäß haben Sie das erste Wort, das heißt die Gelegenheit, Ihre Unterrichtsstunde zu reflektieren. Viele Referendare beginnen ihre Reflexion mit den negativen Aspekten. Aber: Jedes Feedback sollte positiv beginnen, auch Ihr eigenes. Schildern Sie daher zunächst, womit Sie zufrieden sind, was gut gelaufen ist. Danach können Sie immer noch kritisch darüber berichten, was nicht gut gelaufen ist. Tritt der obige Fall der Planabweichung ein, sollten Sie dies natürlich ansprechen, aber auch hier gilt: erst etwas Positives voranstellen.

Die zweite Phase der Nachbesprechung wird unterschiedlich gehandhabt. Während manche Prüfer sehr ausführlich auf den Stundenverlauf eingehen, handeln andere dies kürzer ab und fahren z.B. mit einer Kartenabfrage fort, um die anstehenden Gesprächspunkte zu eruieren. Hierbei schreibt jeder Teilnehmer einige Aspekte auf, die ihm für das weitere Gespräch wichtig erscheinen. Anschließend wird daraus ein

Gesprächsverlauf erstellt. Unabhängig vom methodischen Vorgehen sollten Sie sich bereits im Vorfeld Ihres Unterrichtsbesuches ein oder zwei Themen auswählen, die Sie gern ansprechen möchten, beispielsweise Disziplin im Klassenraum oder eine bestimmte Unterrichtsmethode.
Manche Fach- und Hauptseminarleiter lassen durch die Mitschriften des Referendars oder durch die eigenen ein Protokoll der Nachbesprechung erstellen. Um einen Einblick zu bekommen, ist auf der CD ein solches angefügt. Auch wenn kein Protokoll erstellt wird, sollten Sie Ihre Notizen zu Hause noch einmal protokollarisch auflisten und zusammen mit Ihrem Entwurf abheften. Es empfiehlt sich, dieses Protokoll vor dem nächsten Unterrichtsbesuch noch einmal zu lesen, um Ratschläge und Tipps, aber auch Kritik für die nächste Stunde zu berücksichtigen.

12.2 „Alles paletti?" – Krisengespräche richtig führen

Als Referendar sitzen Sie ständig zwischen allen Stühlen und müssen unterschiedlichsten Erwartungen gerecht werden. Der Schulleiter erwartet von Ihnen, dass Sie sich möglichst stark in das Schulgeschehen einbinden, dass Sie flexibel und belastbar sind. Ihre Fach- und Seminarleiter erwarten unterschiedliche methodische, didaktische und inhaltliche Vorgehensweisen in den Unterrichtsbesuchen sowie Engagement in der Seminararbeit, Ihr Ausbildungskoordinator eine möglichst große Planungsselbstständigkeit und Ihr Mentor anspruchsvollen und abwechslungsreichen Unterricht. Daraus ergibt sich für viele Referendare ein enormer Leistungsdruck, der durch die eigene Erwartungshaltung noch verstärkt wird. Treten dann noch Probleme mit einem Fach- oder Seminarleiter auf, können daraus Zweifel an der eigenen Person erwachsen. Kann ich jemals ein guter Lehrer werden? Bin ich der richtige für den Job? Kann und will ich diesem Druck standhalten?
Sollten Sie im Laufe Ihrer Ausbildung einmal in eine derartige Situation kommen, ist es sinnvoll, frühzeitig und offen mit jemandem darüber zu reden. Finden Sie jemanden, der Sie ein wenig kennt, der Einblicke in das Schulleben hat und nicht selbst von einer derartigen Situation betroffen ist. Sie sollten zu dieser Person einen guten „Draht" haben und ihr vertrauen. Bitten Sie um einen persönlichen Gesprächstermin. Auf keinen Fall sollten Sie so etwas zwischen „Tür und Angel" besprechen. Derartige Gespräche bedürfen der vollen Aufmerksamkeit auf beiden Seiten. Gleichzeitig ist es für die jeweilige Ausbildungsperson ein Vertrauensbeweis, dass gerade sie ausgewählt wurde.

Hinweise für ein Krisengespräch

Vorbereitung auf ein Gespräch:

1. Zur Vorbereitung sollten Sie sich Notizen machen. Schreiben Sie alle Aspekte auf, die für Sie relevant sind. Notieren Sie dabei auch Ihr eigenes Verhalten, wie Sie zu einem bestimmten Sachverhalt stehen oder wie Sie sich in einer bestimmten Situation verhalten haben. Eine selbstkritische Reflexion ist für das Gespräch wichtig und zeigt Ihrem Gegenüber, dass Sie beide Seiten berücksichtigt haben.

2. Strukturieren Sie das Gespräch vor. Wenn Sie alle Punkte aufgeschrieben haben, erhalten Sie einen Überblick darüber, was Sie anführen wollen. Denken Sie daran, dass Sie Ihrem Gesprächspartner zunächst Ihr Problem schildern müssen. Versuchen Sie dies so neutral wie möglich. Überlegen Sie sich für den anschließenden Verlauf eine geeignete Struktur. Überlegen Sie sich anschließend einen geeigneten Ort und den ungefähren Zeitrahmen, den Sie benötigen.

Anfrage bei Ihrem gewünschten Gesprächspartner:
Bitten Sie um einen persönlichen Gesprächstermin. Machen Sie einen Zeit- und Ortsvorschlag und schildern Sie nur kurz, worum es geht. Machen Sie klar, dass es nicht um ihn selbst geht, sondern benennen Sie kurz den Bereich – etwa Probleme mit dem AKO, Unsicherheit im Umgang mit der Schulleitung etc..

Gesprächsverlauf:

1. Wenn Sie sich eine bestimmte Vorgehensweise für den Gesprächsverlauf wünschen, etwa dass Sie zunächst das Problem schildern und anschließend Ihre eigene Sichtweise dazu äußern wollen und erst im Anschluss daran in eine Diskussion eintreten wollen, dann machen Sie das deutlich. Es wird Ihrem Gesprächspartner helfen, wenn er weiß, wie er sich verhalten soll.
2. Schildern Sie die Sachverhalte zunächst möglichst neutral. Verzichten Sie an dieser Stelle auf persönliche Wertungen. Persönliche Eindrücke, Empfindungen und Probleme sollten Sie durch Ich-Botschaften formulieren. Es ist ein Unterschied, ob Sie einen Sachverhalt aus der Sicht des Anderen oder Ihrer eigenen formulieren: „… Herr Meyer hat dann mal wieder gesagt, ich soll mich besser vorbereiten. Damit meint er doch sowieso, dass ich es nicht hinkriege.“ Besser: „… Herr Meyer sagte, ich solle mich besser vorbereiten. Ich habe aber das Gefühl, dass ich seinen Erwartungen einfach nicht gerecht werden kann.“

3. Nachdem Sie alles Wichtige gesagt haben, bitten Sie Ihren Gesprächspartner um seine Einschätzung der Situation. Teilen Sie ihm in diesem Zusammenhang mit, dass Sie zunächst einmal froh sind, Ihr Anliegen überhaupt vortragen zu dürfen und dass Ihnen das gut tue, auch wenn es im folgenden Gespräch zu keiner Lösung käme. Bedenken Sie, dass es für Ihren Gesprächspartner aus verschiedenen Gründen schwer sein kann, Ihnen konkrete Hilfestellungen zu geben. Etwa könnte er befangen sein, weil es sich vielleicht um einen seiner Kollegen handelt.

4. Suchen Sie gemeinsam nach Lösungsmöglichkeiten. Erwarten Sie keinesfalls, dass Ihr Gesprächspartner für Sie eine Patentlösung parat hat. Fragen Sie, welche Vorschläge und Tipps er für das weitere Vorgehen habe.

Geben Sie Ihrem Gesprächspartner eine Rückmeldung:
Belassen Sie es nicht bei dem Gespräch. Geben Sie Ihrem Gesprächspartner eine Rückmeldung, ob und was sich getan hat, etwa darüber, ob sich die Situation verbessert hat. Bedanken Sie auch noch einmal für die Zeit und Hilfe sowie das „offene Ohr“, das man Ihnen geschenkt hat.

12.3 Es wird Ernst! – Examensarbeit, unterrichtspraktische Prüfungen und Kolloquium

Für alle drei Bereiche gilt zunächst das gleiche: Sie brauchen früh die notwendigen Informationen zur Planung, Vorbereitung und Durchführung. Grundsätzlich gibt Ihnen die Ausbildungs- und Prüfungsordnung darüber Auskunft, wie viel Zeit Sie für das Erstellen der Examensarbeit haben, wie lange das Kolloquium dauert oder wie die Modalitäten in den UPPs sind. Allerdings unterscheiden sich die Prüfungsbedingungen in den Bundesländern. Ferner kommt es – und das ist der entscheidende Aspekt – mittlerweile fast jährlich zu Änderungen und Umstrukturierungen. Ihr Ansprechpartner in Sachen „Examen" sollte daher Ihr Hauptseminarleiter sein. Er kennt die Änderungen gegenüber den Vorjahren, gibt Neuerungen bekannt und kann Tipps geben. Dennoch ist für eine möglichst „stressminimierende" Prüfungsphase das Zeitmanagement entscheidend Je weiter Sie im Voraus planen, desto früher können Sie verbindliche Absprachen mit Prüfern treffen, können in Ruhe Materialien suchen und bereitstellen, in die konkrete Planung gehen usw.

↷ Kapitel 5: Wochen- und Monatspläne

Die zweite Staatsexamensarbeit

Für die Staatsexamensarbeit gilt mittlerweile, dass sie sich auf unterrichtliche bzw. außerunterrichtliche Aktivitäten innerhalb der Schule beziehen soll. Reine „Theoriearbeiten" sind nicht mehr zulässig. Aus diesem Grund empfiehlt es sich, während Ihrer Ausbildung eventuell ein Projekt als mögliches Thema für die schriftliche Arbeit in Betracht zu ziehen. Dabei muss es nicht um eine konkrete Unterrichtsreihe oder -stunde gehen. Es sind auch Themen möglich, die Sie beispielsweise in einer Arbeitsgemeinschaft behandeln bzw. ein Projekt, das Sie gemeinsam mit Schülern durchgeführt haben. Bei Projekten, die in der Praxis erprobt wurden, ist der Vorteil, dass Sie neben den planerischen Komponenten auch kritisch die Durchführung erläutern und mit Hilfe Ihrer Erfahrungen Verbesserungsvorschläge einbauen können. Da Ihnen für die Erstellung der Arbeit z. Z. drei Monate zur Verfügung stehen, sollten Sie den praktischen Teil Ihrer Arbeit, also die Umsetzung in der Schule, während des ersten Monats abschließen, um genügend Zeit für die schriftliche Ausarbeitung und Auswertung zu haben.

Für die Examensarbeit empfiehlt sich ein Thema, das Sie bereits durchgeführt haben.

Anders als bei den unterrichtspraktischen Prüfungen, können Sie das Fach für die schriftliche Arbeit selbst bestimmen. Beachten Sie allerdings, dass dies Auswirkungen auf Ihre Examenslehrproben haben kann. Ein Beispiel soll den Sachverhalt verdeutlichen:

Regina P. ist Referendarin an einem Gymnasium und möchte ihre Examensarbeit über eine durchgeführte Unterrichtssequenz zum Stationenlernen in Latein in der Klasse 9 schreiben. Das führt dazu, dass sie ihre Examenslehrproben in beiden Fächern in der Oberstufe durchführen muss. Hätte sie sich dagegen für die schriftliche Arbeit in der Oberstufe entschieden, hätte sie weiterhin die freie Wahl für die Examenslehrproben gehabt.

Derartige Richtlinien ändern sich jedoch ständig, sodass es keinen Sinn machen würde, an dieser Stelle genauer darauf einzugehen. Informieren Sie sich genau, auch bei älteren Referendarsjahrgängen. Es ist ebenfalls ratsam, sich Examensarbeiten zeigen zu lassen, damit Sie einen Eindruck vom Aufbau und der Gewichtung einzelner Abschnitte bekommen. Die Details dafür (Seitenumfang, formale Gestaltung etc.) erfragen Sie aber wieder im Seminar, um den aktuellen Stand zu kennen.

Planung und Durchführung der unterrichtspraktischen Prüfung (UPP)

Ebenso wie bei der Examensarbeit kommt es auch bei der UPP ständig zu Neuerungen. Auch hierfür erfahren Sie die Details zur Durchführung in Ihrem Seminar.

Für die zeitliche Planung der Lehrproben ist strategisches Geschick bzw. Weitblick von Nöten. Auch hierfür ein Beispiel:

Kerstin K. unterrichtet an einer Grundschule für sprachbehinderte Kinder eigenverantwortlich in einer vierten Klasse. Nach knapp einem Schuljahr kennt sie ihre Schüler gut und weiß genau um die Stärken und Schwächen jedes Einzelnen. Gern würde sie in dieser Klasse eine ihrer Examenslehrproben durchführen. Die Prüfungen liegen aber nach den Sommerferien, sodass die Kinder zu diesem Zeitpunkt gar nicht mehr an der Schule sind. Ihre Mentorin übernimmt nach den Ferien eine Eingangsklasse als Klassenlehrerin. Die Referendarin begleitet sie und wird auch dort eine ihrer Lehrproben durchführen. Da Kerstin in dieser Klasse keine Unterrichtserfahrung hat, ist es notwendig, dass sie sich bereits im Vorfeld mit Unterrichtsinhalten und -strukturen vertraut macht. Aus diesem Grund hospitiert sie im letzten Monat vor den Sommerferien in einer Eingangsklasse, um erste Einblicke und Eindrücke gewinnen zu können.

Gleiches kann einem Referendar in den weiterführenden Schulen passieren, entweder, weil die Schüler in den oberen Klassen ebenfalls die Schule verlassen oder aus der Mittelstufe in die Oberstufe wechseln und der Klassenverband dann aufgelöst wird. Auch hier brauchen Sie nun strategischen Weitblick, um Ihre Planung bereits frühzeitig auf sichere Beine stellen zu können.

Bedenken Sie auch, dass die beiden Examenslehrproben und das Kolloquium in der Regel am selben Tag durchgeführt werden. Um für diesen wichtigen Tag nichts zu vergessen, sollten Sie wieder auf eine Checkliste zurückgreifen, in der Sie alles Wichtige aufgeführt haben.

Änderungen der Prüfungsordnung haben auch dazu geführt, dass eine Reihe Fremdprüfer anwesend ist und die Referendare zum Teil nur noch einen bekannten Prüfer (Fach- oder Hauptseminarleiter) auswählen können. Die Prüfungskommission kennt Sie daher kaum, was Vor- und Nachteile haben kann, je nachdem wie gut oder schlecht es bis dahin mit Ihren Prüfern im Referendariat lief. Daher ist es notwendig, dass Sie sich – stärker als bei „normalen" Unterrichtsbesuchen – auch auf die Nachbesprechung vorbereiten.

Nachbesprechungen vorbereiten!

Überlegen Sie bereits im Vorfeld, was Stärken und was mögliche Schwachpunkte Ihrer Stunde sein könnten. Bedenken Sie auch hier, dass Sie das Feedback mit einer positiven Bemerkung beginnen und sich nicht gleich für irgendetwas rechtfertigen, das nicht so gelaufen ist wie geplant.

Stundenreflexion mit positiven Bemerkungen beginnen!

Das Kolloquium

Den letzten Prüfungsabschnitt bildet das Kolloquium. Auch hier kam es in den letzten Jahren zu erheblichen Veränderungen im Prüfungsablauf. Es handelt sich hierbei um ein mündliches Prüfungsgespräch von einer Stunde. Während die Referendare in den letzten Jahren zum Teil eigene Themen vorschlagen und auswählen durften, über die sie in der Prüfung u. a. referierten, sehen neuere Entwicklungen vor, dass den Prüflingen eine Liste mit Themen ausgehändigt wird, auf die sie sich vorzubereiten haben.

Die zeitgleiche Vorbereitung der Examensstunden und des Kolloquiums scheint damit unumgehbar, sodass Sie hierfür Ihre gesamte Planungskompetenz aufbieten müssen, um nicht den Überblick zu verlieren und um stressminimierend zu arbeiten. Nehmen Sie sich frühzeitig und in einem ruhigen Augenblick Ihren Jahres- und Monatsplaner und tragen Sie die einzelnen Abschnitte Ihres Vorgehens ein. Je detaillierter Sie dies tun, desto einfacher wird Ihnen die Koordinierung der Prüfungen fallen.

Schlusswort

Wenn Sie mittlerweile zum Ende ihres Referendariats gekommen sind, möchten wir Ihnen ganz herzlich gratulieren. Hoffentlich haben Sie viel für Ihren zukünftigen Beruf gelernt und blicken Ihrer Zukunft optimistisch entgegen. Wir würden uns natürlich sehr freuen, wenn dieses Buch dazu beigetragen hat, Ihnen eine erfolgreiche Ausbildung zu ermöglichen.
Wenn Sie hoffentlich bald eine Stelle als Lehrer oder Lehrerin bekommen, werden Sie natürlich schnell bemerken, dass sich die Schwerpunkte Ihrer Arbeit verschieben. Die vielen Unterrichtstunden und noch mehr Nebentätigkeiten, die sich in jeder Schule ergeben, ermöglichen nur noch im Ausnahmefall eine „perfekte" Vorbereitung des Unterrichts. Seien Sie also nicht enttäuscht, wenn Sie sich häufig damit zufrieden geben müssen, Unterricht durchzuführen, von dem man sagen kann, dass er in Ordnung ist, aber eben nicht perfekt. Vielleicht noch ein allerletzter Tipp hierzu: Versuchen Sie unbedingt, mehrere Unterrichtsstunden im Voraus zu planen, statt immer wieder vor der entnervenden Frage zu stehen: „Was mache ich morgen eigentlich im Unterricht?".
Wir wünschen Ihnen, dass Sie die richtige Berufswahl getroffen haben und ihre Arbeit als vielfältig und erfüllend erleben.
Natürlich sind wir sehr an Ihrer Meinung zu unserem Buch interessiert und würden uns über eine Reaktion sehr freuen.

Wir danken allen, die durch Ihre Anregung, Ideen und Kritik zur Realisierung dieses Buches breigetragen haben. Ein besonderer Dank an Sabine Elias, Maike Mau und Hartmut Möhlenkamp.

Kapitel 13 Wichtige Kompetenzen für die Arbeit in der Schule

Systematischer Kompetenzaufbau

Welche Kompetenzen sollten Sie nach und nach aufbauen, um langfristig zu einem guten Lehrer zu werden, der seine Arbeit erfolgreich und gerne macht? Wie organisieren Sie Ihre eigene Ausbildung, woher wissen Sie, was Sie sich wann aneignen sollten?
In der folgenden Tabelle finden Sie die Kompetenzen, die wir für wesentlich im Lehrerberuf halten. Natürlich gibt es deutliche Unterschiede zwischen den Schulformen und selbstverständlich hat jeder angehende Lehrer unterschiedliche Schwerpunkte. Aus diesem Grund sollten Sie die Tabelle nutzen, um herauszuarbeiten, an welchen Kompetenzen Sie möglichst bald, an welchen Sie mittelfristig und an welchen Sie bis zum Ende des Referendariats arbeiten möchten. Vielleicht suchen Sie sich hierfür Unterstützung bei einem Ihrer Mentoren, der beurteilen kann, wo Ihre Stärken und Schwächen liegen und wo die Ansprüche in Ihrer Schulform und in Ihrem Schulfach besonders groß sind.

Die Tabelle finden Sie auch auf der CD-ROM und können dort markieren, in welchen Bereichen Sie sich bereits sicher fühlen und in welche Sie kurz- oder langfristig Arbeit investieren möchten. Kompetenzen, die für Ihre Schulformen nicht wichtig sind, können Sie löschen, evtl. fehlende ergänzen.

Wie eignen Sie sich die ausgewählten Kompetenzen an?

Wenn Sie für sich eine Auswahl von Kompetenzen getroffen haben, an denen Sie arbeiten möchten, können Sie auf den entsprechenden Seiten nachsehen, welche Hilfen wir Ihnen hierfür anbieten. In manchen Fällen können wir auf Grund der begrenzten Seitenzahl dieses Buches nur kurze Hinweise geben und auf ausführlichere Darstellungen verweisen.

- Es gibt Kompetenzen, die vor allem bei der Planung zum Tragen kommen, wie z. B. die Berücksichtigung der Schüler und ihrer Fähigkeiten. Hierbei ist die Umsetzung dadurch begünstigt, dass Sie bei der Planung Zeit haben und ungestört sind.
- Andere Kompetenzen können außerhalb der Schule geübt werden, wie z. B. sprachliche und körpersprachliche Elemente des Lehrerverhaltens, während es sehr schwierig ist, im Unterricht an diesen Fähigkeiten zu arbeiten.
- Weitere Kompetenzen können Sie praktisch nur im Unterricht entwickeln, z. B. das flexible Reagieren auf Unterrichtsstörungen. Hierbei werden Sie sich

vermutlich durch einen Prozess des Ausprobierens, Reflektierens und neuen Ausprobierens weiterentwickeln.

Möglicherweise erscheint Ihnen die Übersicht in der Tabelle etwas erschlagend. Glücklicherweise haben Sie viel Zeit: Nicht nur die zwei Jahre des Referendariats stehen Ihnen zur Verfügung, sondern viele Jahre der Arbeit als Lehrer können dazu dienen, sich weiter zu entwickeln und die Aufgaben in der Schule immer kompetenter durchzuführen. Sie haben außerdem den Vorteil, dass Sie in der Schule immer wieder von vorne beginnen können: Hat gestern irgendetwas überhaupt nicht geklappt, können Sie morgen versuchen es besser hinzubekommen, es sind ja nicht immer neue Probleme, die auf Sie zukommen.
Die Tabelle können Sie nutzen, um Kompetenzen, auszuwählen, die für Sie und Ihre Unterrichtssituation wichtig sind. Die Spalten 1., 2., 3., 4. Halbjahr sind dafür gedacht, Ihren Stand bei der Beherrschung der jeweiligen Kompetenz einzutragen. Hierfür bieten sich einfache Zeichen an (++, +, 0, -, --).

Kompetenzen	1.Halbjahr	2.Halbjahr	3.Halbjahr	4.Halbjahr	Buchseite
Planen					
Eine Schulklasse einschätzen					41
Das Anforderungsniveau einer Jahrgangsstufe bestimmen					41
Das Leistungsniveau einer bestimmten Schulklasse einschätzen					42
Auf die Schüler einstellen					43
Inhalte auswählen					45
Äußere Auswahlkriterien berücksichtigen (Richtlinien…)					46
Auswahl mit Hilfe der Didaktik / Fachdidaktik					46
Ihre eigenen Auswahlkriterien (Interessen / Talente…)					47
Methodisches Vorgehen als Auswahlkriterium					47
Schüler in die Themenauswahl einbeziehen					47
Attraktivität berücksichtigen					48
Ziele festlegen					48
Was wollen Sie am Ende der Reihe erreicht haben? Abschätzen, was am Ende einer Reihe erreicht wird					49
Welche Informationen wollen Sie mit welcher Intensität vermitteln Intensität der Informationsvermittlung planen					50
Umsetzungsideen entwickeln					50
Sammlung von Umsetzungsideen					51
Produktiv und kreativ planen					51
Methoden und Medien auswählen					53
Methodenkompetenz der Schüler einschätzen					54
Störungspotenzial von Methoden einschätzen					55
Aktivitäten für die Schüler einplanen					55
Medien für die Umsetzung finden					56
Verschiedene Wahrnehmungskanäle ansprechen					57
Strukturen bilden					57
Einer Unterrichtsreihe Struktur geben					57
Schülern einen Überblick über die Struktur geben					57

Kompetenzen	1.Halbjahr	2.Halbjahr	3.Halbjahr	4.Halbjahr	Buchseite
Rituale (wiederkehrende Abläufe) einplanen					58
Die Lernfortschritte der Schüler im Blick behalten					59
Effektives Planen					59
Zum Fachmann für ein Thema werden					59
Einzelne Elemente der Reihe im Voraus üben					61
Überprüfung der Planung					61
Aufbau des eigenen Methodenrepertoires planen					62
Sprechen					63
Sprechen vor der Klasse					63
Besonderheiten der Lehrersprache beherrschen					63
Die richtige Sprache für die richtige Situation einsetzen					66
Sprechtechnik einsetzen					67
Körpersprache, Mimik und Gestik zielgerichtet einsetzen					69
Raumregie: Aufenthaltsorte während des Unterrichts wählen					72
Erklären im Unterricht					75
Verständlich erklären					74
Die Reaktionen der Schüler beim Erklären berücksichtigen					75
Einen Kurzvortrag halten					76
Elemente des Kurzvortrags einbeziehen					76
Dauerhaftigkeit des Kurzvortrages einbeziehen					77
Besonderheiten der Sprache berücksichtigen					77
Fragen stellen und auf Antworten reagieren					78
Fragetypen kennen					78
Kriterien für „gute" Fragen berücksichtigen					80
Eine Frage richtig stellen					82
Aufrufen der Schüler					82
Reagieren auf Antworten					83
Visualisieren					84

Kompetenzen	1.Halbjahr	2.Halbjahr	3.Halbjahr	4.Halbjahr	Buchseite
Grundzüge des Visualisierens kennen					84
Einsatz von Text, Bildern und Pfeilen					87
Visualisierung an die Schüler anpassen					88
Sequenzierung und Dynamisierung nutzen					89
Sinnvolle Auswahl der Geräte					90
Die Schultafel					91
Vorbereitung der Schultafel					92
Vorbereitung des Tafelbildes					92
Zeichnen und Schreiben an der Schultafel					92
Folien, Transparente und der Overheadprojektor					94
Nutzungsformen des Overheadprojektors					95
Betonen von Teilen eines Transparentes					96
Ergänzungs- und Overlaytechnik					96
Bewegung auf der Folie					97
Schülerarbeit mit Folien					97
Präsentationsprogramme und Beamer					97
Technische Nutzung von Präsentationsprogrammen					98
Beteiligung der Schüler					99
Unterrichtsmethoden					100
Motivierende & einführende Methoden					102
Verbale & präsentierende Methoden					104
Schriftliche & computernutzende Methoden					106
Herstellende & gestaltende Methoden					108
Kreative & planende Methoden					109
Spielerische & bewegende Methoden					110
Forschende & entdeckende Methoden					112
Übende & testende Methoden					114
Soziale Methoden					115

Kompetenzen	1.Halbjahr	2.Halbjahr	3.Halbjahr	4.Halbjahr	Buchseite
Unterrichtskonzepte					118
Unterrichtskonzepte als Organisationsstrukturen					118
Feinanpassung der Unterrichtskonzepte an die Schüler					120
Frontalunterricht: Direktes Unterrichten					121
Direktes Unterrichten strukturieren und organisieren					121
Chancen und Risiken kennen					122
„Frontalunterricht: Vier-Stufen-Konzept“					123
Frontalunterricht (Vier-Stufen-Konzept) strukturieren und organisieren					123
Chancen und Risiken kennen					124
Frontalunterricht: Fragend-entwickelnder Unterricht					124
Fragend-entwickelnden Unterricht strukturieren und organisieren					124
Chancen und Risiken kennen					125
Frontalunterricht: Methodenmix					126
Frontalunterricht als Methodenmix strukturieren					126
Chancen und Risiken kennen					127
Handlungssorientierter Unterricht					128
Handlungssorientierten Unterricht strukturieren und organisieren					128
Kognitive Herausforderung, Lernen und Handeln berücksichtigen					129
Vorbereitung von handelungsorientiertem Unterricht					130
Chancen und Risiken kennen					130
Projektarbeit					131
Projektarbeit strukturieren und organisieren					131
Chancen und Risiken kennen					132
Freiarbeit					133
Freiarbeit strukturieren und organisieren					133
Handeln, Einbeziehen der Sinne, Teamentwicklung					134
Chancen und Risiken kennen					134
Stationenlernen					134

Kompetenzen	**1.Halbjahr**	**2.Halbjahr**	**3.Halbjahr**	**4.Halbjahr**	**Buchseite**
Stationenarbeit strukturieren und organisieren					135
Handeln, Einbeziehen der Sinne, Teamentwicklung					135
Chancen und Risiken kennen					135
Gruppenleitung					137
Arbeitsatmosphäre gestalten					138
Ein Positivfaktor in der Gruppe sein					138
Die Schüler für sich gewinnen					139
Interaktion in der Klasse fördern					141
Handlungsspielräume geben, die sinnvoll genutzt werden					142
Ungestörtes Arbeiten ermöglichen					142
Einen flüssigen Unterricht führen					142
Wiederkehrende Abläufe (Rituale) organisieren					142
Für Aufmerksamkeit und Ruhe sorgen					143
Die Gruppe verstehen und durchschauen					144
Die optimale Sitzordnung für Ihren Unterricht					145
Lernen erleichtern					145
Intensive Arbeit ermöglichen					145
Bedeutung der Inhalte vermitteln					146
Aktivieren und Motivieren der Schüler					146
Den Unterricht abwechslungsreich und strukturiert gestalten					147
Steuerung über Materialien und Methoden					147
Schüchterne und schwächere Schüler in den Unterricht integrieren und sie aktivieren					147

Literatur

Apel, Hans Jürgen: Herausforderung Schulklasse. Klassen führen – Schüler aktivieren. – Bad Heilbrunn: Verlag Julius Klinkhardt, 2002.

Barth, Ludwig; Bruckner, Ambros: Merkbilder im Geografieunterricht. – Berlin: Volk und Wissen, 1995.

Bauer, Roland (Hrsg.): Offenes Arbeiten in der Sekundarstufe 1. Ein Praxishandbuch. – Berlin: Cornelsen Scriptor, 2003.

Becker, Georg E.: Planung von Unterricht. Handlungsorientierte Didaktik Teil I. – Weinheim und Basel: Beltz Verlag, 1997.

Becker – Mrotzek, Michael; Vogt, Rüdiger: Unterrichtskommunikation. Linguistische Analysemethoden und Forschungsergebnisse. – Tübingen: Max Niemeyer Verlag, 2001.

Bönsch, Manfred: Üben und Wiederholen im Unterricht. – München: Ebenwirth / Veritas, 1988.

Bönsch, Manfred: Tafel- und Folienbilder. – In: Grundschule, 30. Jg., Heft 4, S. 17–20. – Braunschweig: Schulbuchverlage Westermann Schroedel, 1998.

Bönsch, Manfred: Die gute Vermittlung. – In: Schulmagazin 5 bis 10, 13. Jg., Heft 6, S. 4–7. – München: Oldenbourg Schulbuchverlag, 1998.

Bovet, Gislinde; Huwendiek, Volker (Hrsg.): Leitfaden Schulpraxis. – Berlin: Cornelsen Verlag, 2000.

Bromme, Rainer: Kompetenzen, Funktionen und unterrichtliches Handeln des Lehrers. – In: Enzyklopädie der Psychologie. Bd. 3, S. 177–212. – Göttingen: Hogrefe Verlag, 1997.

Bühs, Roland: Tafelzeichnen kann man lernen. – Hamburg: Bergmann und Helbig, 1999.

Cano, Barbara: Auch die Stimme sollte stimmen. – In: Grundschule, 30 Jg., Heft 6, S. 20–22. – Braunschweig: Schulbuchverlage Westermann Schroedel, 1998.

Ditton, Hartmut: Lehrkräfte und Unterricht aus Schülersicht. Ergebnisse einer Untersuchung im Fach Mathematik. – In: Zeitschrift für Pädagogik, 48. Jg. Heft 2, S. 262–286. – Weinheim und Basel: Beltz Verlag, 2002.

Dubs, Rolf: Lehrerverhalten. Ein Beitrag zur Interaktion von Lehrenden und Lernenden im Unterricht. – Zürich: Verlag des Schweizerischen Kaufmännischen Verbandes, 1995.

Einsiedler, Wolfgang: Neue Lern- und Lehrformen in der Grundschule aus empirischer Sicht. – In: Olechowski; Richard, Wolf, Wilhelm (Hrsg.): Die kindgemäße Grundschule. Schule – Wissenschaft – Politik. Band 4. – Wien: Jugend und Volk, 1990.

Frey, Karl: Die Projektmethode. – Weinheim und Basel: Beltz Verlag, 1993.

Gage, Nathaniel L.; Berliner, David C.: Pädagogische Psychologie. – Weinheim: Psychologie Verlags Union, 1996.

Gervé, Friedrich: Freie Arbeit. Grundkurs für die Aus- und Fortbildung. – Weinheim und Basel: Beltz Verlag, 1998.

Gilsdorf, Rüdiger; Kistner, Günter: Kooperative Abenteuerspiele 1. Praxishilfe für Schule, Jugendarbeit und Erwachsenenbildung. – Seelze-Velber: Kallmeyersche Verlagsbuchhandlung, 2003.

Grell, Jochen: Direktes Unterrichten. Ein umstrittenes Unterrichtsmodell. – In: Wiechmann, Jürgen (Hrsg.): Zwölf Unterrichtsmethoden. – Weinheim und Basel: Beltz Verlag, 2002.

Grell, Jochen; Grell, Monika: Unterrichtsrezepte. – Weinheim und Basel: Beltz Verlag, 1996.

Greving, Johannes; Paradies, Liane: Unterrichts-Einstiege. Ein Studien- und Praxisbuch. – Berlin: Cornelsen Scriptor, 1997.

Gruehn, Sabine: Lassen sich Leistungs- und Motivationsförderung im Unterricht vereinbaren? – In: Baumert et. Al., (Hrsg.): Bildungsverläufe und psychosoziale Entwicklung im Jugendalter. – Berlin: MPI, S. 35–42. 1996.

Gudjons, Herbert: Handlungsorientiert lehren und lernen. Schüleraktivierung – Selbsttätigkeit – Projektarbeit. – Bad Heilbrunn: Verlag Julius Klinkhardt, 1997.

Gudjons, Herbert: Frontalunterricht – neu entdeckt. Integration in offene Unterrichtsformen. – Bad Heilbrunn: Verlag Julius Klinkhardt, 2003.

Hänsel, Dagmar (Hrsg.): Handbuch Projektunterricht. – Weinheim und Basel: Beltz Verlag, 1997.

Hainbruch, Friedrich: Muskelentspannung nach Jacobsen. – München: Gräfe und Unzer, 2004.

Haubrich, Hartwig (Hrsg.): Didaktik der Geografie konkret. – München: Oldenbourg Schulbuchverlag, 1997.

Haubrich, Hartwig: Tafelbilder – Erlernen einer „alten" Kunst. – In: Geografie heute, 21. Jg., Heft 185, S. 18–19, 2000.

Hegele, Irmintraut: Stationenarbeit. Ein Einstieg in den offenen Unterricht. – In: Wiechmann, Jürgen (Hrsg.): Zwölf Unterrichtsmethoden. – Weinheim und Basel: Beltz Verlag, 2002.

Heidemann, Rudolf: Körpersprache im Unterricht. Ein praxisorientierter Ratgeber. –Wiebelsheim: Quelle und Meyer, 1999.

Heuermann, Alfons; Krützkamp, Marita: Selbst-, Methoden- und Sozialkompetenz. Bausteine für die Sekundarstufe II. – Berlin: Cornelsen Scriptor, 2003.

Hörsken, Ralf: „Putzt mal bitte jemand die Tafel". – In: Schulmagazin 5 bis 10, 13. Jg., Heft 6, S. 13–16., – München: Oldenbourg Schulbuchverlag, 1998.

Hüholdt, Jürgen: Wunderland des Lernens. – Bochum: Studienkreis Verlag für Pädagogik und Didaktik, 1994.

Kagan, Spencer: Cooperative learning resources for teachers. – San Juan Capistrano: Kagan Publishing, 1990.

Keck, Rudolf W.: Der Impulsunterricht. Eine vermittelnde Unterrichtsform zwischen gängelnden und selbststeuernden Verfahren. In: Pädagogik, 50. Jg., Heft 5, S. 13–16. – Weinheim und Basel: Beltz Verlag, 1998.

Klafki, Wolfgang: Hinweise zur Unterrichtsvorbereitung für Anfänger. – In: Roth, Heinrich; Blumenthal, Alfred, (Hrsg.): Grundlegende Aufsätze aus der Zeitschrift Die Deutsche Schule. – Hannover: Hermann Schroedel Verlag KG, 1964.

Klippert, Heinz: Teamentwicklung im Klassenraum. Übungsbausteine für den Unterricht. – Weinheim und Basel: Beltz Verlag, 1999.

KMK (2003): Beschluss der Kultusministerkonferenz vom 04.12.2003.

Kounin, Jacob S.: Techniken der Klassenführung. – Stuttgart: Klett-Cotta, 1976.

Kretschmann, Rudolf (Hrsg.): Stressmanagement für Lehrerinnen und Lehrer. Ein Trainingsbuch mit Kopiervorlagen. – Weinheim und Basel: Beltz Verlag, 2001.

Kroner, Bernd; Schauer, Herbert: Unterricht erfolgreich planen und durchführen. – Köln: Aulis Verlag Deubner, 1997.

Kühne-Kamm, Pia; Kamm, Bernhard: Persönlichkeitsentwicklung für Lehrer. Stärken erkennen und ausbauen. – Donauwörth: Auer, 2003.

Langhammer, Ralf: Lehrvortrag – „gut" gemacht. Einige kommunikative und rhetorische Hilfen. – In: Pädagogik, 50. Jg., Heft 5, S. 17–18, 21–22. – Weinheim und Basel: Beltz Verlag, 1998.

Lohmann, Gert: Mit Schülern klarkommen. Professioneller Umgang mit Unterrichtsstörungen und Disziplinkonflikten. – Berlin: Cornelsen Scriptor, 2003.

Maras, Rainer: Das Tafelbild: Das Ordnen unterrichtlichen Tuns. – In: Schulmagazin 5 bis 10, 13. Jg., Heft 6, S. 8–11. – München: Oldenbourg Schulbuchverlag, 1998.

Mattes, Wolfgang: Methoden für den Unterricht. 75 kompakte Übersichten für Lehrende und Lernende. – Paderborn: Schöningh, 2002.

Meyer, Hilbert: Das wichtigste Medium im Unterricht ist der Körper des Lehrers. – In: Friedrich Jahresheft, 11. Jg. 1993. – Seelze: Friedrich Verlag, 1993.

Meyer, Hilbert: Unterrichtsmethoden II. Praxisband. – Berlin: Cornelsen Scriptor, 1994.

Meyer, Hilbert: Was ist guter Unterricht? – Berlin: Cornelsen Scriptor, 2004.

Müller, Werner: Das Klassenzimmer als Bühne. Körpersprache, Selbstdarstellung, Kommunikation. – In: Alltag Schule, Praxishilfe im Domino-Verlag, S. 91–98. – München: Domino Verlag, 1999.

Nollmeyer, Olaf: Die eigene Stimme entfalten. Übungen mit Summen, Sprechen, Singen für mehr Ausdruck und Wohlbefinden. – München: Kösel-Verlag, 1998.

Petersen, Jörg; Sommer, Hartmut: Die Lehrerfrage im Unterricht. – Donauwörth: Auer, 1999.

Peterßen, Wilhelm H.: Handbuch Unterrichtsplanung. Grundfragen, Modelle, Stufen, Dimensionen. – München: Oldenbourg Schulbuchverlag, 2000.

Peterßen, Wilhelm H.: Kleines Methoden-Lexikon. – München: Oldenbourg Schulbuchverlag, 2001.

PSF: Pädagogischer Schnäppchenführer 2005. – Lichtenau: AOL Verlag, 2005.

Schiecke, Dieter: Klare Botschaft. Tipps für zuschauergerechte Präsentationen. – In: Magazin für Computertechnik. 13. Jg., Heft 24, S. 178. 2003.

Schleip, Robert: Der aufrechte Mensch. Übungen für eine gelöste Körperhaltung und einen natürlichen Gang. – Kreuzlingen: Heinrich Hugendubel Verlag, 2000.

Stanford, Gene: Gruppenentwicklung im Klassenraum und anderswo. – Aachen: Hahner, 1998.

Stary, Joachim: Visualisieren. Ein Studien- und Praxisbuch. – Berlin: Cornelsen Scriptor, 1997.

Unglaube, Henning: An Experimentiertischen Phänomene untersuchen. – In: Grundschule Sachunterricht, 2. Jg., Heft 8, 14–19. – Seelze-Velber: Kallmeyersche Verlagsbuchhandlung, 2000.

Unglaube, Henning: Entdecken und ausprobieren. – In: Grundschule Sachunterricht, 2. Jg., Heft 8, – Seelze-Velber: Kallmeyersche Verlagsbuchhandlung, 2000.

Weidner, Margit: Kooperatives Lernen im Unterricht. – Seelze-Velber: Kallmeyersche Verlagsbuchhandlung, 2003.

Wellenhofer, Walter: Unterricht heute. Aufgaben – Möglichkeiten – Probleme. Ein Studien- und Lehrbuch in Schaubildern. – Ainring: Gruenstein Verlag, 2002.

Wiechmann, Jürgen (Hrsg.): Zwölf Unterrichtsmethoden. – Weinheim und Basel: Beltz Verlag, 2002.

Winnenburg, Wolfram: Tafelbilder. Lernoptimierung durch wahrnehmungspsychologisch adäquate Gestaltung, – In: Friedrich Jahresheft, S. 6–9. – Seelze: Friedrich Verlag, 1993.